SÉRIE PROVAS& CONCURSOS

LEGISLAÇÃO DE TRÂNSITO

CB018234

EDITORA
AlfaCon
Concursos Públicos

EDITORA AlfaCon Concursos Públicos

Proteção de direitos

Diretor Geral: Evandro Guedes

Diretor de TI: Jadson Siqueira

Diretor Editorial: Javert Falco

Gerente Editorial: Mariana Passos

Gerente de Editoração: Alexandre Rossa

Editora: Dayane Ribeiro de Menezes

Diagramadora: Emilly Lazarotto

Capa: Alexandre Rossa

Dados Internacionais de Catalogação na Publicação (CIP)
Jéssica de Oliveira Molinari CRB-8/9852

C225p

    Canezin, Pedro

     Provas e Concursos Legislação de Trânsito / Pedro Canezin, Leone Maltz. – 4. ed. - Cascavel, PR: AlfaCon, 2023.

     240 p.

    Bibliografia
    ISBN 978-65-5918-390-6

    1. Serviço público - Concursos – Brasil 2. Legislação de trânsito I. Título II. Maltz, Leone

22-5159

CDD   351.81076

Índices para catálogo sistemático:
1. Serviço público - Brasil - Concursos

Atualizações e erratas

Esta obra é vendida como se apresenta. Atualizações - definidas a critério exclusivo da Editora AlfaCon, mediante análise pedagógica - e erratas serão disponibilizadas no site www.alfaconcursos.com.br/codigo, por meio do código disponível no final do material didático Ressaltamos que há a preocupação de oferecer ao leitor uma obra com a melhor qualidade possível, sem a incidência de erros técnicos e/ou de conteúdo. Caso ocorra alguma incorreção, solicitamos que o leitor, atenciosamente, colabore com sugestões, por meio do setor de atendimento do AlfaCon Concursos Públicos.

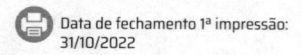 Data de fechamento 1ª impressão:
31/10/2022

 Dúvidas?
Acesse: www.alfaconcursos.com.br/atendimento
Núcleo Editorial:
   Rua: Paraná, nº 3193, Centro – Cascavel/PR
   CEP: 85810-010

 SAC: (45) 3037-8888

Apresentação

Esta obra foi idealizada com o intuito de direcionar os estudos acerca da disciplina de Legislação de Trânsito, a partir de temas relacionados ao Código de Trânsito Brasileiro e principais Resoluções do Contran, sobretudo as mais recentes de 2022. A ideia é resolver a vida de quem estuda para concursos em que se exigem conhecimentos técnicos acerca da área de trânsito, do iniciante ao avançado.

Nesta obra, serão abordadas questões sobre os principais temas do Código de Trânsito Brasileiro, com comentários pontuais de acordo com a previsão legal, além de posicionamentos jurisprudenciais e doutrinários sobre o assunto. Aqui você encontrará:

- O que há de mais recente na legislação de trânsito;
- Questões atualizadíssimas;
- Questões organizadas por assunto;
- Comentários objetivos e direto ao ponto;
- Abordagem da doutrina, jurisprudência e lei.

Desse modo, a obra facilita e guia o tema de Legislação de Trânsito para concursos como o da Polícia Rodoviária Federal e Departamentos de Trânsito da União, estados, Distrito Federal e municípios, fazendo com que você consiga compreender o que de fato é cobrado e, assim, alcance a aprovação.

É importante ressaltar que a essência desta obra é voltada para a compreensão dos alunos, uma vez que nós, autores, temos em nosso histórico várias aprovações. Nesse sentido, buscamos entender o processo de estudos e aplicá-los por meio de teoria em questões, facilitando substancialmente o progresso na disciplina, tanto que nós atualizamos todas as questões baseadas nos posicionamentos atuais. Sem dúvidas, aqui você tem o que há de mais atualizado sobre Legislação de Trânsito.

Além disso, para auxiliar em seus estudos, disponibilizamos **um curso básico gratuito de Legislação de Trânsito**, que pode ser acessado a partir do Código de Resgate.

Leone Maltz e Pedro Canezin

511

QUESTÕES

COMENTADAS

LEGISLAÇÃO DE TRÂNSITO

SUMÁRIO

01

DISPOSIÇÕES PRELIMINARES

1. (CESPE/CEBRASPE - 2021 - PRF - POLICIAL RODOVIÁRIO FEDERAL) Tráfego é a utilização das vias por pessoas, veículos e animais, isolados ou em grupos, conduzidos ou não, para fins de circulação, parada, estacionamento e operação de carga ou descarga.

Certo ( ) Errado ( )

O conceito dado pela questão diz respeito a trânsito, não tráfego. O disposto se encontra previsto no art. 1º, § 1º, do CTB.

Art. 1º O trânsito de qualquer natureza nas vias terrestres do território nacional, abertas à circulação, rege-se por este Código.

§ 1º Considera-se trânsito a utilização das vias por pessoas, veículos e animais, isolados ou em grupos, conduzidos ou não, para fins de circulação, parada, estacionamento e operação de carga ou descarga.

GABARITO: ERRADO.

2. (CESPE/CEBRASPE - 2021 - PRF - POLICIAL RODOVIÁRIO FEDERAL) O canteiro central é a parte diferenciada da via destinada a parada ou estacionamento de veículos (em caso de emergência).

Certo ( ) Errado ( )

A assertiva buscou trazer à tona os elementos que integram a via e, com isso, tentou confundir o candidato com canteiro central e acostamento. Logo, o conceito abordado não diz respeito ao canteiro central. De acordo com o Anexo I do CTB:

CANTEIRO CENTRAL – obstáculo físico construído como separador de duas pistas de rolamento, eventualmente substituído por marcas viárias (canteiro fictício).

GABARITO: ERRADO.

3. (VUNESP - 2021 - PREFEITURA DE GUARULHOS - CONDUTOR DE VEÍCULOS DE EMERGÊNCIA) De acordo com o Anexo I do Código de Trânsito Brasileiro, assinale a alternativa que contempla uma via rural não pavimentada.

a) Vicinal.

b) Estrada.

c) Rodovia.

d) Local.

e) Coletora.

Dentro das classificações idealizadas pelo CTB, a única via rural não pavimentada é a estrada, inclusive é o próprio conceito abordado no Anexo I da lei.

GABARITO: B.

4. (QUADRIX - 2022 - CRMV/SP - AUXILIAR ADMINISTRATIVO) São vias terrestres urbanas e rurais as ruas, as avenidas, os logradouros, os caminhos, as passagens, as estradas e as rodovias, que terão seu uso regulamentado pelo órgão ou pela entidade com circunscrição sobre elas, de acordo com as peculiaridades locais e as circunstâncias especiais.

Certo ( ) Errado ( )

Questão perfeitamente de acordo com o conceito dado pelo art. 2º do CTB:

Art. 2º São vias terrestres urbanas e rurais as ruas, as avenidas, os logradouros, os caminhos, as passagens, as estradas e as rodovias, que terão seu uso regulamentado pelo órgão ou entidade com circunscrição sobre elas, de acordo com as peculiaridades locais e as circunstâncias especiais.

GABARITO: CERTO.

---

5. (UPENET - 2006 - PREFEITURA DE OLINDA - AGENTE DE TRÂNSITO E TRANSPORTE) Segundo o Código Brasileiro de Trânsito, assinale a alternativa que melhor expressa o conceito de vias terrestres:

a) São vias terrestres urbanas os logradouros, as ruas, as avenidas, as estradas e as rodovias, e vias terrestres rurais são os caminhos e as passagens, que terão seu uso regulamentado pelo órgão ou entidade com circunscrição sobre elas, de acordo com as peculiaridades locais e as circunstâncias especiais.

b) São vias terrestres urbanas e rurais as ruas, as avenidas, os logradouros, as estradas e as rodovias, que terão seu uso regulamentado pelo órgão ou entidade com circunscrição sobre elas, de acordo com as peculiaridades locais e as circunstâncias especiais.

c) São vias terrestres urbanas e rurais as ruas, as avenidas, os logradouros, os caminhos, as passagens, as estradas e as rodovias, que terão seu uso regulamentado pelo órgão ou entidade com circunscrição sobre elas, de acordo com as peculiaridades locais e as circunstâncias especiais.

d) São vias terrestres urbanas e rurais as ruas, as avenidas, os logradouros, os caminhos, as passagens, as estradas e as rodovias, que terão seu uso regulamentado pelo órgão ou entidade com circunscrição sobre elas, de acordo com as peculiaridades locais e as circunstâncias especiais, salvo as vias internas pertencentes aos condomínios constituídos por unidades autônomas.

e) São vias terrestres urbanas e rurais as ruas, as avenidas, os logradouros, os caminhos, as passagens, as estradas e as rodovias, que terão seu uso regulamentado pelo órgão ou entidade com circunscrição sobre elas, de acordo com as peculiaridades locais e as circunstâncias especiais, salvo as praias abertas à circulação pública.

A: o erro se encontra quando se inclui as estradas e rodovias como vias urbanas, sendo que estas são consideradas vias rurais.

B: requer atenção, já que este item não está errado, apenas incompleto, uma vez que temos na alternativa C a abrangência também dos caminhos e passagens. Portanto, em uma questão desse tipo temos que ter muito cuidado e ler todas as alternativas antes de assinalar.

C: esta alternativa está certa, pois realmente abrange as vias urbanas e rurais previstas no *caput* do art. 2º do CTB.

D: o examinador aqui exclui as vias internas pertencentes aos condomínios constituídos por unidades autônomas como vias terrestres abertas à circulação pública.

E: o item está incorreto, porquanto o examinador exclui as praias abertas à circulação como vias terrestres.

GABARITO: C.

---

6. (UFPR - 2006 - TCE/PR - MOTORISTA) O Código de Trânsito Brasileiro define trânsito como:

a) a utilização das vias por pessoas, veículos e animais, para circulação, parada, estacionamento e operação de carga e descarga.

b) a utilização das vias somente por veículos e animais, para circulação, parada, estacionamento e operação de carga e descarga.

c) a utilização das vias somente por veículos, para circulação, parada, estacionamento e operação de carga e descarga.

d) a utilização das vias por veículos, somente para circulação, parada e estacionamento.

e) a utilização das vias para circulação somente por pessoas e veículos.

O art. 1º do CTB estabelece que trânsito é a utilização das vias por pessoas, veículos e animais (isolados ou em grupos, conduzidos ou não), para fins de circulação, parada, estacionamento e operações de carga ou descarga. Perceba que o conceito abrange os usuários das vias.

GABARITO: A.

7. (UECE - 2018 - DETRAN/CE - ANALISTA DE TRÂNSITO E TRANSPORTE) Atente à seguinte proposição: "Os órgãos e entidades componentes do Sistema Nacional de Trânsito respondem, no âmbito das respectivas competências, objetivamente, por danos causados aos cidadãos em virtude de ação, omissão ou erro na execução e manutenção de programas, projetos e serviços que garantam o exercício do direito do trânsito seguro".

Considerando a proposição acima, é correto afirmar que:

a) é falsa, pois a responsabilidade referida é subjetiva, necessitando da comprovação de culpa.

b) é verdadeira, pois a responsabilidade referida é subjetiva, não necessitando da comprovação de culpa.

c) é falsa, pois a responsabilidade referida é objetiva, necessitando da comprovação de culpa.

d) é verdadeira, pois a responsabilidade referida é objetiva, não necessitando da comprovação de culpa.

Sabendo que a responsabilidade dos órgãos e entidades que integram o Sistema Nacional de Trânsito é objetiva, já se excluem as alternativas A e C. Resta saber apenas que a responsabilidade civil é de ordem objetiva, ou seja, independe de dolo ou culpa, o que indica a alternativa D como gabarito.

GABARITO: D.

8. (OBJETIVA - 2012 - EPTC - AGENTE DE SERVIÇOS GERAIS - ADAPTADA) Tudo é importante ao tratarmos de trânsito, sendo que a determinação legal assegura que os órgãos e as entidades componentes do Sistema Nacional de Trânsito respondem, no âmbito das respectivas competências, objetivamente pelos danos causados aos cidadãos em virtude de ação, omissão ou erro na execução e manutenção de programas, projetos e serviços que garantam o exercício do direito do trânsito seguro.

Certo ( )   Errado ( )

A questão cobrou a literalidade do art. 1º, § 3º da lei. Perceba que, novamente, foi cobrada a responsabilidade civil dos órgãos de trânsito, que tem natureza objetiva por ação, omissão ou erro.

GABARITO: CERTO.

9. (FUNRIO - 2009 - PRF - POLICIAL RODOVIÁRIO FEDERAL) O trânsito, em condições seguras, é um direito de todos e dever dos órgãos e entidades componentes do Sistema Estadual de Trânsito, a estes cabendo, no âmbito das respectivas competências, adotar as medidas destinadas a assegurar esse direito.

Certo ( )   Errado ( )

A literalidade do art. 1º, § 2º, do CTB, não determina que tal responsabilidade é do sistema estadual de trânsito, mas do sistema nacional. Logo, a banca apenas alterou o tipo de sistema, o que torna a questão errada.

GABARITO: ERRADO.

10. (FUNRIO - 2009 - PRF - POLICIAL RODOVIÁRIO FEDERAL) Considera-se trânsito a utilização das vias por pessoas, veículos e animais, isolados ou em grupos, conduzidos ou não, para fins de circulação, parada, estacionamento e operação de carga ou descarga.

Certo ( )   Errado ( )

O conceito de trânsito é tipicamente cobrado em provas, à luz do art. 1º, § 1º, do CTB. Assim, a questão cobrou a literalidade do dispositivo. Portanto, questão certa.

GABARITO: CERTO.

DISPOSIÇÕES PRELIMINARES

11. (FUNRIO - 2009 - PRF - POLICIAL RODOVIÁRIO FEDERAL) As disposições do CTB são aplicáveis a qualquer veículo, bem como aos proprietários, condutores dos veículos nacionais, ressalvados os veículos estrangeiros e as pessoas nele expressamente mencionadas.

Certo ( )   Errado ( )

A aplicação do CTB engloba veículos nacionais ou importados, e também brasileiros e estrangeiros. Como a questão faz uma ressalva, torna-se errada.

GABARITO: ERRADO.

---

12. (FUNRIO - 2009 - PRF - POLICIAL RODOVIÁRIO FEDERAL) Os órgãos e entidades de trânsito pertencentes ao Sistema Nacional de Trânsito darão prioridade em suas ações à defesa da vida, não incluindo neste caso a preservação da saúde e do meio ambiente.

Certo ( )   Errado ( )

De acordo com o art. 1º, § 5º, do CTB, engloba-se o conceito de meio ambiente e saúde internamente ao conceito de vida. Logo, a questão está errada.

GABARITO: ERRADO.

---

13. (INSTITUTO ACESSO - 2021 - DETRAN/AC - TÉCNICO ADMINISTRATIVO) Nos termos do Código de Trânsito Brasileiro, assinale a afirmativa incorreta.

a) Considera-se trânsito a utilização das vias por pessoas, veículos e animais, isolados ou em grupos, conduzidos ou não, para fins de circulação, parada, estacionamento e operação de carga ou descarga.

b) O trânsito, em condições seguras, é um direito de todos e dever dos órgãos e entidades componentes do Sistema Nacional de Trânsito, a estes cabendo, no âmbito das respectivas competências, adotar as medidas destinadas a assegurar esse direito.

c) São vias terrestres urbanas e rurais as ruas, as avenidas, os logradouros, os caminhos, as passagens, as estradas e as rodovias, que terão seu uso regulamentado pelo órgão ou entidade com circunscrição sobre elas, de acordo com as peculiaridades locais e as circunstâncias especiais.

d) Os órgãos e entidades de trânsito pertencentes ao Sistema Nacional de Trânsito darão prioridade em suas ações à defesa da vida, nela incluída a preservação da saúde e do meio ambiente.

e) Os governos estaduais e municipais respondem, no âmbito das respectivas competências, objetivamente, por danos causados aos cidadãos em virtude de ação, omissão ou erro na execução e manutenção de programas, projetos e serviços que garantam o exercício do direito do trânsito seguro.

A: *Art. 1º, § 1º, CTB Considera-se trânsito a utilização das vias por pessoas, veículos e animais, isolados ou em grupos, conduzidos ou não, para fins de circulação, parada, estacionamento e operação de carga ou descarga.*

B: *Art. 1º, § 2º, CTB O trânsito, em condições seguras, é um direito de todos e dever dos órgãos e entidades componentes do Sistema Nacional de Trânsito, a estes cabendo, no âmbito das respectivas competências, adotar as medidas destinadas a assegurar esse direito.*

C: *Art. 2º, CTB São vias terrestres urbanas e rurais as ruas, as avenidas, os logradouros, os caminhos, as passagens, as estradas e as rodovias, que terão seu uso regulamentado pelo órgão ou entidade com circunscrição sobre elas, de acordo com as peculiaridades locais e as circunstâncias especiais.*

D: *Art. 1º, § 5º, CTB Os órgãos e entidades de trânsito pertencentes ao Sistema Nacional de Trânsito darão prioridade em suas ações à defesa da vida, nela incluída a preservação da saúde e do meio ambiente.*

E: *Art. 1º, § 3º, CTB Os órgãos e entidades componentes do Sistema Nacional de Trânsito respondem, no âmbito das respectivas competências, objetivamente, por danos causados aos cidadãos em virtude*

DISPOSIÇÕES PRELIMINARES

de ação, omissão ou erro na execução e manutenção de programas, projetos e serviços que garantam o exercício do direito do trânsito seguro.
GABARITO: E.

14. **(CESPE/CEBRASPE - 2019 - PRF - POLICIAL RODOVIÁRIO FEDERAL)** De acordo com a Lei nº 9.503/1997, o Código de Trânsito Brasileiro (CTB) e o Manual M-015, que trata dos procedimentos de atendimento de acidentes de trânsito no âmbito da PRF, julgue o item a seguir.

Trânsito consiste na utilização das vias públicas por pessoas, veículos e animais.

Certo ( )   Errado ( )

De fato, essa questão da prova da PRF em 2019 cobrou pura e simplesmente o conceito trazido pelo art. 1º, § 1º, do CTB, ou seja, o conceito de trânsito, que consiste na utilização das vias por pessoas, veículos e animais.
GABARITO: CERTO.

15. **(CESPE/CEBRASPE - 2019 - PRF - POLICIAL RODOVIÁRIO FEDERAL)** De acordo com o CTB, via é definida como a superfície por onde transitam veículos, pessoas e animais, compreendendo a pista, a calçada, o acostamento, a ilha e o canteiro central.

Certo ( )   Errado ( )

A questão abordou o conceito de via trazido pelo Anexo I do CTB. Vejamos:
VIA – superfície por onde transitam veículos, pessoas e animais, compreendendo a pista, a calçada, o acostamento, ilha e canteiro central.
GABARITO: CERTO.

16. **(VUNESP - 2019 - CÂMARA DE SÃO MIGUEL ARCANJO - AGENTE DE TRANSPORTE E APOIO)** De acordo com o Anexo I do CTB, a parte da via, devidamente sinalizada e protegida, destinada ao uso de pedestres durante a travessia da mesma, é denominada:

a) passeio.
b) calçada.
c) faixa de pedestre.
d) refúgio.
e) faixa zebrada.

Essa questão é capciosa. Veja bem: local sinalizado e protegido é refúgio, conforme o Anexo I:
REFÚGIO – parte da via, devidamente sinalizada e protegida, destinada ao uso de pedestres durante a travessia da mesma.
GABARITO: D.

17. **(CESPE/CEBRASPE - 2003 - PM/DF - SARGENTO POLICIAL MILITAR)** Segundo o Código de Trânsito Brasileiro (CTB), o tráfego de veículos em uma via interna de um condomínio constituído por unidades autônomas é regulamentado pelas normas regimentais do próprio condomínio, por tratar-se de propriedade privada.

Certo ( )   Errado ( )

O art. 51 do CTB trata expressamente sobre essa questão, uma vez que a sinalização de regulamentação será colocada às expensas do condomínio após aprovação dos projetos pelo órgão ou entidade com circunscrição sobre a via.

Art. 51 Nas vias internas pertencentes a condomínios constituídos por unidades autônomas, a sinalização de regulamentação da via será implantada e mantida às expensas do condomínio, após aprovação dos projetos pelo órgão ou entidade com circunscrição sobre a via.

GABARITO: ERRADO.

02

SISTEMA NACIONAL DE TRÂNSITO E COMPETÊNCIAS

18. (CESPE/CEBRASPE - 2021 - PRF - POLICIAL RODOVIÁRIO FEDERAL) O órgão normativo e consultivo máximo do Sistema Nacional de Trânsito é o Departamento Nacional de Trânsito.

Certo ( )　　　Errado ( )

Na verdade, a Senatran (antigo Denatran) é o órgão executivo máximo da União, não normativo como afirma a questão.

GABARITO: ERRADO.

---

19. (CESPE/CEBRASPE - 2021 - PRF - POLICIAL RODOVIÁRIO FEDERAL) Atualmente, o Sistema Nacional de Trânsito é coordenado pelo Ministério do Desenvolvimento Regional, órgão ao qual o Conselho Nacional de Trânsito está vinculado.

Certo ( )　　　Errado ( )

É errado afirmar que o SNT é coordenado pelo Ministério de Desenvolvimento Regional. O correto seria Ministério da Infraestrutura (desde 2019).

GABARITO: ERRADO.

---

20. (IDECAN - 2018 - CONSELHO REGIONAL DE FARMÁCIA/SP - MOTORISTA) A coordenação do Sistema Nacional de Trânsito compete ao Conselho Nacional de Trânsito, na condição de órgão máximo normativo e consultivo.

Certo ( )　　　Errado ( )

A assertiva requer atenção na interpretação, isso porque não se pode confundir o coordenador máximo do Sistema Nacional de Trânsito, que atualmente é o Ministério da Infraestrutura, órgão designado pelo presidente da República, com o coordenador máximo consultivo e normativo, que é o Contran. Deve-se lembrar que a Senatran é o órgão máximo executivo.

Art. 7º Compõem o Sistema Nacional de Trânsito os seguintes órgãos e entidades:

I – o Conselho Nacional de Trânsito – Contran, coordenador do Sistema e órgão máximo normativo e consultivo; [...].

A segurança pública, dever do Estado, direito e responsabilidade de todos, é exercida por diversos órgãos, entre eles, a PRF, que se destina ao patrulhamento ostensivo das rodovias e estradas federais.

GABARITO: CERTO.

---

21. (CESPE/CEBRASPE - 2014 - CÂMARA DOS DEPUTADOS - CONSULTOR LEGISLATIVO) Julgue o item a seguir, referente ao Sistema Nacional de Trânsito, à educação e segurança de trânsito e à terminologia adotada pelo Código de Trânsito Brasileiro (CTB).

O Sistema Nacional de Trânsito, idealizador da Política Nacional de Trânsito (mediante resolução), é composto por órgãos e entidades da União, dos estados, do Distrito Federal e dos municípios e coordenado pelo Ministério da Infraestrutura, ao qual está vinculado o Conselho Nacional de Trânsito (Contran) e subordinada a Secretaria Nacional de Trânsito (Senatran).

Certo ( )　　　Errado ( )

O coordenador máximo é o Ministério da Infraestrutura (desde 2019). O presidente da República designará esse órgão de acordo com o art. 9º do CTB, ou seja, pode haver mudança do órgão responsável. Além disso, o Contran é um órgão vinculado, já o Denatran é subordinado ao Ministério da Infraestrutura.

GABARITO: ERRADO.

---

22. (CESPE/CEBRASPE - 2009 -DETRAN/DF - AUXILIAR DE TRÂNSITO) Acerca do que dispõe o CTB, julgue o item a seguir.

A PM/DF compõe o Sistema Nacional de Trânsito.

Certo ( )   Errado ( )

Atualmente, a PM/DF já é integrante do SNT. Vejamos o que dispõe o CTB:

Art. 7º Compõem o Sistema Nacional de Trânsito os seguintes órgãos e entidades:

I – o Conselho Nacional de Trânsito – Contran, coordenador do Sistema e órgão máximo normativo e consultivo;

II – os Conselhos Estaduais de Trânsito – Cetran e o Conselho de Trânsito do Distrito Federal – Contrandife, órgãos normativos, consultivos e coordenadores;

III – os órgãos e entidades executivos de trânsito da União, dos estados, do Distrito Federal e dos municípios;

IV – os órgãos e entidades executivos rodoviários da União, dos estados, do Distrito Federal e dos municípios;

V – a Polícia Rodoviária Federal;

VI – as Polícias Militares dos estados e do Distrito Federal; e

VII – as Juntas Administrativas de Recursos de Infrações – Jari.

As Polícias Militares não possuem o poder de polícia administrativa de trânsito de forma nata. Para isso, faz-se necessário um convênio com os órgãos/entidades de trânsito ou rodoviários dos seus respectivos estados, no caso em análise com os órgãos de trânsito do DF.

Art. 23 Compete às Polícias Militares dos estados e do Distrito Federal: [...]

III – executar a fiscalização de trânsito, quando e conforme convênio firmado, como agente do órgão ou entidade executivos de trânsito ou executivos rodoviários, concomitantemente com os demais agentes credenciados.

GABARITO: CERTO.

---

23. (CESPE/CEBRASPE - 2009 - DETRAN/DF - AUXILIAR DE TRÂNSITO) O presidente do Contrandife é nomeado pelo gover-nador do DF.

Certo ( )   Errado ( )

Consoante o art. 15 do CTB, os presidentes do Cetran e do Contrandife são nomeados pelos governadores. Essas pessoas deverão ter reconhecida experiência em matéria de trânsito, não apenas mero conheci-mento de trânsito.

GABARITO: CERTO.

---

24. (CESPE/CEBRASPE - 2009 - DETRAN/DF - AUXILIAR DE TRÂNSITO) Acerca do que dispõe a Lei nº 9.503/1997, Código de Trânsito Brasileiro (CTB), julgue o item a seguir.

Os municípios integram automaticamente o SNT.

Certo ( )   Errado ( )

SISTEMA NACIONAL DE TRÂNSITO E COMPETÊNCIAS

Com fulcro no § 2º do art. 24 do CTB, em que o legislador deixa claro que, para os municípios possuírem as competências previstas nesse artigo (que elenca as competências dos municípios no CTB), é necessária uma integração ao Sistema Nacional de Trânsito (SNT), porém não é automática, conforme previsão do art. 333 do mesmo Código (municipalização de trânsito). A Lei nº 14.071/2020 viabilizou que o município se tornasse entidade de trânsito pela integração direta por meio das prefeituras. Ou seja, não se mostra mais necessária a criação dos órgãos executivos ou executivos rodoviários para que as prefeituras exerçam atribuições de trânsito.

Art. 24 Compete aos órgãos e entidades executivos de trânsito dos municípios, no âmbito de sua circunscrição: [...]

§ 2º Para exercer as competências estabelecidas neste artigo, os municípios deverão integrar-se ao Sistema Nacional de Trânsito, por meio de órgão ou entidade executivos de trânsito ou diretamente por meio da prefeitura municipal, conforme previsto no art. 333 deste Código.

Art. 333 O Contran estabelecerá, em até cento e vinte dias após a nomeação de seus membros, as disposições previstas nos arts. 91 e 92, que terão de ser atendidas pelos órgãos e entidades executivos de trânsito e executivos rodoviários para exercerem suas competências.

§ 1º Os órgãos e entidades de trânsito já existentes terão prazo de um ano, após a edição das normas, para se adequarem às novas disposições estabelecidas pelo Contran, conforme disposto neste artigo.

§ 2º Os órgãos e entidades de trânsito a serem criados exercerão as competências previstas neste Código em cumprimento às exigências estabelecidas pelo Contran, conforme disposto neste artigo, acompanhados pelo respectivo Cetran, se órgão ou entidade municipal, ou Contran, se órgão ou entidade estadual, do Distrito Federal ou da União, passando a integrar o Sistema Nacional de Trânsito.

GABARITO: ERRADO.

---

25. (CESPE/CEBRASPE - 2014 - PRF - POLICIAL RODOVIÁRIO FEDERAL) Compete à PRF, no âmbito das rodovias brasileiras, o patrulhamento ostensivo no âmbito das estradas e rodovias federais, executando operações relacionadas com a segurança pública, com o objetivo de preservar a ordem, a incolumidade das pessoas, o patrimônio da União e o de terceiros.

Certo ( )   Errado ( )

Uma das principais competências da Polícia Rodoviária Federal é o patrulhamento ostensivo. Entende-se por ostensividade a atividade policial de prevenção, com viaturas bem caracterizadas e chamativas e com agentes destacados. Previsão expressa do art. 20, II, do CTB.

Art. 20 [...]

II – realizar o patrulhamento ostensivo, executando operações relacionadas com a segurança pública, com o objetivo de preservar a ordem, incolumidade das pessoas, o patrimônio da União e o de terceiros.

GABARITO: CERTO.

---

26. (CESPE/CEBRASPE - 2002 - PRF - POLICIAL RODOVIÁRIO FEDERAL) Considerando que o CTB determina que compete à PRF, no âmbito das rodovias e estradas federais, aplicar e arrecadar as multas impostas por infrações de trânsito, é correto afirmar, com base no referido código, que o policial rodoviário federal pode multar um motorista por excesso de velocidade e, para conferir celeridade ao procedimento, receber em mão o dinheiro relativo à multa, oferecendo ao infrator recibo devidamente assinado.

Certo ( )   Errado ( )

Sempre que a banca se refere a penalidades, deve haver contraditório e ampla defesa. Em primeiro lugar, não cabe ao agente da autoridade de trânsito a aplicação da penalidade de multa, competência

esta apenas da autoridade de trânsito, visto que o agente apenas autua. Em segundo lugar, não cabe ao agente o recebimento de dinheiro em mãos para dar celeridade ao procedimento, até porque a aplicação da penalidade se dá após garantia do devido processo legal ao condutor infrator, após ser praticada a ampla defesa e o contraditório durante o procedimento administrativo. Além disso, poderá o agente, caso solicite essa vantagem de maneira indevida, incorrer em crime funcional.

GABARITO: ERRADO.

27. [CESPE/CEBRASPE - 2002 - PRF - POLICIAL RODOVIÁRIO FEDERAL] A perseguição dos dois homens que fogem para dentro da mata, suspeitos de terem praticado roubo, poderia ser realizada pelos policiais rodoviários federais, sem violação da competência legalmente atribuída à PRF.

Certo ( )   Errado ( )

Nesta hipótese, estamos diante da prática de um delito, e como as atividades atuais da PRF não se restringem ao patrulhamento ostensivo, mas ao policiamento, englobam-se neste a prevenção e a repressão de crimes. É uma das competências da PRF, positivada no inciso X do art. 1º do Decreto nº 1.655/1995, *colaborar e atuar na prevenção e repressão aos crimes contra a vida, os costumes, o patrimônio, a ecologia, o meio ambiente, os furtos e roubos de veículos e bens, o tráfico de entorpecentes e drogas afins, o contrabando, o descaminho e os demais crimes previstos em leis.*

GABARITO: CERTO.

28. [FAUEL - 2021 - PREFEITURA DE SÃO JOSÉ DOS PINHAIS - GUARDA MUNICIPAL] O trânsito brasileiro é regulamentado pela Lei nº 9.503/1997 – Código de Trânsito Brasileiro – CTB, e pelas Resoluções complementares. Analise as afirmativas abaixo e em seguida assinale a alternativa correta sobre a legislação do CTB.

I. Os órgãos de trânsito municipais têm autonomia para normatizar detalhes do trânsito, que não são os mesmos em todas as cidades, exigindo atenção por parte dos condutores.

II. O CTB define atribuições das diversas autoridades e órgãos ligados ao trânsito, fornece diretrizes para a engenharia de tráfego e estabelece normas de conduta, infrações e penalidades para diversos usuários deste complexo sistema.

III. Departamento Nacional de Trânsito – é órgão máximo normativo do Sistema Nacional de Trânsito, responsável pela normatização das leis de trânsito.

IV. Os órgãos de trânsito municipais não têm autonomia para normatizar detalhes do trânsito, que são os mesmos em todas as cidades, exigindo atenção por parte dos condutores.

a) Estão corretas apenas as afirmativas I, II e III.

b) Estão corretas apenas as afirmativas II, III e IV.

c) Estão corretas apenas as afirmativas I e II.

d) Estão corretas apenas as afirmativas III e IV.

e) Estão corretas apenas as afirmativas I e III.

Vamos analisar as assertivas:

I: cuidado com a assertiva. Normatizar temas de trânsito não costuma ser atribuição dos municípios, mas é possível que haja sim regulamentação de temas específicos de interesse local, como é o caso de regulamentação de locais de estacionamento privativo.

II: perfeitamente colocado. O CTB determina todo o disposto na assertiva, já que possui *status* de lei.

III: o antigo Denatran não era órgão máximo normativo, mas, sim, executivo.

IV: por exclusão, esta questão contradiz a primeira assertiva, portanto está errada.

GABARITO: C.

SISTEMA NACIONAL DE TRÂNSITO E COMPETÊNCIAS

29. **(CESPE/CEBRASPE - 2003 - PM/DF - POLICIAL MILITAR)** No Distrito Federal (DF), compete à PM/DF a coleta de dados estatísticos e a elaboração de estudos relativos a acidentes de trânsito.

Certo ( )   Errado ( )

Essa competência caberá ao órgão executivo rodoviário do DF (art. 22, IX, do CTB).

***Art. 22** Compete aos órgãos ou entidades executivos de trânsito dos estados e do Distrito Federal, no âmbito de sua circunscrição: [...]*

IX – coletar dados estatísticos e elaborar estudos sobre acidentes de trânsito e suas causas.

Vale lembrar que também é competência do DPRF, positivada no inciso VII do art. 20.

GABARITO: ERRADO.

---

30. **(CESPE/CEBRASPE - 2003 - PM/DF - POLICIAL MILITAR)** Com relação aos direitos do cidadão no CTB, julgue o item que se segue.

Caso Antônio, brasileiro, residente no DF, desejar solicitar que se instale uma faixa de pedestres em determinada via pública próxima de sua residência em razão do elevado número de atropelamentos lá ocorridos, então ele deverá fazê-lo, por escrito e exclusivamente, à PM/DF, que terá a obrigação de analisar a solicitação e de respondê-la, também por escrito, no prazo máximo de quinze dias úteis.

Certo ( )   Errado ( )

Nesta questão existem dois erros. O cidadão realmente tem o direito de solicitar, por escrito, aos órgãos e entidades componentes do SNT melhorias, como sinalização, que é o caso supramencionado. Como a questão aborda a implantação de uma faixa de trânsito, cabe ao órgão executivo rodoviário de trânsito a análise do caso concreto. O segundo erro ocorre quando o examinador fixa um prazo de 15 dias. Como percebemos no art. 73, do CTB, não há prazo expresso pelo legislador; logo, o órgão deverá apenas responder dentro de prazos mínimos.

***Art. 72** Todo cidadão ou entidade civil tem o direito de solicitar, por escrito, aos órgãos ou entidades do Sistema Nacional de Trânsito, sinalização, fiscalização e implantação de equipamentos de segurança, bem como sugerir alterações em normas, legislação e outros assuntos pertinentes a este Código.*

***Art. 73** Os órgãos ou entidades pertencentes ao Sistema Nacional de Trânsito têm o dever de analisar as solicitações e responder, por escrito, dentro de prazos mínimos, sobre a possibilidade ou não de atendimento, esclarecendo ou justificando a análise efetuada, e, se pertinente, informando ao solicitante quando tal evento ocorrerá.*

***Parágrafo único.** As campanhas de trânsito devem esclarecer quais as atribuições dos órgãos e entidades pertencentes ao Sistema Nacional de Trânsito e como proceder a tais solicitações.*

GABARITO: ERRADO.

---

31. **(CESPE/CEBRASPE - 2010 - DETRAN/ES - ANALISTA DE SISTEMAS)** Acerca das normas gerais de circulação e conduta dispostas no CTB, julgue o item.

Cabe ao Contran e aos estados determinar finalidade e uso das faixas laterais de domínio, bem como das áreas adjacentes às estradas e rodovias, obedecidas as condições de segurança do trânsito pertinentes a elas. Nesses casos, respondem pelo Contran o DNIT e a PRF, e pelos estados, suas respectivas secretarias de transporte, Detrans ou órgãos análogos.

Certo ( )   Errado ( )

Conforme o art. 50 do CTB, ratificado pela definição do Anexo I, a competência pelo uso das faixas laterais de domínio é dos órgãos e entidades com circunscrição sobre a via e não do Contran, como menciona a questão.

Art. 50 O uso de faixas laterais de domínio e das áreas adjacentes às estradas e rodovias obedecerá às condições de segurança do trânsito estabelecidas pelo órgão ou entidade com circunscrição sobre a via.

Define-se como **faixa de domínio** a base física sobre a qual assenta uma rodovia, constituída pelas pistas de rolamento, canteiros, obras de arte, acostamentos, sinalização e faixa lateral de segurança, até o alinhamento das cercas que separam a estrada dos imóveis marginais ou da faixa do recuo (Glossário de Termos Técnicos Rodoviários).

Além disso, o Anexo I do CTB afirma que se trata de *superfície lindeira às vias rurais, delimitada por lei específica e sob responsabilidade do órgão ou entidade de trânsito competente com circunscrição sobre a via.*

GABARITO: ERRADO.

---

32. (CESPE/CEBRASPE - 2010 - MPU - TÉCNICO DE APOIO ESPECIALIZADO) Julgue o item a seguir, no que se refere às competências do Conselho Nacional de Trânsito (Contran), de acordo com o CTB.

Incluem-se, entre as competências desse órgão, o acompanhamento e a coordenação das atividades de administração, educação, engenharia, fiscalização e policiamento ostensivo de trânsito.

Certo ( )   Errado ( )

Questão literal que busca saber apenas se o candidato tem o domínio acerca das competências entre os órgãos normativos e consultivos de trânsito. Perceba que as questões gostam de confundir as atribuições do Contran com as do Cetran/Contrandife.

Art. 14 Compete aos Conselhos Estaduais de Trânsito – Cetran e ao Conselho de Trânsito do Distrito Federal – Contrandife: [...]

VIII – acompanhar e coordenar as atividades de administração, educação, engenharia, fiscalização, policiamento ostensivo de trânsito, formação de condutores, registro e licenciamento de veículos, articulando os órgãos do Sistema no Estado, reportando-se ao Contran.

GABARITO: ERRADO.

---

33. (CESPE/CEBRASPE - 2010 - MPU - TÉCNICO DE APOIO ESPECIALIZADO) Ao Contran compete coordenar os órgãos do Sistema Nacional de Trânsito.

Certo ( )   Errado ( )

Literalidade do art. 7º, I, do CTB. O Contran é o órgão máximo normativo e consultivo do Sistema e também coordenador do Sistema. Não se deve confundir, como dito anteriormente, com o coordenador máximo do Sistema, que nesse caso será o Ministério da Infraestrutura, nem com o Denatran, que é o órgão executivo máximo da União.

GABARITO: CERTO.

---

34. (IPEFAE - 2018 - IPSJBV - AUXILIAR PREVIDENCIÁRIO - TRANSPORTE) Compete ao Contran normatizar os procedimentos sobre a aprendizagem, a habilitação e a expedição de documentos de condutores de veículos.

Certo ( )   Errado ( )

Mais uma questão literal, prevista no art. 12, X, do CTB. O Contran é o órgão máximo normativo e consultivo do Sistema. Logo, como se trata de competências no âmbito da União, estas só poderiam caber ao Contran. Por isso, são várias resoluções editadas.

Art. 12 Compete ao Contran: [...]

X – normatizar os procedimentos sobre a aprendizagem, habilitação, expedição de documentos de condutores, e registro e licenciamento de veículos.

GABARITO: CERTO.

SISTEMA NACIONAL DE TRÂNSITO E COMPETÊNCIAS

35. (IBFC - 2022 - DETRAN/AM - TÉCNICO ADMINISTRATIVO) Assinale a alternativa que apresenta os órgãos e/ou entidades que compõem o Sistema Nacional de Trânsito.

a) As Polícias Militares dos estados e do Distrito Federal.

b) As Corregedorias Estaduais e as Juntas Administrativas de Recursos de Infrações – Jari.

c) As Polícias Civis Estaduais e as Guardas Municipais.

d) A Polícia Federal e o Ministério Público.

Questão relativamente tranquila. Sabendo que as corregedorias, polícia civil, guarda municipal, polícia federal e Ministério Público não integram o SNT, o gabarito somente pode ser a primeira alternativa.

GABARITO: A.

36. (CESPE/CEBRASPE - 2009 - DETRAN/DF - AUXILIAR DE TRÂNSITO) Compete aos órgãos ou entidades executivos de trânsito dos estados e do DF, no âmbito de sua circunscrição, vistoriar, registrar, emplacar, selar a placa, e licenciar veículos, expedindo o Certificado de Registro e o Licenciamento Anual (CRLV), mediante delegação do órgão federal competente.

Certo ( )   Errado ( )

O examinador deixa claro que essa competência é feita mediante delegação do órgão federal competente (Senatran) para os órgãos executivos estaduais (Detran). Se o examinador perguntasse mediante delegação aos órgãos executivos dos estados e do Distrito Federal ou por meio de competência originária, a competência seria da Senatran (órgão executivo de trânsito da União a partir de 2022 – modificação apenas da nomenclatura do Denatran).

Art. 19 Compete ao órgão máximo executivo de trânsito da União: [...]

VII – expedir a Permissão para Dirigir, a Carteira Nacional de Habilitação, os Certificados de Registro e o de Licenciamento Anual mediante delegação aos órgãos executivos dos estados e do Distrito Federal; [...].

Art. 22 Compete aos órgãos ou entidades executivos de trânsito dos estados e do Distrito Federal, no âmbito de sua circunscrição: [...]

III – vistoriar, inspecionar quanto às condições de segurança veicular, registrar, emplacar, selar a placa, e licenciar veículos, expedindo o Certificado de Registro e o Licenciamento Anual, mediante delegação do órgão federal competente.

GABARITO: CERTO.

37. (CESPE/CEBRASPE - 2009 - DETRAN/DF - AUXILIAR DE TRÂNSITO) Compete à PM/DF executar a fiscalização de trânsito, independentemente de convênio.

Certo ( )   Errado ( )

As polícias militares somente possuem a competência de fiscalização de trânsito mediante convênio firmado com os órgãos executivos ou executivos rodoviários municipais, estaduais ou distritais.

Art. 23 Compete às Polícias Militares dos estados e do Distrito Federal: [...]

III – executar a fiscalização de trânsito, quando e conforme convênio firmado, como agente do órgão ou entidade executivos de trânsito ou executivos rodoviários, concomitantemente com os demais agentes credenciados; [...].

GABARITO: ERRADO.

SISTEMA NACIONAL DE TRÂNSITO E COMPETÊNCIAS

38. (CESPE/CEBRASPE - 2009 - DETRAN/DF - ANALISTA) Compete ao Conselho de Trânsito do DF (Contrandife) responder a consultas relativas à aplicação da legislação e dos procedimentos normativos de trânsito.

Certo ( )   Errado ( )

Trata-se de um órgão consultivo, obviamente no caso supracitado, no âmbito do DF. Nessa competência, o que o diferencia do Contran é que o Cetran/Contrandife trabalha tanto com aplicação da legislação quanto com procedimento normativo de trânsito.

***Art. 14** Compete aos Conselhos Estaduais de Trânsito – Cetran e ao Conselho de Trânsito do Distrito Federal – Contrandife: [...]*

III – responder a consultas relativas à aplicação da legislação e dos procedimentos normativos de trânsito.
GABARITO: CERTO.

---

39. (CESPE/CEBRASPE - 2021 - PRF - POLICIAL RODOVIÁRIO FEDERAL) De acordo com as diretrizes emanadas do Conselho Nacional de Trânsito, promover e participar de projetos e programas de educação e segurança é uma das competências da Polícia Rodoviária Federal.

Certo ( )   Errado ( )

Exatamente é o que dispõe o art. 20, IX, do CTB:

***Art. 20** Compete à Polícia Rodoviária Federal, no âmbito das rodovias e estradas federais: [...]*

IX – promover e participar de projetos e programas de educação e segurança, de acordo com as diretrizes estabelecidas pelo Contran.

É importantíssimo lembrar que à PRF, no ano de 2021, foi prevista a atribuição de perícia administrativa em locais de acidente de trânsito.
GABARITO: CERTO.

---

40. (VUNESP - 2021 - PREFEITURA DE JUNDIAÍ - AGENTE DE TRÂNSITO) O estabelecimento de normas regulamentares, constantes do Código de Trânsito Brasileiro e as diretrizes da Política Nacional de Trânsito são de competência do:

a) Contran.

b) Cetran.

c) Contrandife.

d) Cetran e do Contrandife.

e) Ministério dos Transportes.

Por se tratar de norma de abrangência nacional (Política Nacional de Trânsito), o órgão responsável por regulamentar tal feito somente pode ser órgão federal normativo, neste caso, o Contran.
GABARITO: A.

---

41. (AOCP - 2021 - PREFEITURA DE JOÃO PESSOA - CONDUTOR DE AMBULÂNCIA) Com base no art. 6º do CTB, dentre as seguintes alternativas, assinale a que corresponde a um dos objetivos básicos do Sistema Nacional de Trânsito (SNT).

a) Criar o Denatran – Conselho Nacional de Trânsito, coordenador do sistema e órgão máximo normativo e consultivo.

b) Criar os órgãos e as entidades executivos de trânsito da União, dos estados, do Distrito Federal e dos municípios.

c) Criar as entidades e os órgãos executivos rodoviários da União, dos estados, do Distrito Federal e dos municípios.

d) Criar a Polícia Rodoviária Federal e as Polícias Militares dos estados e do Distrito Federal.

e) Fixar, mediante normas e procedimentos, a padronização de critérios técnicos, financeiros e administrativos para a execução das atividades de trânsito.

O art. 6º do CTB estabelece três objetivos básicos ao SNT. Note que os verbos utilizados são apenas dois – **estabelecer e fixar:**

Art. 6º São objetivos básicos do Sistema Nacional de Trânsito:

I – estabelecer diretrizes da Política Nacional de Trânsito, com vistas à segurança, à fluidez, ao conforto, à defesa ambiental e à educação para o trânsito, e fiscalizar seu cumprimento;

II – fixar, mediante normas e procedimentos, a padronização de critérios técnicos, financeiros e administrativos para a execução das atividades de trânsito;

III – estabelecer a sistemática de fluxos permanentes de informações entre os seus diversos órgãos e entidades, a fim de facilitar o processo decisório e a integração do Sistema.

GABARITO: E.

---

42. **(IDIB - 2021 - CÂMARA DE PLANALTINA - MOTORISTA)** De acordo com o Código de Trânsito Brasileiro, é correto afirmar que compete aos Conselhos Estaduais de Trânsito – Cetran:

a) organizar e manter o Registro Nacional de Carteiras de Habilitação – Renach.

b) administrar fundo de âmbito nacional destinado à segurança e à educação de trânsito.

c) estimular e orientar a execução de campanhas educativas de trânsito.

d) elaborar e submeter à aprovação do Contran as normas e requisitos de segurança veicular para fabricação e montagem de veículos, consoante sua destinação.

Repare que, dentre as atribuições do Cetran, apenas a alternativa C está de acordo com a literalidade proposta no art. 14, IV, do CTB. As demais atribuições são todas do órgão máximo executivo.

GABARITO: C.

---

43. **(IPEFAE - 2021 - PREFEITURA DE ÁGUAS DA PRATA - OPERADOR DE MÁQUINAS)** Segundo o Código de Trânsito Brasileiro, o Conselho Nacional de Trânsito (Contran) tem sede no:

a) Rio de Janeiro.

b) São Paulo.

c) Salvador.

d) Distrito Federal.

De acordo com o *caput* do art. 10 do CTB, o Conselho Nacional de Trânsito (Contran) tem sede no Distrito Federal.

GABARITO: D.

---

44. **(FRAMINAS - 2014 - PREFEITURA DE ITABIRITO - GUARDA MUNICIPAL)** Assinale a alternativa incorreta quanto às competências do Contran:

a) Avocar, para análise e soluções, processos sobre conflitos de competência ou circunscrição, ou, quando necessário, unificar as decisões administrativas.

b) Dirimir conflitos sobre circunscrição e competência de trânsito no âmbito da União, dos estados, do Distrito Federal e dos municípios.

c) Estabelecer as diretrizes do regimento das Jari.

d) Normatizar os procedimentos sobre a aprendizagem, habilitação, expedição de documentos de condutores, e registro e licenciamento de veículos.

O Contran não é responsável por dirimir conflitos no âmbito dos municípios, o que, na verdade, é atribuição do Cetran. Os demais itens estão previstos nos incisos XIII, I e X do art. 12 do CTB.

GABARITO: B.

---

45. (CESPE/CEBRASPE - 2016 - CURSO DE FORMAÇÃO DA PRF - POLICIAL RODOVIÁRIO FEDERAL) As câmaras temáticas, órgãos técnicos vinculados ao Contran, são constituídas por especialistas de diversas áreas, como, por exemplo, educação, saúde e meio ambiente.

Certo ( )   Errado ( )

O art. 13, *caput*, do CTB estabelece que, de fato, as câmaras temáticas detêm essas prerrogativas. Veja:

***Art. 13** As Câmaras Temáticas, órgãos técnicos vinculados ao Contran, são integradas por especialistas e têm como objetivo estudar e oferecer sugestões e embasamento técnico sobre assuntos específicos para decisões daquele colegiado.*

§ 1º Cada Câmara é constituída por especialistas representantes de órgãos e entidades executivos da União, dos estados, ou do Distrito Federal e dos municípios, em igual número, pertencentes ao Sistema Nacional de Trânsito, além de especialistas representantes dos diversos segmentos da sociedade relacionados com o trânsito, todos indicados segundo regimento específico definido pelo Contran e designados pelo ministro ou dirigente coordenador máximo do Sistema Nacional de Trânsito.

GABARITO: CERTO.

---

46. (CESPE/CEBRASPE - 2016 - CURSO DE FORMAÇÃO DA PRF - POLICIAL RODOVIÁRIO FEDERAL) Não compõe(m) o Sistema Nacional de Trânsito:

a) Os Conselhos Estaduais de Trânsito – Cetran.

b) A Polícia Rodoviária Federal.

c) Os órgãos e as entidades executivas de trânsito da União, estados, do Distrito Federal e dos municípios.

d) A Delegacia de Acidentes de Trânsito da Polícia Civil do Estado.

e) As Juntas Administrativas de Recursos de Infrações.

Novamente sendo cobrada a composição do SNT. As delegacias da polícia civil e federal não fazem parte dos órgãos de trânsito, mas, por algum motivo, são cansativamente cobradas em prova.

GABARITO: D.

---

47. (FCC - 2019 - DETRAN/SP - OFICIAL ESTADUAL DE TRÂNSITO) Implementar as medidas da Política Nacional de Trânsito e do Programa Nacional de Trânsito é de competência:

a) Do Contran – Conselho Nacional de Trânsito.

b) Das Polícias Militares dos estados e do Distrito Federal.

c) Do órgão máximo executivo de trânsito da União.

d) Dos órgãos e entidades executivos rodoviários da União, dos estados, do Distrito Federal e dos municípios, no âmbito de sua circunscrição.

e) Dos Conselhos Estaduais de Trânsito – Cetran e do Conselho de Trânsito do Distrito Federal – Contrandife.

SISTEMA NACIONAL DE TRÂNSITO E COMPETÊNCIAS

Literalidade do art. 21, X (executivos rodoviários), art. 22, XI (competência dos órgãos executivos de trânsito dos estados e DF) e, ainda, do art. 24, XIV (órgãos executivos de trânsito dos municípios). Contudo, como não se tem essa opção nas alternativas, só resta a alternativa D. Atenção, pois a competência de implementar as medidas da Política Nacional de Trânsito e Educação para o Trânsito é da PRF (art. 20, VIII, do CTB).

Art. 21 *Compete aos órgãos e entidades executivos rodoviários da União, dos estados, do Distrito Federal e dos municípios, no âmbito de sua circunscrição: [...]*

X – implementar as medidas da Política Nacional de Trânsito e do Programa Nacional de Trânsito.

GABARITO: D.

---

48. (FCC - 2007 -MPU - TÉCNICO DE APOIO ESPECIALIZADO) Aprovar, complementar ou alterar os dispositivos de sinalização e os dispositivos e equipamentos de trânsito é de competência:

a) da Polícia Rodoviária Federal.

b) dos órgãos e entidades executivos de trânsito dos municípios.

c) dos órgãos e entidades executivos de trânsito dos estados e do Distrito Federal.

d) do Conselho Nacional de Trânsito – Contran.

e) dos Conselhos Estaduais de Trânsito – Cetran e do Conselho de Trânsito do Distrito Federal – Contrandife.

Conforme o art. 12, XI, do CTB:

Art. 12 *Compete ao Contran: [...]*

XI – aprovar, complementar ou alterar os dispositivos de sinalização e os dispositivos e equipamentos de trânsito.

GABARITO: D.

---

49. (FCC - 2007 - MPU - TÉCNICO DE APOIO ESPECIALIZADO) Encaminhar aos órgãos e entidades executivos de trânsito e executivos rodoviários informações sobre problemas observados nas autuações e apontados em recursos, e que se repitam sistematicamente, é de competência:

a) do Conselho Nacional de Trânsito – Contran.

b) das Polícias Militares dos estados e do Distrito Federal.

c) das Juntas Administrativas de Recursos de Infrações – Jari.

d) das Prefeituras Municipais.

e) dos Conselhos Estaduais de Trânsito – Cetran e do Conselho de Trânsito do Distrito Federal – Contrandife.

Previsão literal do art. 17, III, do CTB. As Juntas Administrativas de Recursos de Infrações estão previstas no art. 16 como órgãos colegiados responsáveis pelo julgamento de recursos interpostos contra as penalidades aplicadas pelos órgãos e entidades executivos de trânsito e rodoviários; logo, esta é, basicamente, sua única competência legal, sendo suficiente a previsão do inciso I do art. 17.

GABARITO: C.

---

50. (FCC - 2007 - MPU - TÉCNICO DE APOIO ESPECIALIZADO) Julgar os recursos interpostos contra decisões das Juntas Administrativas de Recursos de Infrações – Jari compete:

a) aos Conselhos Estaduais de Trânsito – Cetran e ao Conselho de Trânsito do Distrito Federal – Contrandife.

b) aos órgãos e entidades executivos de trânsito dos municípios.

c) aos órgãos e entidades executivos de trânsito dos estados.

d) ao Departamento Nacional de Trânsito – Denatran.

e) às Polícias Militares dos estados e do Distrito Federal.

Previsão do art. 14, V, "a", do CTB. Consoante prevê o art. 7º do CTB, os Conselhos Estaduais de Trânsito – Cetran (e, no caso do Distrito Federal, o Contrandife) são órgãos normativos, consultivos e coordenadores do sistema, entretanto, no âmbito estadual. Essas competências estão elencadas nos incisos I e II (normatização) e III (consultivo).

Além dessas três atribuições, outra que se destaca no rol dos órgãos normativos e consultivos dos estados e do DF é a atribuição atípica de órgão julgador. Está prevista no inciso V do art. 14, incidindo função recursal propriamente dita (na hipótese de julgamento dos processos administrativos no âmbito estadual, distrital ou municipal, após julgamento na primeira instância pela Jari), bem como atribuição revisional (na hipótese de decisão do Detran, nos casos de inaptidão permanente física, mental ou psicológica).

GABARITO: A.

---

51. **(INAZ DO PARÁ - 2019 - CORE/SP - MOTORISTA)** Estabelecer diretrizes da Política Nacional de Trânsito, com vistas à segurança, à fluidez, ao conforto, à defesa ambiental e à educação para o trânsito, e fiscalizar seu cumprimento é um dos objetivos básicos do:

a) Sistema Nacional de Trânsito.

b) Conselho Nacional de Trânsito.

c) Conselho Estadual de Trânsito.

d) Conselho de Trânsito do Distrito Federal.

e) Departamento de Trânsito.

Literalidade do art. 6º, I, do CTB. Muito cuidado para não confundir com o Contran.

Art. 6º **São objetivos básicos do Sistema Nacional de Trânsito:**

I – estabelecer diretrizes da Política Nacional de Trânsito, com vistas à segurança, à fluidez, ao conforto, à defesa ambiental e à educação para o trânsito, e fiscalizar seu cumprimento;

II – fixar, mediante normas e procedimentos, a padronização de critérios técnicos, financeiros e administrativos para a execução das atividades de trânsito;

III – estabelecer a sistemática de fluxos permanentes de informações entre os seus diversos órgãos e entidades, a fim de facilitar o processo decisório e a integração do Sistema.

GABARITO: A.

---

52. **(FCC - 2007 - MPU - TÉCNICO DE APOIO ESPECIALIZADO)** A responsabilidade pela fiscalização das infrações de trânsito relacionadas aos veículos e aos condutores é:

a) do órgão executivo de trânsito dos estados (Detran) e do Distrito Federal.

b) do órgão executivo de trânsito municipal.

c) da Secretaria Estadual da Fazenda.

d) da Secretaria Municipal de Transportes.

e) da Jari – Junta Administrativa de Recursos de Infrações.

A competência, em sentido amplo, da fiscalização das infrações de trânsito relacionadas aos veículos e aos condutores será dos órgãos executivos de trânsito do estado e do DF. Pelo princípio da simetria da forma, como são eles responsáveis pela expedição da habilitação e pela documentação legal do veículo, logo caberá a eles também a sua fiscalização. Em regra, no que tange à fiscalização por infrações de

trânsito relativas à circulação, à parada e ao estacionamento, caberá aos órgãos executivos de trânsito dos municípios.

Art. 22 Compete aos órgãos ou entidades executivos de trânsito dos estados e do Distrito Federal, no âmbito de sua circunscrição: [...]

V – executar a fiscalização de trânsito, autuar e aplicar as medidas administrativas cabíveis pelas infrações previstas neste Código, excetuadas aquelas relacionadas nos incisos VI e VIII do art. 24, no exercício regular do Poder de Polícia de Trânsito;

VI – aplicar as penalidades por infrações previstas neste Código, com exceção daquelas relacionadas nos incisos VII e VIII do art. 24, notificando os infratores e arrecadando as multas que aplicar.

GABARITO: A.

---

53. (UFPR - 2005 - DETRAN/PR - DESPACHANTE DE TRÂNSITO) O Código de Trânsito Brasileiro dispõe, em seu art. 7º, sobre os componentes do Sistema Nacional de Trânsito. Assinale a alternativa que não faz parte desse sistema.

a) Conselho Nacional de Trânsito.

b) Juntas Administrativas de Recursos de Infrações.

c) Polícias Civis.

d) Polícia Rodoviária Federal.

e) Polícias Militares dos estados e do Distrito Federal.

Não compõem o SNT as polícias judiciárias, como previsto no art. 7º do CTB.

Art. 7º Compõem o Sistema Nacional de Trânsito os seguintes órgãos e entidades:

I – o Conselho Nacional de Trânsito – Contran, coordenador do Sistema e órgão máximo normativo e consultivo;

II – os Conselhos Estaduais de Trânsito – Cetran e o Conselho de Trânsito do Distrito Federal – Contrandife, órgãos normativos, consultivos e coordenadores;

III – os órgãos e entidades executivos de trânsito da União, dos estados, do Distrito Federal e dos municípios;

IV – os órgãos e entidades executivos rodoviários da União, dos estados, do Distrito Federal e dos municípios;

V – a Polícia Rodoviária Federal;

VI – as Polícias Militares dos estados e do Distrito Federal; e

VII – as Juntas Administrativas de Recursos de Infrações – Jari.

As polícias militares devem firmar convênio para executar a fiscalização de trânsito.

GABARITO: C.

---

54. (CESPE/CEBRASPE - 2008 - PRF - POLICIAL RODOVIÁRIO FEDERAL) As competências da PRF, no âmbito das rodovias e estradas federais, não incluem:

a) Realizar o patrulhamento ostensivo, mediante a execução de operações relacionadas com a segurança pública, com o objetivo de preservar a ordem, a incolumidade das pessoas, o patrimônio da União e o de terceiros.

b) Aplicar e arrecadar as multas impostas por infrações de trânsito, as medidas administrativas decorrentes e os valores provenientes de estada e remoção de veículos, objetos, animais e escolta de veículos de cargas superdimensionadas ou perigosas.

c) Realizar o patrulhamento ostensivo das ferrovias federais que margeiam as rodovias federais.

d) Integrar-se a outros órgãos e entidades do SNT para fins de arrecadação e compensação de multas impostas na área de sua competência, com vistas à unificação do licenciamento, à simplificação e à celeridade das transferências de veículos e de prontuários de condutores de uma para outra unidade da Federação.

e) Coletar dados estatísticos e elaborar estudos sobre acidentes de trânsito e suas causas, adotando ou indicando medidas operacionais preventivas e encaminhando-os ao órgão rodoviário federal.

Obviamente, não cabe à PRF o patrulhamento ostensivo nas ferrovias federais; à PRF caberá o patrulhamento nas rodovias e estradas federais, como previsto expressamente no *caput* do art. 20 do CTB.

Art. 20 Compete à Polícia Rodoviária Federal, no âmbito das rodovias e estradas federais: [...]

II – realizar o patrulhamento ostensivo, executando operações relacionadas com a segurança pública, com o objetivo de preservar a ordem, incolumidade das pessoas, o patrimônio da União e o de terceiros.

A: está prevista no art. 20, II, do CTB, comentado anteriormente.

B: está prevista no art. 20, III, do CTB. Poderia gerar dúvidas, já que o agente autua, mas é a literalidade do inciso.

Art. 20 Compete à Polícia Rodoviária Federal, no âmbito das rodovias e estradas federais: [...]

III – aplicar e arrecadar as multas impostas por infrações de trânsito, as medidas administrativas decorrentes e os valores provenientes de estada e remoção de veículos, objetos, animais e escolta de veículos de cargas superdimensionadas ou perigosas.

D: está prevista no art. 20, X, do CTB.

Art. 20 Compete à Polícia Rodoviária Federal, no âmbito das rodovias e estradas federais: [...]

X – integrar-se a outros órgãos e entidades do Sistema Nacional de Trânsito para fins de arrecadação e compensação de multas impostas na área de sua competência, com vistas à unificação do licenciamento, à simplificação e à celeridade das transferências de veículos e de prontuários de condutores de uma para outra unidade da Federação.

E: está prevista no art. 20, VII, do CTB.

Art. 20 Compete à Polícia Rodoviária Federal, no âmbito das rodovias e estradas federais: [...]

VII – coletar dados estatísticos e elaborar estudos sobre acidentes de trânsito e suas causas, adotando ou indicando medidas operacionais preventivas e encaminhando-os ao órgão rodoviário federal; [...].

GABARITO: C.

---

55. (CESPE/CEBRASPE - 2008 - PRF - POLICIAL RODOVIÁRIO FEDERAL) Julgue os itens subsequentes com respeito ao SNT:

I. Os órgãos e entidades componentes do SNT respondem, no âmbito das respectivas competências, objetivamente, por danos causados aos cidadãos em virtude de ação, omissão ou erro na execução e manutenção de programas, projetos e serviços que garantam o exercício do direito do trânsito seguro.

II. O SNT é o conjunto de órgãos e entidades da União, dos estados, do DF e dos municípios que tem por finalidade o exercício das atividades de planejamento, administração, normatização, pesquisa, registro e licenciamento de veículos, formação, habilitação e reciclagem de condutores, educação, engenharia, operação do sistema viário, policiamento, fiscalização, julgamento de infrações e de recursos e aplicação de penalidades.

III. Compõem o SNT: o Contran, os Conselhos Estaduais de Trânsito (Cetran) e o Conselho de Trânsito do Distrito Federal (Contrandife), os órgãos e entidades executivos de trânsito da União, dos estados, do DF e dos municípios, os órgãos e entidades executivos rodoviários da União, dos estados, do DF e dos municípios, a PRF, as Polícias Militares dos estados e do DF e as Juntas Administrativas de Recursos de Infrações.

SISTEMA NACIONAL DE TRÂNSITO E COMPETÊNCIAS

IV. As Câmaras Temáticas, órgãos técnicos vinculados ao Contran, são integradas por especialistas e têm como objetivo estudar e oferecer sugestões e embasamento técnico sobre assuntos específicos para decisões daquele colegiado.

A quantidade de itens certos é igual a:

a) 0.

b) 1.

c) 2.

d) 3.

e) 4.

Todos os itens estão corretos. Vejamos:

I: este item busca do candidato o conhecimento acerca da responsabilidade adotada pelo legislador no CTB, destacando-se a responsabilidade objetiva dos órgãos e entidades que compõem o SNT. Responsabilidade objetiva é aquela que não importa o dolo ou culpa, bastando que exista uma conduta, nexo causal e resultado (art. 1º, § 3º, do CTB).

Art. 1º [...]

§ 3º Os órgãos e entidades componentes do Sistema Nacional de Trânsito respondem, no âmbito das respectivas competências, objetivamente, por danos causados aos cidadãos em virtude de ação, omissão ou erro na execução e manutenção de programas, projetos e serviços que garantam o exercício do direito do trânsito seguro.

II: literalidade do art. 5º do CTB, que traz de forma genérica o conceito do SNT e suas finalidades, que depois são esmiuçadas ao longo do capítulo relativo às competências dos órgãos e entidades que compõem o SNT.

Art. 5º O Sistema Nacional de Trânsito é o conjunto de órgãos e entidades da União, dos estados, do Distrito Federal e dos municípios que tem por finalidade o exercício das atividades de planejamento, administração, normatização, pesquisa, registro e licenciamento de veículos, formação, habilitação e reciclagem de condutores, educação, engenharia, operação do sistema viário, policiamento, fiscalização, julgamento de infrações e de recursos e aplicação de penalidades.

III: este item cobra do candidato o conhecimento acerca dos órgãos e entidades que compõem o SNT, previsto no art. 7º do CTB.

Art. 7º Compõem o Sistema Nacional de Trânsito os seguintes órgãos e entidades:

I – o Conselho Nacional de Trânsito – Contran, coordenador do Sistema e órgão máximo normativo e consultivo;

II – os Conselhos Estaduais de Trânsito – Cetran e o Conselho de Trânsito do Distrito Federal – Contrandife, órgãos normativos, consultivos e coordenadores;

III – os órgãos e entidades executivos de trânsito da União, dos estados, do Distrito Federal e dos municípios;

IV – os órgãos e entidades executivos rodoviários da União, dos estados, do Distrito Federal e dos municípios;

V – a Polícia Rodoviária Federal;

VI – as Polícias Militares dos estados e do Distrito Federal; e

VII – as Juntas Administrativas de Recursos de Infrações – Jari.

IV: busca-se o conhecimento acerca do conceito das câmaras temáticas contido no art. 13, *caput*, do CTB.

Art. 13 As Câmaras Temáticas, órgãos técnicos vinculados ao Contran, são integradas por especialistas e têm como objetivo estudar e oferecer sugestões e embasamento técnico sobre assuntos específicos para decisões daquele colegiado.

GABARITO: E.

---

56. (FUNRIO - 2009 - PRF - POLICIAL RODOVIÁRIO FEDERAL) Sistema Nacional de Trânsito é o conjunto de órgãos e entidades da União, dos estados, do Distrito Federal e dos municípios que tem por finalidade o exercício das atividades de planejamento, administração, normatização, pesquisa, registro e licenciamento de veículos, formação, habilitação e reciclagem de condutores, educação, engenharia, operação do sistema viário, policiamento, fiscalização, julgamento de infrações e de recursos e aplicação de penalidades. Não compõem o Sistema Nacional de Trânsito os seguintes órgãos e entidades:

a) Os órgãos e entidades executivos de trânsito da União, dos estados, do Distrito Federal e dos municípios; os órgãos e entidades executivos rodoviários da União, dos estados, do Distrito Federal e dos municípios; e a Polícia Rodoviária Federal.

b) O Conselho Nacional de Trânsito – Contran, coordenador do Sistema e órgão máximo normativo e consultivo; os Conselhos Estaduais de Trânsito – Cetran e o Conselho de Trânsito do Distrito Federal – Contrandife, órgãos normativos, consultivos e coordenadores; e a Polícia Federal.

c) A Polícia Rodoviária Federal; as Polícias Militares dos estados e do Distrito Federal; e as Juntas Administrativas de Recursos de Infrações – Jari.

d) O Conselho Nacional de Trânsito – Contran, coordenador do Sistema e órgão máximo normativo e consultivo; os Conselhos Estaduais de Trânsito – Cetran e o Conselho de Trânsito do Distrito Federal – Contrandife, órgãos normativos, consultivos e coordenadores.

e) A Polícia Rodoviária Federal; as Polícias Militares dos estados e do Distrito Federal; as Juntas Administrativas de Recursos de Infrações – Jari; os órgãos e entidades executivos de trânsito da União, dos estados, do Distrito Federal e dos municípios; e os órgãos e entidades executivos rodoviários da União, dos estados, do Distrito Federal e dos municípios.

Como já trabalhado, cabe ressaltar que as polícias judiciárias, notadamente a polícia civil e federal, não integram o rol de órgãos de trânsito. Apenas essa informação já faz com que o candidato gabarite a questão.

GABARITO: B.

---

57. (FUNRIO - 2009 - PRF - POLICIAL RODOVIÁRIO FEDERAL) Os estados, o Distrito Federal e os municípios organizarão os respectivos órgãos e entidades executivos de trânsito e executivos rodoviários, estabelecendo os limites circunscricionais de suas atuações. Sobre as competências atribuídas aos respectivos órgãos e entidades que compõem o Sistema Nacional de Trânsito é correto afirmar que:

a) Compete ao Conselho Nacional de Trânsito (Contran) estabelecer as normas regulamentares referidas neste Código e as diretrizes da Política Nacional de Trânsito e coordenar os órgãos do Sistema Nacional de Trânsito, objetivando a integração de suas atividades.

b) Compete aos Conselhos Estaduais de Trânsito (Cetran) e ao Conselho de Trânsito do Distrito Federal (Contrandife) avocar, para análise e soluções, processos sobre conflitos de competência ou circunscrição, ou, quando necessário, unificar as decisões administrativas e dirimir conflitos sobre circunscrição e competência de trânsito no âmbito da União, dos estados e do Distrito Federal.

c) Compete às Juntas Administrativas de Recursos de Infrações (Jari) cumprir e fazer cumprir a legislação e as normas de trânsito, no âmbito das respectivas atribuições; elaborar normas no âmbito das respectivas competências; responder a consultas relativas à aplicação da legislação e dos procedimentos normativos de trânsito.

SISTEMA NACIONAL DE TRÂNSITO E COMPETÊNCIAS

d) Compete ao órgão máximo executivo de trânsito da União julgar os recursos interpostos pelos infratores; solicitar aos órgãos e entidades executivos de trânsito e executivos rodoviários informações complementares relativas aos recursos, objetivando uma melhor análise da situação recorrida; encaminhar aos órgãos e entidades executivos de trânsito e executivos rodoviários informações sobre problemas observados nas autuações e apontados em recursos, e que se repitam sistematicamente.

e) Compete à Polícia Rodoviária Federal, no âmbito das rodovias e estradas federais, cumprir e fazer cumprir a legislação de trânsito e a execução das normas e diretrizes estabelecidas pelo Contran, no âmbito de suas atribuições; proceder à supervisão, à coordenação, à correição dos órgãos delegados, ao controle e à fiscalização da execução da Política Nacional de Trânsito e do Programa Nacional de Trânsito.

A: temos neste item duas competências previstas, respectivamente, no art. 12, I e II, do CTB, conforme transcrito a seguir:

Art. 12 Compete ao Contran:

I – estabelecer as normas regulamentares referidas neste Código e as diretrizes da Política Nacional de Trânsito;

II – coordenar os órgãos do Sistema Nacional de Trânsito, objetivando a integração de suas atividades.

B: a competência de *avocar, para análise e soluções, processos sobre conflitos de competência ou circunscrição, ou, quando necessário, unificar as decisões administrativas* é do Contran, está prevista no art. 12, XIII, do CTB. Além disso, o examinador, ao afirmar que compete ao Cetran e Contrandife dirimir conflitos no âmbito da União, dos estados e do DF, também torna o item errado, porquanto essa atribuição é do Contran (art. 12, XIV, do CTB). Ao Cetran e Contrandife compete dirimir conflitos no âmbito dos municípios (art. 14, IX, do CTB).

Art. 12 Compete ao Contran: [...]

XIII – avocar, para análise e soluções, processos sobre conflitos de competência ou circunscrição, ou, quando necessário, unificar as decisões administrativas; e

XIV – dirimir conflitos sobre circunscrição e competência de trânsito no âmbito da União, dos estados e do Distrito Federal.

Art. 14 Compete aos Conselhos Estaduais de Trânsito – Cetran e ao Conselho de Trânsito do Distrito Federal – Contrandife: [...]

IX – dirimir conflitos sobre circunscrição e competência de trânsito no âmbito dos municípios; [...].

C: competências previstas no art. 14, I, II e III, do CTB. Sendo atribuídas, portanto, ao Cetran/Contrandife.

Art. 14 Compete aos Conselhos Estaduais de Trânsito – Cetran e ao Conselho de Trânsito do Distrito Federal – Contrandife:

I – cumprir e fazer cumprir a legislação e as normas de trânsito, no âmbito das respectivas atribuições;

II – elaborar normas no âmbito das respectivas competências;

III – responder a consultas relativas à aplicação da legislação e dos procedimentos normativos de trânsito; [...].

D: competências da Jari e não da Senatran (órgão máximo executivo de trânsito da União), como a alternativa elenca.

Art. 17 Compete às Jari:

I – julgar os recursos interpostos pelos infratores;

II – solicitar aos órgãos e entidades executivos de trânsito e executivos rodoviários informações complementares relativas aos recursos, objetivando uma melhor análise da situação recorrida;

III – encaminhar aos órgãos e entidades executivos de trânsito e executivos rodoviários informações sobre problemas observados nas autuações e apontados em recursos, e que se repitam sistematicamente.

E: esta competência cabe à Senatran (art. 19, I e II) e não à Polícia Rodoviária Federal, que possui suas competências elencadas ao longo do art. 20 do CTB, Decreto nº 1.655/1995 e no art. 144, § 2º, da CF/1988.

Art. 19 Compete ao órgão máximo executivo de trânsito da União:

I – cumprir e fazer cumprir a legislação de trânsito e a execução das normas e diretrizes estabelecidas pelo Contran, no âmbito de suas atribuições;

II – proceder à supervisão, à coordenação, à correição dos órgãos delegados, ao controle e à fiscalização da execução da Política Nacional de Trânsito e do Programa Nacional de Trânsito.

GABARITO: A.

---

58. (IDIB - 2020 - PREFEITURA DE ARAGUAÍNA/TO - GUARDA MUNICIPAL) De acordo com o Código de Trânsito Brasileiro, trata-se de competência dos Conselhos Estaduais de Trânsito – Cetran:

a) estabelecer as diretrizes do regimento das Jari.

b) normatizar o processo de formação do candidato à obtenção da Carteira Nacional de Habilitação, estabelecendo seu conteúdo didático-pedagógico, carga horária, avaliações, exames, execução e fiscalização.

c) normatizar os procedimentos sobre a aprendizagem, habilitação, expedição de documentos de condutores e registro e licenciamento de veículos.

d) indicar um representante para compor a comissão examinadora de candidatos portadores de deficiência física à habilitação para conduzir veículos automotores.

Vamos às assertivas:

A: a atribuição citada nesta alternativa compete ao Contran.

B: outra alternativa relativa às atribuições do Contran.

C: mais uma atribuição do Contran.

D: é atribuição do Cetran.

GABARITO: D.

---

59. (CESPE/CEBRASPE - 2020 - PRF - POLICIAL RODOVIÁRIO FEDERAL) Considerando a legislação de trânsito brasileira, julgue o item a seguir.

A PRF deve promover e participar de projetos e programas de educação e segurança, de acordo com as diretrizes estabelecidas pelo Conselho Nacional de Trânsito (Contran).

Certo ( )   Errado ( )

De acordo com o CTB:

Art. 20 Compete à Polícia Rodoviária Federal, no âmbito das rodovias e estradas federais: [...]

IX – promover e participar de projetos e programas de educação e segurança, de acordo com as diretrizes estabelecidas pelo Contran.

GABARITO: CERTO.

---

60. (CESPE/CEBRASPE - 2020 - PRF - POLICIAL RODOVIÁRIO FEDERAL) Quanto a acidentes de trânsito em rodovia de responsabilidade da PRF, julgue o item subsequente.

No caso de ocorrência de crime no local do acidente, ainda que inexista relação entre os fatos, o policial rodoviário federal deverá acionar imediatamente a Polícia Judiciária.

Certo ( )   Errado ( )

No que diz respeito à prática de crimes, não compete à PRF a realização de atividades investigativas. A PRF não é uma polícia repressiva, mas ostensiva.

GABARITO: CERTO.

---

61. (CESPE/CEBRASPE - 2020 - PRF - POLICIAL RODOVIÁRIO FEDERAL) A respeito do Sistema Nacional de Trânsito, julgue o item seguinte.

Constitui competência da PRF fiscalizar o nível de emissão de poluentes e ruído produzidos pelos veículos automotores ou pela sua carga, de acordo com o estabelecido em lei, além de dar apoio, quando solicitado, às ações específicas dos órgãos ambientais.

Certo ( )   Errado ( )

Literalidade do art. 20, XI, do CTB:

***Art. 20** Compete à Polícia Rodoviária Federal, no âmbito das rodovias e estradas federais: [...]*

XI – fiscalizar o nível de emissão de poluentes e ruído produzidos pelos veículos automotores ou pela sua carga, de acordo com o estabelecido no art. 66, além de dar apoio, quando solicitado, às ações específicas dos órgãos ambientais.

GABARITO: CERTO.

---

62. (CESPE/CEBRASPE - 2020 - PRF - POLICIAL RODOVIÁRIO FEDERAL) A respeito do Sistema Nacional de Trânsito, julgue o item seguinte.

O Conselho Nacional de Trânsito (Contran) é o órgão normativo e deliberativo máximo do Sistema Nacional de Trânsito e é composto por representantes de determinados ministérios e presidido pelo dirigente do Departamento Nacional de Trânsito (Denatran).

Certo ( )   Errado ( )

Existem vários erros na afirmativa. Primeiro, com a alteração promovida pela Lei nº 14.071/2020, o Contran não é mais integrado por representantes de ministérios, mas pelos próprios ministros ou seus suplentes. Além disso, quem preside o Contran é o Ministro da Infraestrutura, atualmente funcionando o chefe da Senatran como secretário executivo.

GABARITO: ERRADO.

---

63. (CESPE/CEBRASPE - 2020 - PRF - POLICIAL RODOVIÁRIO FEDERAL) A respeito do Sistema Nacional de Trânsito, julgue o item seguinte.

O órgão executivo rodoviário é previsto em todas as esferas (federal, estadual, distrital e municipal), e suas atribuições são comuns, diferenciando-se apenas a circunscrição onde são executadas.

Certo ( )   Errado ( )

De fato, as atribuições dadas aos órgãos executivos rodoviários coexistem em todas as esferas. Assim, esses órgãos possuem as mesmas prerrogativas, mudando apenas o local de atuação.

GABARITO: CERTO.

---

64. (VUNESP - 2020 - PREFEITURA DE MORRO AGUDO/SP - MOTORISTA DE AMBULÂNCIA) O uso de faixas laterais de domínio e das áreas adjacentes às estradas e rodovias obedecerá às condições de segurança do trânsito estabelecidas pelo órgão:

a) designado pelo Cetran.

b) representante do Contran.

c) ou entidade com circunscrição sobre a via.

d) designando pelo Contrandife.

e) ou entidade com circunscrição do Denatran.

A utilização de qualquer parte da faixa de domínio está condicionada à prévia autorização do órgão com circunscrição na área, notadamente os órgãos executivos rodoviários.

GABARITO: C.

NORMAS DE CIRCULAÇÃO E CONDUTA

03

65. **(VUNESP - 2021 - PREFEITURA DE JUNDIAÍ - AGENTE DE TRÂNSITO)** Segundo o Código de Trânsito Brasileiro – CTB, entende-se por deslocamento lateral:

a) movimentos de conversão à direita, à esquerda e ultrapassagens.

b) movimentos de conversão à direita, à esquerda e retornos.

c) transposição de faixas, movimentos de conversão à direita, à esquerda e ultrapassagens.

d) transposição de faixas, movimentos de conversão à direita, à esquerda e retornos.

e) transposição de faixas, movimentos de conversão e ultrapassagens.

De acordo com o disposto no art. 35 do CTB, as ultrapassagens não serão consideradas manobras. Repare:

Art. 35 Antes de iniciar qualquer manobra que implique um deslocamento lateral, o condutor deverá indicar seu propósito de forma clara e com a devida antecedência, por meio da luz indicadora de direção de seu veículo, ou fazendo gesto convencional de braço.

Parágrafo único. Entende-se por deslocamento lateral a transposição de faixas, movimentos de conversão à direita, à esquerda e retornos.

GABARITO: D.

---

66. **(AOCP - 2021 - PREFEITURA DE JOÃO PESSOA - CONDUTOR DE AMBULÂNCIA)** Normas gerais de circulação e conduta definem comportamento dos espaços entre veículos bem como regras idealizadoras de trânsito. Em vias providas de acostamento, a conversão à esquerda:

a) deverá ser feita em qualquer perímetro da via, fazendo o cálculo de conveniência e oportunidade.

b) deverá ser feita mais ao centro, próximo à linha divisora de fluxos, aguardando o momento mais seguro.

c) deverá ser feita pelo acostamento, à esquerda da via.

d) deverá ser feita pelo acostamento à direita, aguardando com segurança para efetuar a manobra.

e) não é permitida. O condutor deverá seguir até encontrar um local de retorno, para, assim, concluir sua manobra.

Mais uma vez a banca fez uso do art. 37 do CTB, salientando a forma de conduzir na situação em tela. Repare:

Art. 37 Nas vias providas de acostamento, a conversão à esquerda e a operação de retorno deverão ser feitas nos locais apropriados e, onde estes não existirem, o condutor deverá aguardar no acostamento, à direita, para cruzar a pista com segurança.

GABARITO: D.

---

67. (CESPE/CEBRASPE - 2015 - STJ - ANALISTA JUDICIÁRIO) À luz do Código de Trânsito Brasileiro (CTB), julgue o item seguinte.

A classificação das vias urbanas é feita de acordo com a sua utilização e característica, constitui critério de fixação de limite de velocidade de cada tipo de via e estabelece parâmetros e condições de preferência de passagem em cruzamentos desprovidos de sinalização.

Certo ( ) Errado ( )

No que tange às vias urbanas, realmente possuem características de acordo com sua utilização e critérios de fixação de velocidade para cada tipo de via, quando não sinalizada, conforme previsão dos arts. 60 e 61 do CTB. Contudo, quando tratamos de condições de preferências de passagem em cruzamentos desprovidos de sinalização, a norma não traz qualquer dispositivo para vias urbanas.

A norma só elenca preferência na hipótese de rodovias, para aqueles que estejam circulando por elas, conforme previsão legal do art. 29, III, "a", que são obviamente vias rurais. Esse é o motivo do erro da questão.

Art. 60 As vias abertas à circulação, de acordo com sua utilização, classificam-se em:

I – vias urbanas:

a) via de trânsito rápido;

b) via arterial;

c) via coletora;

d) via local;

II – vias rurais:

a) rodovias;

b) estradas.

Art. 61 A velocidade máxima permitida para a via será indicada por meio de sinalização, obedecidas suas características técnicas e as condições de trânsito.

§ 1º Onde não existir sinalização regulamentadora, a velocidade máxima será de:

I – nas vias urbanas:

a) oitenta quilômetros por hora, nas vias de trânsito rápido;

b) sessenta quilômetros por hora, nas vias arteriais;

c) quarenta quilômetros por hora, nas vias coletoras;

d) trinta quilômetros por hora, nas vias locais;

II – nas vias rurais:

a) nas rodovias de pista dupla:

1. 110 km/h (cento e dez quilômetros por hora) para automóveis, camionetas, caminhonetes e motocicletas; (Redação dada pela Lei nº 14.440/2022) – adicionou o veículo camionete.

2. 90 km/h (noventa quilômetros por hora) para os demais veículos;

b) nas rodovias de pista simples:

1. 100 km/h (cento e dez quilômetros por hora) para automóveis, camionetas, caminhonetes e motocicletas; (Redação dada pela Lei nº 14.440/2022) – adicionou o veículo camionete.

2. 90 km/h (noventa quilômetros por hora) para os demais veículos;

c) nas estradas: 60 km/h (sessenta quilômetros por hora).

NORMAS DE CIRCULAÇÃO E CONDUTA

§ 2º O órgão ou entidade de trânsito ou rodoviário com circunscrição sobre a via poderá regulamentar, por meio de sinalização, velocidades superiores ou inferiores àquelas estabelecidas no parágrafo anterior.

Anexo I

VIA DE TRÂNSITO RÁPIDO – aquela caracterizada por acessos especiais com trânsito livre, sem interseções em nível, sem acessibilidade direta aos lotes lindeiros e sem travessia de pedestres em nível.

VIA ARTERIAL – aquela caracterizada por interseções em nível, geralmente controlada por semáforo, com acessibilidade aos lotes lindeiros e às vias secundárias e locais, possibilitando o trânsito entre as regiões da cidade.

VIA COLETORA – aquela destinada a coletar e distribuir o trânsito que tenha necessidade de entrar ou sair das vias de trânsito rápido ou arteriais, possibilitando o trânsito dentro das regiões da cidade.

VIA LOCAL – aquela caracterizada por interseções em nível não semaforizadas, destinada apenas ao acesso local ou a áreas restritas.

VIA RURAL – estradas e rodovias.

VIA URBANA – ruas, avenidas, vielas, ou caminhos e similares abertos à circulação pública, situados na área urbana, caracterizados principalmente por possuírem imóveis edificados ao longo de sua extensão.

GABARITO: ERRADO.

Um servidor do STJ, ocupante do cargo de segurança, foi designado para conduzir veículo utilizado para o transporte de dez magistrados da sede em Brasília – DF para uma cidade X, distantes 500 km uma da outra, em uma rodovia.

Considerando essa situação hipotética, julgue os dois itens a seguir de acordo com os dispositivos do CTB.

68. **(CESPE/CEBRASPE - 2015 - STJ - ANALISTA JUDICIÁRIO)** Nos trechos da rodovia em que inexista sinalização regulamentando a velocidade máxima permitida, o condutor do veículo utilizado na viagem deverá observar os limites máximo de 90 km/h e mínimo de 45 km/h.

Certo ( )   Errado ( )

Primeiro, deve-se analisar de qual veículo trata a questão. Pode-se perceber que o veículo transporta 10 magistrados mais o condutor; logo, não se trata de um automóvel, mas entra no conceito de **demais veículos**. Como se sabe, o CTB estabelece velocidades distintas para cada espécie de veículos nas rodovias não sinalizadas e atualmente estabelece também velocidades diferentes em rodovias de pista simples e pista dupla. Vejamos:

Art. 61 A velocidade máxima permitida para a via será indicada por meio de sinalização, obedecidas suas características técnicas e as condições de trânsito.

§ 1º Onde não existir sinalização regulamentadora, a velocidade máxima será de:

I – nas vias urbanas:

a) oitenta quilômetros por hora, nas vias de trânsito rápido;

b) sessenta quilômetros por hora, nas vias arteriais;

c) quarenta quilômetros por hora, nas vias coletoras;

d) trinta quilômetros por hora, nas vias locais;

II – nas vias rurais:

a) nas rodovias de pista dupla:

1. 110 km/h (cento e dez quilômetros por hora) para automóveis, camionetas, caminhonetes e motocicletas; **(Redação dada pela Lei nº 14.440/2022)** – adicionou o veículo camionete.

2. 90 km/h (noventa quilômetros por hora) para os demais veículos;

b) nas rodovias de pista simples:

1. 100 km/h (cento e dez quilômetros por hora) para automóveis, camionetas, caminhonetes e motocicletas; **(Redação dada pela Lei nº 14.440/2022)** – adicionou o veículo camionete.

2. 90 km/h (noventa quilômetros por hora) para os demais veículos;

c) nas estradas: 60 km/h (sessenta quilômetros por hora).

§ 2º O órgão ou entidade de trânsito ou rodoviário com circunscrição sobre a via poderá regulamentar, por meio de sinalização, velocidades superiores ou inferiores àquelas estabelecidas no parágrafo anterior.

É importante notar também que, independentemente de se tratar de rodovia de pista simples ou dupla, para os veículos que não estejam incluídos nas espécies automóveis, camionetas e motocicletas, a velocidade será de 90 km/h. Logo, como estamos tratando de uma rodovia não sinalizada, realmente, a velocidade máxima em rodovia não sinalizada será de 90 km/h, e a mínima, conforme previsão do art. 62, que dita a norma da velocidade mínima permitida para a via em 50% da máxima, nesse caso concreto será de 45 km/h.

Art. 62 *A velocidade mínima não poderá ser inferior à metade da velocidade máxima estabelecida, respeitadas as condições operacionais de trânsito e da via.*

I – Vias urbanas		Velocidade permitida	Veículos
a) Via de trânsito rápido	Aquela caracterizada por acessos especiais com trânsito livre, **sem interseções em nível**, sem acessibilidade direta aos lotes lindeiros e sem travessia de pedestres em nível.	**80** km/h	Todos os veículos
b) Via arterial	Aquela caracterizada por interseções em nível, geralmente controlada por semáforo, com acessibilidade aos lotes lindeiros e às vias secundárias e locais, possibilitando o trânsito **entre as regiões da cidade**.	**60** km/h	Todos os veículos
c) Via coletora	Aquela destinada a coletar e distribuir o trânsito que tenha necessidade de entrar ou sair das vias de trânsito rápido ou arteriais, possibilitando o trânsito **dentro das regiões** da cidade.	**40** Km/h	Todos os veículos
d) Via local	Aquela caracterizada por interseções em nível não semaforizadas, destinada apenas ao **acesso local** ou a áreas restritas.	**30** km/h	Todos os veículos

NORMAS DE CIRCULAÇÃO E CONDUTA

II – Vias rurais			
a) Rodovias	Pista **simples**	**100** km/h	Automóveis, camionetas, **camionete** e motocicletas
		90 km/h	Demais veículos
	Pista **dupla**	**110** km/h	Automóveis, camionetas, **camionete** e motocicletas
		90 km/h	Demais veículos
b) Estradas	–	**60** km/h	Todos os veículos

GABARITO: CERTO.

69. (CESPE/CEBRASPE - 2015 - STJ - ANALISTA JUDICIÁRIO) Ao transitar por um túnel, ainda que a viagem seja realizada durante o dia e que o túnel seja provido de iluminação, o condutor do veículo deverá manter os faróis acesos, utilizando luz baixa.

Certo ( )   Errado ( )

Trata-se de questão com previsibilidade no art. 40, I, do CTB. Vale ressaltar que, atualmente, após advento da Lei nº 13.290/2016, diuturnamente é obrigatório também o uso de farol baixo nas rodovias.

***Art. 40** O uso de luzes em veículo obedecerá às seguintes determinações:*

I – o condutor manterá acesos os faróis do veículo, utilizando luz baixa, durante a noite e durante o dia nos túneis providos de iluminação pública e nas rodovias.

GABARITO: CERTO.

70. (CESPE/CEBRASPE - 2015 - STJ - ANALISTA JUDICIÁRIO) Situação hipotética: em determinado trecho da rodovia, mostrado na figura a seguir, a pista é composta por três faixas de trânsito de mesmo sentido. O veículo 1, que transporta os magistrados, desloca-se com velocidade superior à desenvolvida pelo veículo 2, nas condições de tráfego ilustradas na figura, e não há outros veículos trafegando nas proximidades, em nenhuma das três faixas de trânsito. Assertiva: Nessa situação, o condutor do veículo 1 somente poderá efetuar a manobra de ultrapassagem pela esquerda.

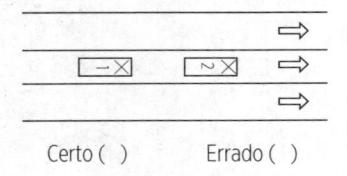

Certo ( )   Errado ( )

Como o legislador está restringindo a conduta de ultrapassagem, diante do caso concreto só há possibilidade de ultrapassagem pela esquerda, já que a ultrapassagem pela direita só é permitida quando o veículo à frente indicar a intenção de manobrar à esquerda, conforme previsão do art. 29, IX, do CTB.

Art. 29 O trânsito de veículos nas vias terrestres abertas à circulação obedecerá às seguintes normas: [...]

IX – a ultrapassagem de outro veículo em movimento deverá ser feita pela esquerda, obedecida a sinalização regulamentar e as demais normas estabelecidas neste Código, exceto quando o veículo a ser ultrapassado estiver sinalizando o propósito de entrar à esquerda; [...].

GABARITO: CERTO.

---

71. **(CESPE/CEBRASPE - 2015 - STJ - ANALISTA JUDICIÁRIO)** Situação hipotética: em um trecho da rodovia, na situação descrita na figura a seguir, o condutor do veículo 1, que transportava os magistrados, sinalizou a intenção de efetuar a manobra de conversão à esquerda, indicada pela letra A, e aguardou na via a passagem do veículo 2, que se deslocava no sentido contrário, para fazer a manobra com segurança. Assertiva: Nessas condições, a conduta adotada pelo condutor do veículo 1 esteve em conformidade com o disposto no CTB.

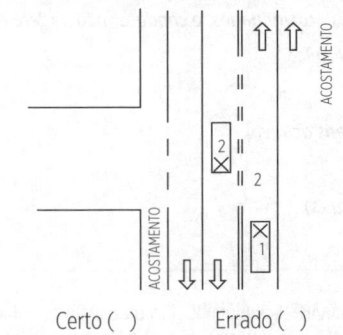

Certo ( )   Errado ( )

A conduta correta, conforme a figura apresentada, seria o veículo 1 ir para o acostamento à direita, já que não existe local apropriado para tal manobra, conforme previsão do art. 37, do CTB, aguardando os veículos que vêm em sentido oposto para, aí sim, cruzar a pista com segurança.

Art. 37 Nas vias providas de acostamento, a conversão à esquerda e a operação de retorno deverão ser feitas nos locais apropriados e, onde estes não existirem, o condutor deverá aguardar no acostamento, à direita, para cruzar a pista com segurança.

GABARITO: ERRADO.

---

72. **(CESPE/CEBRASPE - 2015 - STJ - ANALISTA JUDICIÁRIO)** De acordo com o Código de Trânsito Brasileiro (CTB), Lei nº 9.503/1997, e as resoluções do Conselho Nacional de Trânsito (Contran), julgue o item a seguir:

Considere a seguinte situação hipotética.

A figura a seguir ilustra uma interseção, do tipo cruzamento, formada por duas vias de mão dupla de tráfego, perpendiculares entre si. No local, as condições de visibilidade permitem a clara visualização de qualquer veículo trafegando nas duas direções e em ambos os sentidos. Na via por onde trafegam os veículos A e B não existe nenhuma sinalização vertical de código R-7 nem linha contínua dupla de código LFO-3. O condutor do veículo B aciona a luz indicadora de direção do veículo, com o propósito de efetuar manobra de conversão à direita, e reduz a velocidade ao se aproximar da interseção. Nessa situação, ainda que nenhum veículo esteja trafegando no sentido oposto ao dos veículos A e B, o condutor do veículo A não poderá efetuar manobra de ultrapassar o veículo B após este ter reduzido a velocidade.

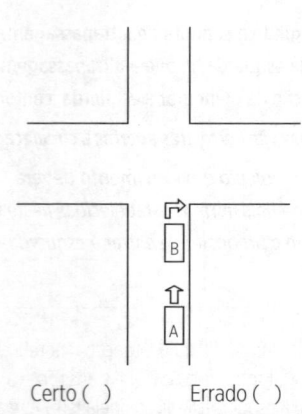

Certo (   )   Errado (   )

É expressamente proibida a ultrapassagem nos cruzamentos e suas proximidades, sob pena de infração gravíssima (vezes 5) do art. 202 do CTB.

Art. 33 *Nas interseções e suas proximidades, o condutor não poderá efetuar ultrapassagem. [...]*

Art. 202 *Ultrapassar outro veículo:*

I – pelo acostamento;

II – em interseções e passagens de nível;

Infração – gravíssima;

Penalidade – multa (cinco vezes).

GABARITO: CERTO.

---

73. (CESPE/CEBRASPE - 2015 - STJ - ANALISTA JUDICIÁRIO) Em uma pista de rolamento com três faixas de circulação no mesmo sentido, na qual a faixa da direita é destinada exclusivamente a ônibus, é permitido o tráfego de caminhões pela faixa central, apesar de serem considerados veículos mais lentos e de maior porte.

Certo (   )   Errado (   )

Como os veículos de maior porte e mais lentos devem circular pelas faixas mais à direita, nesse caso mencionado, e sendo a faixa mais à direita destinada exclusivamente a ônibus, logo os caminhões devem circular pela faixa central, uma vez que será a faixa da direita, nesse caso concreto.

Art. 29 *O trânsito de veículos nas vias terrestres abertas à circulação obedecerá às seguintes normas: [...]*

IV – quando uma pista de rolamento comportar várias faixas de circulação no mesmo sentido, são as da direita destinadas ao deslocamento dos veículos mais lentos e de maior porte, quando não houver faixa especial a eles destinada, e as da esquerda, destinadas à ultrapassagem e ao deslocamento dos veículos de maior velocidade.

GABARITO: CERTO.

---

74. (CESPE/CEBRASPE - 2015 - STJ - ANALISTA JUDICIÁRIO) As ordens do agente de trânsito terão prevalência sobre as normas de circulação e outros sinais, ao passo que as indicações dos sinais prevalecem sobre as indicações dos semáforos e as demais normas de trânsito.

Certo (   )   Errado (   )

Consoante o art. 89 do CTB, a ordem de prevalência será a seguinte, respectivamente: primeiro as ordens do agente, em seguida as do semáforo, posteriormente os sinais e, por último, as normas.

Art. 89 A sinalização terá a seguinte ordem de prevalência:

I – as ordens do agente de trânsito sobre as normas de circulação e outros sinais;

II – as indicações do semáforo sobre os demais sinais;

III – as indicações dos sinais sobre as demais normas de trânsito.

GABARITO: ERRADO.

---

75. **(CESPE/CEBRASPE - 2015 - STJ - ANALISTA JUDICIÁRIO)** Em efetiva prestação de serviço de urgência e devidamente identificados por dispositivos regulamentares de alarme sonoro e iluminação vermelha intermitente, os veículos de polícia gozam de livre circulação, estacionamento e parada e têm prioridade de trânsito; contudo, mesmo em uma perseguição, a preferência de passagem na via e no cruzamento deverá ocorrer com velocidade reduzida e com os devidos cuidados de segurança.

Certo ( )   Errado ( )

Previsão expressa do art. 29, VII, "d", do CTB. Perceba que ainda que haja as prioridades citadas na questão, deve o policial transitar com a devida cautela, em prol da segurança viária. A Lei nº 14.071/2020 ainda alterou o art. 29 do CTB, inserindo mais alguns dispositivos (alíneas "e" e "f"):

Art. 29 O trânsito de veículos nas vias terrestres abertas à circulação obedecerá às seguintes normas: [...]

VII – os veículos destinados a socorro de incêndio e salvamento, os de polícia, os de fiscalização e operação de trânsito e as ambulâncias, além de prioridade no trânsito, gozam de livre circulação, estacionamento e parada, quando em serviço de urgência, de policiamento ostensivo ou de preservação da ordem pública, observadas as seguintes disposições:

a) quando os dispositivos regulamentares de alarme sonoro e iluminação intermitente estiverem acionados, indicando a proximidade dos veículos, todos os condutores deverão deixar livre a passagem pela faixa da esquerda, indo para a direita da via e parando, se necessário;

b) os pedestres, ao ouvirem o alarme sonoro ou avistarem a luz intermitente, deverão aguardar no passeio e somente atravessar a via quando o veículo já tiver passado pelo local;

c) o uso de dispositivos de alarme sonoro e de iluminação intermitente somente poderá ocorrer por ocasião da efetiva prestação de serviço de urgência; (Redação dada pela Lei nº 14.440/2022) – retirou o termo "iluminação vermelha".

d) a prioridade de passagem na via e no cruzamento deverá se dar com velocidade reduzida e com os devidos cuidados de segurança, obedecidas as demais normas deste Código;

e) as prerrogativas de livre circulação e de parada serão aplicadas somente quando os veículos estiverem identificados por dispositivos regulamentares de alarme sonoro e iluminação intermitente;

f) a prerrogativa de livre estacionamento será aplicada somente quando os veículos estiverem identificados por dispositivos regulamentares de iluminação intermitente; [...].

GABARITO: CERTO.

---

76. **(CESPE/CEBRASPE - 2015 - MPU - TÉCNICO)** De acordo com o Código de Trânsito Brasileiro (CTB), Lei nº 9.503/1997, e as resoluções do Conselho Nacional de Trânsito (Contran), julgue o item a seguir.

Considerando a classificação dada pelo CTB às vias abertas à circulação e aos respectivos limites de velocidade, a velocidade máxima em estradas desprovidas de sinalização regulamentadora é de 110 km/h para automóveis, de 90 km/h para ônibus e de 80 km/h para caminhões.

Certo ( )   Errado ( )

NORMAS DE CIRCULAÇÃO E CONDUTA

Nas estradas, independentemente da espécie do veículo, a velocidade será sempre de 60 km/h. A alteração causada pela Lei nº 13.281/2016 foi marcante, visto que padronizou a velocidade para as estradas, independentemente do tipo de veículo.

GABARITO: ERRADO.

77. **(CESPE/CEBRASPE - 2014 - CÂMARA DOS DEPUTADOS - CONSULTOR LEGISLATIVO)** Acerca das normas de circulação de veículos e pedestres nas vias públicas e dos sinais de sinalização relacionados a essa circulação, julgue o item a seguir:

Em uma rodovia com três faixas de circulação de sentido único, como mostrado na figura I, o condutor de um automóvel que esteja na faixa central não será obrigado a deslocar seu veículo para a faixa da direita, caso depare, à sua frente, com a placa de sinalização vertical representada na figura II.

Figura I   Figura II

Certo ( )   Errado ( )

A sinalização de regulamentação determina que somente os ônibus, caminhões e veículos de grande porte devem se manter à direita. Como a questão trata de um automóvel, esta sinalização não se aplica a essa espécie de veículo.

GABARITO: CERTO.

78. **(CESPE/CEBRASPE - 2014 - CÂMARA DOS DEPUTADOS - CONSULTOR LEGISLATIVO)** Considerando que o motorista deve conduzir um veículo em perfeitas condições de funcionamento e percorrer trechos de trânsito urbano e estradas, julgue o item a seguir com base no Código Brasileiro de Trânsito e suas alterações.

A utilização da luz alta em uma via iluminada é recomendada para assegurar que os pedestres percebam a existência do veículo a uma distância segura.

Certo ( )   Errado ( )

A luz alta só será utilizada, conforme previsão do art. 40, II, do CTB, nas vias não iluminadas, à noite, e quando não estiver seguindo ou cruzando com outro veículo.

***Art. 40** O uso de luzes em veículo obedecerá às seguintes determinações: [...]*

II – nas vias não iluminadas o condutor deve usar luz alta, exceto ao cruzar com outro veículo ou ao segui-lo.

GABARITO: ERRADO.

Considerando que o motorista deve conduzir um veículo em perfeitas condições de funcionamento e percorrer trechos de trânsito urbano e estradas, julgue os cinco itens a seguir com base no Código Brasileiro de Trânsito e suas alterações.

79. **(CESPE/CEBRASPE - 2012 - TJ/AC - TÉCNICO JUDICIÁRIO)** Caso o cinto de segurança esteja com a pré-carga muito forte, é permitido utilizar um dispositivo que o afrouxe um pouco, uma vez que o incômodo durante longo tempo causará dificuldades de condução do veículo.

Certo ( )   Errado ( )

Ainda que não se encontre no CTB, a Resolução nº 951/2022, no art. 5º, proíbe expressamente dispositivo que afrouxe ou modifique o funcionamento normal do cinto de segurança.

Art. 5º Fica proibida a utilização de dispositivos no cinto de segurança que travem, afrouxem ou modifiquem o seu funcionamento normal.

Parágrafo único. Não constitui violação do disposto no caput a utilização do cinto de segurança para a instalação de dispositivo de retenção para transporte de crianças, observadas as prescrições dos fabricantes desses equipamentos infantis.

Art. 6º O descumprimento do disposto nesta Resolução acarretará as sanções previstas no inciso IX do art. 230 do CTB.

GABARITO: ERRADO.

---

80. (CESPE/CEBRASPE - 2012 - TJ/AC - TÉCNICO JUDICIÁRIO) A conversão à esquerda em uma via com acostamento pode ocorrer de forma direta, sem necessidade de parada, desde que as condições de visibilidade permitam a manobra com segurança e não existam outros veículos trafegando em sentido contrário.

Certo ( )   Errado ( )

O condutor que desejar realizar essa manobra deverá se deslocar para o acostamento e aguardar nele para, então, cruzar a via com segurança, consoante determina o art. 37 do CTB.

Art. 37 Nas vias providas de acostamento, a conversão à esquerda e a operação de retorno deverão ser feitas nos locais apropriados e, onde estes não existirem, o condutor deverá aguardar no acostamento, à direita, para cruzar a pista com segurança.

GABARITO: ERRADO.

81. (CESPE/CEBRASPE - 2012 - TJ/AC - TÉCNICO JUDICIÁRIO) Considerando que o motorista deve conduzir um veículo em perfeitas condições de funcionamento e percorrer trechos de trânsito urbano e estradas, julgue o item a seguir com base no código brasileiro de trânsito e suas alterações.

Para realizar a descarga de um veículo, pode-se estacionar a uma distância menor do que 5 metros da esquina e afastado mais de 50 centímetros da calçada, visando garantir a segurança ao descer a carga e não prejudicar o fluxo local dos outros veículos.

Certo ( )   Errado ( )

Essas duas hipóteses geram infrações de trânsito previstas no CTB. A norma determina que o estacionamento deverá ser feito, em regra, junto à guia da calçada e paralelamente a ela, conforme previsão do *caput* do art. 48 do CTB. Vejamos:

Art. 48 Nas paradas, operações de carga ou descarga e nos estacionamentos, o veículo deverá ser posicionado no sentido do fluxo, paralelo ao bordo da pista de rolamento e junto à guia da calçada (meio-fio), admitidas as exceções devidamente sinalizadas.

As infrações, por sua vez, estão previstas no art. 181, I e II, do CTB, respectivamente:

Art. 181 Estacionar o veículo:

I – nas esquinas e a menos de cinco metros do bordo do alinhamento da via transversal:

Infração – média;

Penalidade – multa;

Medida administrativa – remoção do veículo;

II – afastado da guia da calçada (meio-fio) de cinquenta centímetros a um metro:

NORMAS DE CIRCULAÇÃO E CONDUTA

Infração – leve;

Penalidade – multa;

Medida administrativa – remoção do veículo.

GABARITO: ERRADO.

---

82. [CESPE/CEBRASPE - 2012 - TJ/AC - TÉCNICO JUDICIÁRIO] A utilização do pisca-alerta em caráter de advertência indicará aos demais condutores que o veículo está imobilizado ou em situação de emergência, sendo que o uso indevido desta sinalização caracteriza infração com penalidade de multa.

Certo ( )   Errado ( )

A questão combina o dispositivo que regulamenta o uso do pisca-alerta (art. 40, V, do CTB) com a inobservância a essa norma (art. 251 do CTB), permitindo a utilização em imobilizações ou situações de emergência, ou quando a regulamentação da via assim o determinar.

Trata-se de infração de trânsito punida com multa, sendo a gravidade de natureza média.

Art. 40 [...]

V – O condutor utilizará o pisca-alerta nas seguintes situações:

a) em imobilizações ou situações de emergência;

b) quando a regulamentação da via assim o determinar; [...]

Art. 251 *Utilizar as luzes do veículo:*

I – o pisca-alerta, exceto em imobilizações ou situações de emergência;

II – baixa e alta de forma intermitente, exceto nas seguintes situações:

a) a curtos intervalos, quando for conveniente advertir a outro condutor que se tem o propósito de ultrapassá-lo;

b) em imobilizações ou situação de emergência, como advertência, utilizando pisca-alerta;

c) quando a sinalização de regulamentação da via determinar o uso do pisca alerta:

Infração – média;

Penalidade – multa.

GABARITO: CERTO.

---

83. [CESPE/CEBRASPE - 2012 - TJ/AC - TÉCNICO JUDICIÁRIO] Quando houver declive acentuado ou existindo obras ou trabalhadores na pista, deve-se reduzir a velocidade. Entretanto, não é recomendável conduzir a uma velocidade inferior a 50% da regulamentada, como forma de garantir a segurança de todos.

Certo ( )   Errado ( )

Não é recomendável conduzir a uma velocidade inferior a 50% da regulamentada, como forma de garantir a segurança de todos (essa é a regra), até porque isso caracteriza infração de trânsito (art. 219 do CTB – média). Entretanto, quando houver declive acentuado ou existindo obras ou trabalhadores na pista, deve-se reduzir a velocidade (exceção). Vale lembrar que é permitido trafegar à velocidade inferior a 50% quando houver duas ou mais faixas de trânsito na via (quando o veículo estiver transitando pela direita), ou quando as condições meteorológicas ou da via exigirem cautela.

Art. 62 *A velocidade mínima não poderá ser inferior à metade da velocidade máxima estabelecida, respeitadas as condições operacionais de trânsito e da via. [...]*

NORMAS DE CIRCULAÇÃO E CONDUTA

Art. 219 Transitar com o veículo em velocidade inferior à metade da velocidade máxima estabelecida para a via, retardando ou obstruindo o trânsito, a menos que as condições de tráfego e meteorológicas não o permitam, salvo se estiver na faixa da direita:

Infração – média;

Penalidade – multa.

GABARITO: CERTO.

---

84. (CESPE/CEBRASPE - 2011 - STM - TÉCNICO JUDICIÁRIO) Considere que uma motocicleta tenha sido estacionada atrás do automóvel de Adriano, impedindo sua movimentação, e que, para chamar a atenção do condutor da motocicleta, que não estava próximo ao referido veículo, Adriano tenha usado a buzina de seu automóvel de forma prolongada e sucessiva, por cerca de cinco minutos, até que o motociclista finalmente apareceu. Nessa situação, tanto o condutor da motocicleta quanto Adriano violaram a legislação de trânsito.

Certo (   )   Errado (   )

Nessa situação, os dois condutores cometem infração de trânsito. O condutor da motocicleta, por ter estacionado impedindo a movimentação de outro, caracteriza a infração prevista no art. 181, X, do CTB. Já a infração para o condutor que buzina de forma prolongada e sucessiva caracteriza a infração do art. 227, II, do CTB.

Art. 181 Estacionar o veículo: [...]

X – impedindo a movimentação de outro veículo:

Infração – média;

Penalidade – multa;

Medida administrativa – remoção do veículo; [...]

Art. 227 Usar buzina:

I – em situação que não a de simples toque breve como advertência ao pedestre ou a condutores de outros veículos;

II – prolongada e sucessivamente a qualquer pretexto;

III – entre as vinte e duas e as seis horas;

IV – em locais e horários proibidos pela sinalização;

V – em desacordo com os padrões e frequências estabelecidas pelo Contran:

Infração – leve;

Penalidade – multa.

GABARITO: CERTO.

85. (CESPE/CEBRASPE - 2011 - STM - TÉCNICO JUDICIÁRIO) Ao motorista que circula à noite em via dotada de iluminação pública, é proibida a utilização de troca de luz alta e baixa de forma intermitente com o objetivo de indicar a intenção de ultrapassar o veículo que segue à frente.

Certo (   )   Errado (   )

NORMAS DE CIRCULAÇÃO E CONDUTA

Veja o que regulamenta o Código de Trânsito Brasileiro:

Art. 40 *O uso de luzes em veículo obedecerá às seguintes determinações: [...]*

III – a troca de luz baixa e alta, de forma intermitente e por curto período de tempo, com o objetivo de advertir outros motoristas, só poderá ser utilizada para indicar a intenção de ultrapassar o veículo que segue à frente ou para indicar a existência de risco à segurança para os veículos que circulam no sentido contrário.

GABARITO: ERRADO.

---

86. (CESPE/CEBRASPE - 2015 - MPU - TÉCNICO) Os veículos policiais, quando em serviço ordinário de patrulhamento, têm livre circulação e livre estacionamento e parada; e, em serviço de urgência e devidamente identificados por dispositivos de alarme sonoro e iluminação vermelha intermitente, gozam de prioridade de trânsito.

Certo ( )   Errado ( )

Veja o que está no CTB:

Art. 29 *O trânsito de veículos nas vias terrestres abertas à circulação obedecerá às seguintes normas: [...]*

VII – os veículos destinados a socorro de incêndio e salvamento, os de polícia, os de fiscalização e operação de trânsito e as ambulâncias, além de prioridade no trânsito, gozam de livre circulação, estacionamento e parada, quando em serviço de urgência, de policiamento ostensivo ou de preservação da ordem pública, observadas as seguintes disposições: [...].

GABARITO: ERRADO.

---

87. (CESPE/CEBRASPE - 2010 - DETRAN/ES - ANALISTA DE SISTEMAS) Acerca das normas gerais de circulação e conduta dispostas no CTB, julgue o item.

Devem ter prevalência sobre os demais veículos os destinados à prestação de socorro e policiamento, como veículos de polícia e ambulâncias, que gozam de livre circulação, estacionamento e parada estando ou não em serviço de emergência, devendo estar devidamente identificados com alarme sonoro e luz intermitente, a qual pode variar na cor, mas não em intensidade.

Certo ( )   Errado ( )

Tais veículos só logram dessa liberdade quando estão em situação de emergência. Isso com base no que consta no art. 29, VII, do CTB, já citado anteriormente.

GABARITO: ERRADO.

---

88. (CESPE/CEBRASPE - 2010 - DETRAN/ES - ANALISTA DE SISTEMAS) A fim de salvaguardar a integridade física das pessoas e evitar acidentes, o embarque e o desembarque dos ocupantes de veículo devem ocorrer sempre pelo lado da calçada.

Certo ( )   Errado ( )

A questão é puramente interpretativa. Ora, como o condutor irá descer pelo lado da calçada quando o veículo parar à direita? Observe o artigo que trata do assunto no CTB:

Art. 49 *O condutor e os passageiros não deverão abrir a porta do veículo, deixá-la aberta ou descer do veículo sem antes se certificarem de que isso não constitui perigo para eles e para outros usuários da via.*

Parágrafo único. *O embarque e o desembarque devem ocorrer sempre do lado da calçada, **exceto** para o condutor.*

GABARITO: ERRADO.

NORMAS DE CIRCULAÇÃO E CONDUTA

89. [CESPE/CEBRASPE - 2010 - DETRAN/ES - ANALISTA DE SISTEMAS] Observadas as características técnicas e as condições de tráfego, é permitido ao órgão ou entidade de trânsito ou rodoviário com circunscrição sobre a via regulamentar, por meio de sinalização, velocidades superiores ou inferiores àquelas estabelecidas no CTB.

Certo ( ) Errado ( )

A questão é praticamente a literalidade do que está previsto no art. 61, § 2º, do CTB.

Art. 61 A velocidade máxima permitida para a via será indicada por meio de sinalização, obedecidas suas características técnicas e as condições de trânsito. [...]

§ 2º O órgão ou entidade de trânsito ou rodoviário com circunscrição sobre a via poderá regulamentar, por meio de sinalização, velocidades superiores ou inferiores àquelas estabelecidas no parágrafo anterior.

GABARITO: CERTO.

---

90. [CESPE/CEBRASPE - 2010 - MPU - TÉCNICO DE APOIO ESPECIALIZADO] Ao transitar com veículo automotor em vias públicas, o condutor deve portar, necessariamente, a Carteira Nacional de Habilitação (CNH), o Certificado de Registro de Veículo (CRV) e o de Licenciamento de Veículo (CRLV), com a devida comprovação de pagamento do Imposto sobre a Propriedade de Veículos Automotores (IPVA) e do seguro obrigatório (DPVAT).

Certo ( ) Errado ( )

Os documentos de porte obrigatório (em regra) são a CNH e o CRLV. No caso de transporte diferenciado de carga, como de caminhões que ultrapassem o tamanho máximo permitido ou carga, será obrigatório também a Autorização Especial de Trânsito (AET). Observe o que dispõe o CTB:

Art. 133 É obrigatório o porte do Certificado de Licenciamento Anual.

Parágrafo único. O porte será dispensado quando, no momento da fiscalização, for possível ter acesso ao devido sistema informatizado para verificar se o veículo está licenciado. [...]

Art. 232 Conduzir veículo sem os documentos de porte obrigatório referidos neste Código:

Infração – leve;

Penalidade – multa;

Medida administrativa – retenção do veículo até a apresentação do documento.

Vale ressaltar que, atualmente, caso o agente tenha acesso à internet, ele poderá consultar a CNH e o CRLV eletronicamente, dispensando assim a apresentação.

GABARITO: ERRADO.

---

91. [CESPE/CEBRASPE - 2010 - MPU - TÉCNICO DE APOIO ESPECIALIZADO] Um condutor de veículo que estiver circulando pela faixa da esquerda sem o propósito de efetuar curva para a esquerda deve, ao perceber que outro que o segue quer ultrapassá-lo, deslocar-se para a faixa da direita sem acelerar a marcha.

Certo ( ) Errado ( )

A norma (art. 30 do CTB) prevê que o condutor não deve "atrapalhar" a ultrapassagem, permanecendo na faixa da esquerda.

Art. 30 Todo condutor, ao perceber que outro que o segue tem o propósito de ultrapassá-lo, deverá:

I – se estiver circulando pela faixa da esquerda, deslocar-se para a faixa da direita, sem acelerar a marcha;

II – se estiver circulando pelas demais faixas, manter-se naquela na qual está circulando, sem acelerar a marcha.

Parágrafo único. Os veículos mais lentos, quando em fila, deverão manter distância suficiente entre si para permitir que veículos que os ultrapassem possam se intercalar na fila com segurança.

GABARITO: CERTO.

NORMAS DE CIRCULAÇÃO E CONDUTA

92. (CESPE/CEBRASPE - 2010 - MPU - TÉCNICO DE APOIO ESPECIALIZADO) Apenas em caso de necessidade, é permitido ao condutor deixar o veículo estacionado na pista de rolamento de estradas, rodovias e vias de trânsito rápido, ainda que dotadas de acostamento.

Certo ( )   Errado ( )

Não existe essa previsão de estacionar sobre a pista de rolamento das estradas, rodovias, vias de trânsito rápido e ainda nas vias dotadas de acostamento. Observe a infração a seguir:

Art. 181 Estacionar o veículo: [...]

V – na pista de rolamento das estradas, das rodovias, das vias de trânsito rápido e das vias dotadas de acostamento:

Infração – gravíssima;

Penalidade – multa;

Medida administrativa – remoção do veículo.

GABARITO: ERRADO.

93. (CESPE/CEBRASPE - 2010 - MPU - TÉCNICO DE APOIO ESPECIALIZADO) A troca de luz baixa e alta, de forma intermitente e por curto período, pode ser usada pelo condutor de veículo, com o objetivo de advertir outros condutores que circulam no sentido contrário da presença de animais na pista.

Certo ( )   Errado ( )

Isso é o que está previsto do art. 40, III, do CTB. No entanto, é importante ressaltar que alertar perigo na via, como animais, é lícito, diferente de alertar sobre blitz, o que pode configurar crime do art. 261 do CP.

Art. 40 O uso de luzes em veículo obedecerá às seguintes determinações: [...]

III – a troca de luz baixa e alta, de forma intermitente e por curto período de tempo, com o objetivo de advertir outros motoristas, só poderá ser utilizada para indicar a intenção de ultrapassar o veículo que segue à frente ou para indicar a existência de risco à segurança para os veículos que circulam no sentido contrário.

GABARITO: CERTO.

94. (CESPE/CEBRASPE - 2004 - PRF - POLICIAL RODOVIÁRIO FEDERAL) A velocidade máxima permitida para cada tipo de via, quando indicada por sinalização, poderá determinar velocidades superiores ou inferiores aos limites estabelecidos, de acordo com as suas características técnicas e as condições de trânsito.

Certo ( )   Errado ( )

Segundo o § 2º do art. 61 do CTB, é autorizado que a sinalização de regulamentação regule velocidades inferiores ou superiores à prevista na norma, conforme o art. 89 do CTB, que deixa claro que a sinalização está acima das normas.

Art. 61 A velocidade máxima permitida para a via será indicada por meio de sinalização, obedecidas suas características técnicas e as condições de trânsito. [...]

§ 2º O órgão ou entidade de trânsito ou rodoviário com circunscrição sobre a via poderá regulamentar, por meio de sinalização, velocidades superiores ou inferiores àquelas estabelecidas no parágrafo anterior.

GABARITO: CERTO.

95. (CESPE/CEBRASPE - 2004 - PRF - POLICIAL RODOVIÁRIO FEDERAL) Em uma rodovia, ao sentir sono, o condutor de um veículo automotor deve imediatamente estacionar o veículo no acostamento, sinalizando adequadamente.

Certo ( )   Errado ( )

No acostamento da rodovia só é permitido o estacionamento em caso de emergência, segundo o art. 181, VII, do CTB. Ainda que haja situação de emergência, a norma não permite estacionar no acostamento, nem mesmo com as luzes acionadas.

Art. 181 Estacionar o veículo: [...]

VII – nos acostamentos, salvo motivo de força maior:

Infração – leve;

Penalidade – multa;

Medida administrativa – remoção do veículo.

GABARITO: ERRADO.

---

96. [CESPE/CEBRASPE - 2004 - PRF - POLICIAL RODOVIÁRIO FEDERAL] Em um cruzamento não sinalizado de uma via coletora com uma arterial, terá preferência de passagem o veículo que vier pela esquerda de um dos dois condutores envolvidos.

Certo ( )   Errado ( )

Terá preferência de passagem o veículo que vier **pela direita** quando se tratar de um cruzamento não sinalizado.

Art. 29 O trânsito de veículos nas vias terrestres abertas à circulação obedecerá às seguintes normas: [...]

III – quando veículos, transitando por fluxos que se cruzem, se aproximarem de local não sinalizado, terá preferência de passagem:

a) no caso de apenas um fluxo ser proveniente de rodovia, aquele que estiver circulando por ela;

b) no caso de rotatória, aquele que estiver circulando por ela;

c) os demais casos, o que vier pela direita do condutor.

GABARITO: ERRADO.

---

97. [CESPE/CEBRASPE - 2004 - PRF - POLICIAL RODOVIÁRIO FEDERAL] O condutor de um veículo automotor que estiver circulando pela faixa central de uma via de três faixas, ao perceber que outro veículo à sua retaguarda tem o propósito de ultrapassá-lo, deve deslocar-se para a faixa da direita, sem acelerar a marcha.

Certo ( )   Errado ( )

Tal norma só é aplicada ao condutor que estiver circulando pela faixa que estiver mais à esquerda em uma via composta por diversas faixas que sigam para o mesmo fluxo, conforme previsão do art. 30 do CTB. Nesse caso, deve o condutor permanecer na faixa que está, sem acelerar a marcha, e aguardar que o outro veículo o ultrapasse.

Art. 30 Todo condutor, ao perceber que outro que o segue tem o propósito de ultrapassá-lo, deverá:

I – se estiver circulando pela faixa da esquerda, deslocar-se para a faixa da direita, sem acelerar a marcha;

II – se estiver circulando pelas demais faixas, manter-se naquela na qual está circulando, sem acelerar a marcha.

Parágrafo único. Os veículos mais lentos, quando em fila, deverão manter distância suficiente entre si para permitir que veículos que os ultrapassem possam se intercalar na fila com segurança.

GABARITO: ERRADO.

NORMAS DE CIRCULAÇÃO E CONDUTA

98. (CESPE/CEBRASPE - 2004 - PRF - POLICIAL RODOVIÁRIO FEDERAL) Considere a seguinte situação hipotética. Cristina, que conduzia seu automóvel em uma rodovia com duplo sentido de direção e pista única, provida de acostamento, precisava fazer uma conversão à esquerda, para acessar a entrada de sua chácara, em um trecho onde não havia sinalização específica para retorno. Nessa situação, Cristina deveria aguardar no acostamento, à direita, para cruzar a pista com segurança.

Certo ( )   Errado ( )

De acordo com o art. 37 do CTB, caso não haja local apropriado para realizar a manobra, deve-se aguardar no acostamento os veículos em sentido oposto, até que se possa efetuar o devido acesso com segurança. Veja o que traz o CTB:

__Art. 37__ Nas vias providas de acostamento, a conversão à esquerda e a operação de retorno deverão ser feitas nos locais apropriados e, onde estes não existirem, o condutor deverá aguardar no acostamento, à direita, para cruzar a pista com segurança.

GABARITO: CERTO.

99. (CESPE/CEBRASPE - 2004 - PRF - POLICIAL RODOVIÁRIO FEDERAL) Considere a seguinte situação hipotética. Antônio, ao constatar a indicação do semáforo autorizando-o a atravessar uma via arterial pela faixa de pedestres, percebeu a aproximação de uma ambulância devidamente identificada, com alarme sonoro e iluminação intermitente acionados. Nessa situação, de acordo com o CTB, Antônio poderá atravessar a via normalmente, pela faixa, uma vez que a prioridade referida no Código para as ambulâncias exclui as faixas de travessia de pedestres.

Certo ( )   Errado ( )

Nessa situação, a ambulância terá a preferência de passagem. Veja o que traz o dispositivo do CTB.

__Art. 29__ O trânsito de veículos nas vias terrestres abertas à circulação obedecerá às seguintes normas: [...]

VII – os veículos destinados a socorro de incêndio e salvamento, os de polícia, os de fiscalização e operação de trânsito e as ambulâncias, além de prioridade no trânsito, gozam de livre circulação, estacionamento e parada, quando em serviço de urgência, de policiamento ostensivo ou de preservação da ordem pública, observadas as seguintes disposições:

a) quando os dispositivos regulamentares de alarme sonoro e iluminação intermitente estiverem acionados, indicando a proximidade dos veículos, todos os condutores deverão deixar livre a passagem pela faixa da esquerda, indo para a direita da via e parando, se necessário;

b) os pedestres, ao ouvirem o alarme sonoro ou avistarem a luz intermitente, deverão aguardar no passeio e somente atravessar a via quando o veículo já tiver passado pelo local; [...].

Veja que estamos diante de uma hipótese de exceção à regra, pois, com fundamento no art. 89 do CTB, a regra de prioridade seria as ordens do agente sobre a semaforização, em seguida os sinais e, por último, as normas. Aqui, tem-se uma norma acima do semáforo, portanto, indo de encontro à regra, provando que esse dispositivo não é absoluto.

GABARITO: ERRADO.

100. (CESPE/CEBRASPE - 2002 - PRF - POLICIAL RODOVIÁRIO FEDERAL) As ações de respeito para com os pedestres:

- Motorista, ao primeiro sinal do entardecer, acenda os faróis. Procure não usar a meia-luz.
- Não use faróis auxiliares na cidade.
- Nas rodovias, use sempre os faróis ligados. Isso evita 50% dos atropelamentos. Seu carro fica mais visível aos pedestres.
- Sempre, sob chuva ou neblina, use os faróis acesos.

- Ao se aproximar de uma faixa de pedestres, reduza a velocidade e preste atenção. O pedestre tem a preferência na passagem.
- Motorista, atrás de uma bola vem sempre uma criança.
- Nas rodovias, não dê sinal de luz quando verificar um trabalho de radar da polícia. Você estará ajudando um motorista irresponsável, que trafega em alta velocidade, a não ser punido. Esse motorista, não sendo punido hoje, poderá causar uma tragédia no futuro.
- Não estacione nas faixas de pedestres.

Disponível em: http://www.pedestres.cjb.net (com adaptações).

À luz das informações contidas no texto e da legislação de trânsito, julgue o item a seguir.

A propósito do incremento da segurança do trânsito advindo do adequado uso dos faróis dos veículos, conforme referido no terceiro tópico, é correto afirmar que, exceto ao cruzar e seguir outros veículos, o uso de luz alta à noite é obrigatório nas vias não iluminadas, urbanas ou rurais.

Certo ( )   Errado ( )

O CTB, no art. 40, II, não restringe o uso de luz alta apenas nas vias rurais, mas também em todo e qualquer ambiente que não seja iluminado.

GABARITO: CERTO.

---

101. (CESPE/CEBRASPE - 2002 - PRF - POLICIAL RODOVIÁRIO FEDERAL) Considere o sinal de trânsito reproduzido em preto e branco abaixo para julgar o item que se segue, segundo o CTB.

Considere que, em uma rodovia, o condutor de um veículo veja o sinal vertical representado acima. Nesse caso, o condutor não estará, sob qualquer circunstância, obrigado a parar no local em que está posicionado o sinal, por força do seu comando.

Certo ( )   Errado ( )

Apesar de tal tema ser foco do tópico "Da sinalização", como envolve a atitude do condutor, cabe ressaltar que para tal sinalização, por se enquadrar como uma sinalização de advertência (quadrada), não há obrigatoriedade de obediência da norma.

GABARITO: CERTO.

---

102. (CESPE/CEBRASPE - 2004 - PRF - POLICIAL RODOVIÁRIO FEDERAL) O CTB, em seu art. 311, censura a conduta de trafegar em velocidade incompatível com a segurança nos locais considerados pelo legislador como perigosos, elegendo essa conduta como criminosa e impondo-lhe a pena de detenção de 6 meses a 1 ano ou multa. Acerca desse assunto, julgue o item que se segue.

Ter domínio do veículo significa que o condutor tem o controle do mesmo, podendo detê-lo quantas vezes for necessário, diante de obstáculos previsíveis.

Certo ( )   Errado ( )

A doutrina enfatiza a ideia do que vem a ser domínio do veículo explicando que, havendo um obstáculo previsível, como um animal em zona rural, o condutor deverá ter percepção de desviar ou evitar o acidente. Veja o que traz o art. 28 do CTB:

***Art. 28** O condutor deverá, a todo o momento, ter domínio de seu veículo, dirigindo-o com atenção e cuidados indispensáveis à segurança do trânsito.*

GABARITO: CERTO.

ORMAS DE CIRCULAÇÃO E CONDUTA

103. (CESPE/CEBRASPE - 2004 - PRF - POLICIAL RODOVIÁRIO FEDERAL) Com referência a velocidade, julgue o item subsequente.

Considere a seguinte situação hipotética: Paulo, em uma via urbana arterial desprovida de sinalização regulamentadora de velocidade, conduzia seu automóvel a 60 km/h, velocidade indicada em radar eletrônico instalado adequadamente no local onde se realizava uma blitz. Nessa situação, por estar trafegando a uma velocidade 50% superior à máxima permitida na via, Paulo cometeu uma infração de natureza gravíssima.

Certo ( )   Errado ( )

A questão está incorreta, pois Paulo está dentro do limite permitido para a via (60 km/h). Assim, não haverá caracterização da infração. Vale dizer também que a Resolução nº 396/2011 afirma que o valor a ser considerado no caso concreto seria de 53 km/h (desconto de 7 km/h).

Observe o que traz o CTB:

***Art. 61** A velocidade máxima permitida para a via será indicada por meio de sinalização, obedecidas suas características técnicas e as condições de trânsito.*

§ 1º Onde não existir sinalização regulamentadora, a velocidade máxima será de:

I – nas vias urbanas:

a) oitenta quilômetros por hora, nas vias de trânsito rápido:

b) sessenta quilômetros por hora, nas vias arteriais;

c) quarenta quilômetros por hora, nas vias coletoras;

d) trinta quilômetros por hora, nas vias locais.

GABARITO: ERRADO.

Julgue se a seguinte situação está de acordo com as normas gerais de circulação e conduta do CTB.

104. (CESPE/CEBRASPE - 2003 - PM/DF - CABO) Um condutor dirige seu veículo até chegar a uma rotatória não sinalizada, onde dá preferência de passagem para dois veículos lentos que circulam por ela.

Certo ( )   Errado ( )

Nessa situação hipotética, terá preferência de passagem, com fundamento no art. 29, III, "b", do CTB, o veículo que estiver circulando pela rotatória.

***Art. 29** O trânsito de veículos nas vias terrestres abertas à circulação obedecerá às seguintes normas: [...]*

III – quando veículos, transitando por fluxos que se cruzem, se aproximarem de local não sinalizado, terá preferência de passagem:

a) no caso de apenas um fluxo ser proveniente de rodovia, aquele que estiver circulando por ela;

b) no caso de rotatória, aquele que estiver circulando por ela;

c) nos demais casos, o que vier pela direita do condutor.

GABARITO: CERTO.

---

105. (CESPE/CEBRASPE - 2003 - PM/DF - CABO) João dirige seu veículo por uma rodovia plana e tranquila e, ao aproximar-se de um veículo que trafega lentamente e seguindo trajetória tortuosa, dá um toque breve na buzina para avisar ao condutor do veículo lento que vai ultrapassá-lo.

Certo ( )   Errado ( )

Essa é uma das hipóteses em que caberá o uso da buzina.

Art. 41 O condutor de veículo só poderá fazer uso de buzina, desde que em toque breve, nas seguintes situações:

I – para fazer as advertências necessárias a fim de evitar acidentes;

II – fora das áreas urbanas, quando for conveniente advertir a um condutor que se tem o propósito de ultrapassá-lo.

GABARITO: CERTO.

---

106. [CESPE/CEBRASPE - 2003 - PM/DF - CABO] Alguns amigos, após obterem autorização expressa da confederação desportiva municipal, organizaram, sem outras providências, uma corrida de automóveis em que seria vencedora a equipe de pilotos que conseguisse dar mais voltas no percurso – formado por ruas e avenidas do município – em menos tempo.

Certo (   )   Errado (   )

Além de autorização expressa do órgão desportivo, é óbvio que se torna necessária a autorização do órgão de trânsito. Veja o art. 67 do CTB:

Art. 67 As provas ou competições desportivas, inclusive seus ensaios, em via aberta à circulação, só poderão ser realizadas mediante prévia permissão da autoridade de trânsito com circunscrição sobre a via e dependerão de:

I – autorização expressa da respectiva confederação desportiva ou de entidades estaduais a ela filiadas;

II – caução ou fiança para cobrir possíveis danos materiais à via;

III – contrato de seguro contra riscos e acidentes em favor de terceiros;

IV – prévio recolhimento do valor correspondente aos custos operacionais em que o órgão ou entidade permissionária incorrerá.

Parágrafo único. A autoridade com circunscrição sobre a via arbitrará os valores mínimos da caução ou fiança e do contrato de seguro.

GABARITO: ERRADO.

---

107. [CESPE/CEBRASPE - 2003 - PM/DF - CABO] Em um dia chuvoso, Pedro dirigiu seu veículo por uma rodovia e sentiu que o pneu dianteiro esquerdo do veículo estava furado. Estacionou no acostamento, trocou o pneu furado pelo reserva e, como o pneu substituído estava muito avariado, decidiu deixá-lo no próprio acostamento, tomando o cuidado de não impedir a circulação na pista de rolamento.

Certo (   )   Errado (   )

Abandonar objetos na via caracteriza infração de natureza média, com penalidade de multa. Vale lembrar que, apesar de o objeto não ter sido abandonado na pista de rolamento, continua sendo válida a infração.

Art. 172 Atirar do veículo ou abandonar na via objetos ou substâncias:

Infração – média;

Penalidade – multa.

GABARITO: ERRADO.

---

108. [CESPE/CEBRASPE - 2003 - PM/DF - CABO] Antônio dirigiu seu veículo por uma via urbana e, por alterar seu itinerário por outro mais longo que o original, consumiu todo o combustível do seu veículo, que foi estacionado em local apropriado.

Certo (   )   Errado (   )

NORMAS DE CIRCULAÇÃO E CONDUTA

Apesar de haver estacionamento em local apropriado, a falta de combustível é caracterizada como infração de trânsito, conforme o art. 180 do CTB.

Art. 180 Ter seu veículo imobilizado na via por falta de combustível:

Infração – média;

Penalidade – multa;

Medida administrativa – remoção do veículo.

GABARITO: ERRADO.

Os membros de uma família reuniram-se para um churrasco em uma pequena chácara localizada na zona rural de um município brasileiro. Após beberem muita cerveja, José, filho do proprietário da chácara, e o chacareiro discutiram, causando uma grande confusão, que só terminou com a intervenção do proprietário, que deu razão ao seu empregado e repreendeu publicamente o filho embriagado. Completamente descontrolado, José, que é maior de idade e tem habilitação para dirigir, conduziu seu próprio veículo pela estrada que dá acesso à chácara, totalmente sem sinalização de trânsito, a 60 km/h. Já em via urbana de entrada da cidade, igualmente sem sinalização e considerada de trânsito rápido, acelerou para 100 km/h. Nesse momento, sentindo-se tonto, enjoado, freou bruscamente o veículo e o parou com apenas as rodas direitas no acostamento, abriu a porta do veículo sem cautela alguma e correu para o matagal à direita da via.

Em face dessa situação hipotética, julgue os três itens subsequentes à luz do CTB.

109. (CESPE/CEBRASPE - 2003 - PM/DF - CABO) José não excedeu a velocidade máxima permitida antes de alcançar a via urbana.

Certo ( )   Errado ( )

A velocidade máxima estabelecida para a via é de 60 km/h, segundo a norma prevista no art. 61, II, "c", do CTB. Logo, o condutor não cometeu infração.

Art. 61 A velocidade máxima permitida para a via será indicada por meio de sinalização, obedecidas suas características técnicas e as condições de trânsito.

§ 1º Onde não existir sinalização regulamentadora, a velocidade máxima será de:

a) nas estradas: 60 km/h (sessenta quilômetros por hora).

GABARITO: CERTO.

---

110. (CESPE/CEBRASPE - 2003 - PM/DF - CABO) José excedeu a velocidade máxima permitida em via urbana.

Certo ( )   Errado ( )

Na questão apresentada, o condutor cometeu uma infração de trânsito de natureza grave (art. 218, II, do CTB), pois estava transitando com um excesso de 25% em relação à velocidade máxima permitida, que é de 80 km/h.

Art. 218 Transitar em velocidade superior à máxima permitida para o local, medida por instrumento ou equipamento hábil, em rodovias, vias de trânsito rápido, vias arteriais e demais vias:

I – quando a velocidade for superior à máxima em até 20% (vinte por cento):

Infração – média;

Penalidade – multa;

II – quando a velocidade for superior à máxima em mais de 20% (vinte por cento) até 50% (cinquenta por cento):

Infração – grave;

Penalidade – multa;

III – quando a velocidade for superior à máxima em mais de 50% (cinquenta por cento):

Infração – gravíssima;

Penalidade – multa (três vezes) e suspensão do direito de dirigir.

GABARITO: CERTO.

---

111. (CESPE/CEBRASPE - 2003 - PM/DF - CABO) A freada executada por José não constitui infração ao CTB, pois se tratava de questão de segurança, haja vista o fato de ele sentir-se tonto e enjoado.

Certo ( )   Errado ( )

A ação brusca caracteriza infração do CTB, uma vez que, com fundamento no art. 42 do CTB, a freada de forma brusca só será permitida por razões de segurança. Observe o artigo:

Art. 42 Nenhum condutor deverá frear bruscamente seu veículo, salvo por razões de segurança.

GABARITO: ERRADO.

---

112. (FCC - 2009 - TRE/PI - TÉCNICO JUDICIÁRIO) O trânsito de veículos sobre passeios é permitido para:

a) motocicletas.

b) ambulâncias.

c) veículos policiais.

d) entrada e saída dos imóveis.

e) veículos transportando autoridades.

De acordo art. 29, V, do CTB, o trânsito sobre passeios, calçadas e acostamentos somente é consentido pelas normas de trânsito para adentrar ou sair dos imóveis ou áreas de estacionamento.

Art. 29 O trânsito de veículos nas vias terrestres abertas à circulação obedecerá às seguintes normas: [...]

V – o trânsito de veículos sobre passeios, calçadas e nos acostamentos, só poderá ocorrer para que se adentre ou se saia dos imóveis ou áreas especiais de estacionamento.

GABARITO: D.

---

113. (FCC - 2009 - TRE/PI - TÉCNICO JUDICIÁRIO) O condutor de veículo parado no embarque e desembarque de passageiros, em período noturno, deverá manter acesas as luzes:

a) baixas dos faróis.

b) altas dos faróis.

c) de posição.

d) de emergência.

e) internas.

Perceba que à noite, pelo menos as luzes de posição (lanternas) deverão estar acesas, previsão expressa do art. 40, VII, do CTB:

Art. 40 O uso de luzes em veículo obedecerá às seguintes determinações: [...]

VII – o condutor manterá acesas, à noite, as luzes de posição quando o veículo estiver parado para fins de embarque ou desembarque de passageiros e carga ou descarga de mercadorias.

GABARITO: C.

NORMAS DE CIRCULAÇÃO E CONDUTA

---

114. **(FCC - 2019 - DETRAN/SP - OFICIAL ESTADUAL DE TRÂNSITO)** Respeitadas as condições operacionais do trânsito, a velocidade mínima para automóveis, em qualquer via pública, não poderá ser inferior:

a) à velocidade máxima fixada para ônibus e caminhões.

b) a dois terços da velocidade máxima estabelecida.

c) a um quarto da velocidade máxima estabelecida.

d) a três quartos da velocidade máxima estabelecida.

e) à metade da velocidade máxima estabelecida.

Conforme art. 62 do CTB, a norma afirma que a velocidade mínima não poderá ser inferior à metade da velocidade máxima permitida estabelecida, respeitadas as condições do trânsito e da via.

GABARITO: E.

115. **(IBFC - 2016 - EMDEC - CONTROLADOR DE TRÂNSITO E TRANSPORTE)** O trânsito de veículos nas vias terrestres abertas à circulação obedece a várias normas. Assinale a alternativa que expressa uma dessas normas.

a) O condutor deverá guardar distância de segurança lateral e frontal entre o seu e os demais veículos, bem como em relação ao bordo da pista, considerando-se, no momento, a velocidade e as condições do local, da circulação, do veículo e as condições climáticas.

b) A circulação far-se-á pelo lado direito da via, sem quaisquer exceções.

c) Quando houver veículos transitando por fluxos que se cruzem, ao se aproximarem de local não sinalizado, dar-se-á passagem preferencial, no caso de rotatória, àquele que estiver em via reta.

d) Quando uma pista de rolamento comportar várias faixas de circulação no mesmo sentido, são as da esquerda destinadas ao deslocamento dos veículos mais lentos e de maior porte, e as da direita, destinadas à ultrapassagem e ao deslocamento dos veículos de maior velocidade, salvo quando houver faixa especial a eles destinada.

e) Os veículos destinados a socorro de incêndio e salvamento, os de polícia, os de fiscalização e operação de trânsito e as ambulâncias poderão fazer uso de dispositivos de alarme sonoro e de iluminação vermelha intermitente, mesmo quando não estiverem em efetiva prestação de serviço de urgência.

Observemos a norma do CTB:

A: literalidade do art. 29. Vejamos:

Art. 29 O trânsito de veículos nas vias terrestres abertas à circulação obedecerá às seguintes normas: [...]

II – o condutor deverá guardar distância de segurança lateral e frontal entre o seu e os demais veículos, bem como em relação ao bordo da pista, considerando-se, no momento, a velocidade e as condições do local, da circulação, do veículo e as condições climáticas.

B: segundo o art. 29, I, a circulação poderá ser feita pelo lado esquerdo, desde que a sinalização assim permita.

Art. 29 O trânsito de veículos nas vias terrestres abertas à circulação obedecerá às seguintes normas:

I – a circulação far-se-á pelo lado direito da via, admitindo-se as exceções devidamente sinalizadas;

C: nesse caso, sempre terá preferência o motorista que estiver circulando pela rotatória (art. 29, III, "b").

Art. 29 O trânsito de veículos nas vias terrestres abertas à circulação obedecerá às seguintes normas: [...]

III – quando veículos, transitando por fluxos que se cruzem, se aproximarem de local não sinalizado, terá preferência de passagem:

a) no caso de apenas um fluxo ser proveniente de rodovia, aquele que estiver circulando por ela;

b) no caso de rotatória, aquele que estiver circulando por ela;

NORMAS DE CIRCULAÇÃO E CONDUTA

c) nos demais casos, o que vier pela direita do condutor.

D: conforme prevê o art. 29, IV, são as faixas da direita destinadas aos veículos lentos e de maior porte.

Art. 29 O trânsito de veículos nas vias terrestres abertas à circulação obedecerá às seguintes normas: [...]

IV – quando uma pista de rolamento comportar várias faixas de circulação no mesmo sentido, são as da direita destinadas ao deslocamento dos veículos mais lentos e de maior porte, quando não houver faixa especial a eles destinada, e as da esquerda, destinadas à ultrapassagem e ao deslocamento dos veículos de maior velocidade.

E: estes veículos só farão uso desses dispositivos quando estiverem em serviço efetivo de urgência.

Art. 29 O trânsito de veículos nas vias terrestres abertas à circulação obedecerá às seguintes normas: [...]

VII – os veículos destinados a socorro de incêndio e salvamento, os de polícia, os de fiscalização e operação de trânsito e as ambulâncias, além de prioridade de trânsito, gozam de livre circulação, estacionamento e parada, quando em serviço de urgência e devidamente identificados por dispositivos regulamentares de alarme sonoro e iluminação vermelha intermitente, observadas as seguintes disposições: [...].

GABARITO: A.

---

116. **(UPE - 2006 - PREFEITURA DE OLINDA - AGENTE DE TRÂNSITO E TRANSPORTE)** Indique a opção que apresenta a correta classificação das vias abertas à circulação.

a) Vias urbanas que compreendem as vias de trânsito rápido, arteriais, coletoras e estradas, e vias rurais que compreendem as vias locais e as rodovias.

b) Vias urbanas que compreendem as vias arteriais, coletoras e locais, e vias rurais que compreendem as rodovias e estradas.

c) Vias urbanas que compreendem as vias de trânsito rápido, arteriais, coletoras e locais, e vias rurais que compreendem as rodovias e estradas.

d) Vias urbanas que compreendem as vias de trânsito rápido, arteriais, coletoras, locais e estradas, e vias rurais que compreendem as rodovias.

e) Vias urbanas que compreendem as vias de trânsito rápido, arteriais, coletoras, locais e rodovias, e vias rurais que compreendem as estradas.

A partir do entendimento de que são vias urbanas as vias arteriais, coletoras, de trânsito rápido e locais, e de que são vias rurais as estradas e rodovias, já é possível acertar a questão.

GABARITO: C.

---

117. **(FCC - 2011 - TRT/1ª REGIÃO - TÉCNICO JUDICIÁRIO)** Segundo o que dispõe o Código de Trânsito, o condutor que perceber que outro tem o propósito de ultrapassá-lo deverá:

a) se estiver circulando pela faixa da direita, deslocar-se para a faixa da esquerda, sem acelerar a marcha.

b) permanecer na faixa da esquerda e reduzir a velocidade.

c) se estiver circulando pela faixa da esquerda, deslocar-se para a faixa da direita, sem acelerar a marcha.

d) se estiver circulando pela faixa da esquerda, deslocar-se para a faixa da direita, reduzindo gradativamente a marcha.

e) se estiver na faixa da esquerda, acionar o pisca-pisca da direita, para sinalizar que ele pode ultrapassá-lo.

Literalidade do art. 30, I, do CTB.

Art. 30 Todo condutor, ao perceber que outro que o segue tem o propósito de ultrapassá-lo, deverá:

I – se estiver circulando pela faixa da esquerda, deslocar-se para a faixa da direita, sem acelerar a marcha;

II – se estiver circulando pelas demais faixas, manter-se naquela na qual está circulando, sem acelerar a marcha.

GABARITO: C.

118. (CESPE/CEBRASPE - 2008 - PRF - POLICIAL RODOVIÁRIO FEDERAL) Assinale a opção correta no que diz respeito às normas de trânsito de veículos nas vias terrestres abertas à circulação.

a) Veículos do corpo de bombeiros, polícia, ambulância, de representação, bem como os de fiscalização e operação de trânsito têm prioridade e gozam de livre circulação, estacionamento e parada, mesmo que fora de serviço de urgência e sem identificação caracterizadora.

b) Veículos de circulação têm preferência de passagem sobre os veículos que se deslocam sobre trilhos, respeitadas as normas pertinentes.

c) A ultrapassagem de outro veículo em movimento deve ser feita pela esquerda, precedida por sinalização regulamentar, sendo permitida pela direita quando o veículo que estiver à frente indicar que vai entrar à esquerda.

d) A circulação nas vias de trânsito deve ser feita pelo lado esquerdo da via, admitindo-se as exceções devidamente sinalizadas.

A: esses veículos só gozarão das seguintes prerrogativas quando estiverem em serviço de urgência e devidamente identificados com dispositivo vermelho intermitente e sonoro acionado, de acordo com o que prevê o art. 29, VII, do CTB.

Art. 29 O trânsito de veículos nas vias terrestres abertas à circulação obedecerá às seguintes normas: [...]
VII – os veículos destinados a socorro de incêndio e salvamento, os de polícia, os de fiscalização e operação de trânsito e as ambulâncias, além de prioridade no trânsito, gozam de livre circulação, estacionamento e parada, quando em serviço de urgência, de policiamento ostensivo ou de preservação da ordem pública, observadas as seguintes disposições: [...].

B: os veículos que se deslocam sobre trilhos têm preferência sobre os demais veículos.

Art. 29 O trânsito de veículos nas vias terrestres abertas à circulação obedecerá às seguintes normas: [...]
XII – os veículos que se deslocam sobre trilhos terão preferência de passagem sobre os demais, respeitadas as normas de circulação.

C: a regra é a ultrapassagem pelo lado esquerdo, podendo ocorrer pelo lado direito quando o veículo à frente indicar o propósito de entrar à esquerda.

Art. 29 O trânsito de veículos nas vias terrestres abertas à circulação obedecerá às seguintes normas: [...]
IX – a ultrapassagem de outro veículo em movimento deverá ser feita pela esquerda, obedecida a sinalização regulamentar e as demais normas estabelecidas neste Código, exceto quando o veículo a ser ultrapassado estiver sinalizando o propósito de entrar à esquerda.

D: a circulação de veículos, em regra, é feita pelo lado direito, admitindo exceções, quando devidamente sinalizadas.

Art. 29 O trânsito de veículos nas vias terrestres abertas à circulação obedecerá às seguintes normas:
I – a circulação far-se-á pelo lado direito da via, admitindo-se as exceções devidamente sinalizadas.

GABARITO: C.

119. (PUC/PR - 2006 - URBS - AGENTE DE TRÂNSITO) Dentre as normas gerais de circulação e conduta é correto afirmar:

I. Ao aproximar-se de qualquer tipo de cruzamento, o condutor do veículo deve demonstrar prudência especial, transitando em velocidade moderada, de forma que possa deter seu veículo com segurança para dar passagem a pedestre e a veículos que tenham o direito de preferência.

II. Nas interseções e suas proximidades, o condutor não poderá efetuar ultrapassagem.

III. Nenhum condutor deverá frear bruscamente seu veículo, salvo por razões de segurança.

IV. O condutor que for ingressar numa via, procedente de um lote lindeiro a essa via, deverá dar preferência somente aos veículos que por ela estejam transitando.

V. O condutor poderá ultrapassar veículos em vias com duplo sentido de direção e pista única, nos trechos em curvas e em aclives sem visibilidade suficiente, nas passagens de nível, nas pontes e viadutos e nas travessias de pedestre, exceto quando houver sinalização permitindo a ultrapassagem.

É correta ou são corretas:

a) I, II e III.

b) I, II e V.

c) III, IV e V.

d) II, III e IV.

e) Somente a III.

Analisando as assertivas:

I: literalidade do art. 44 do CTB.

Art. 44 Ao aproximar-se de qualquer tipo de cruzamento, o condutor do veículo deve demonstrar prudência especial, transitando em velocidade moderada, de forma que possa deter seu veículo com segurança para dar passagem a pedestre e a veículos que tenham o direito de preferência.

II: previsão do art. 33.

Art. 33 Quando se tratar das interseções e suas proximidades, o condutor não poderá efetuar ultrapassagem.

III: previsão do art. 42.

Art. 42 Nenhum condutor deverá frear bruscamente seu veículo, salvo por razões de segurança.

IV: observe o que recomenda a norma do CTB:

Art. 36 O condutor que for ingressar numa via, procedente de um lote lindeiro a essa via, deverá dar preferência aos veículos e pedestres que por ela estejam transitando.

V: em regra, a ultrapassagem nesses locais é proibida, conforme previsão do art. 32.

Art. 32 O condutor não poderá ultrapassar veículos em vias com duplo sentido de direção e pista única, nos trechos em curvas e em aclives sem visibilidade suficiente, nas passagens de nível, nas pontes e viadutos e nas travessias de pedestres, exceto quando houver sinalização permitindo a ultrapassagem.

GABARITO: A.

120. (UFPR - 2006 - TCE/PR - MOTORISTA) Qual é a denominação dada às vias terrestres urbanas que não possuem cruzamentos diretos, não possuem semáforos nem passagens diretas para pedestres e cujo acesso se faz por pistas paralelas que permitem entrar com velocidade compatível com a do fluxo de trânsito?

a) Rodovias.

b) Vias de trânsito rápido.

c) Vias arteriais.

d) Vias coletoras.

e) Estradas.

Esta norma está prevista no Anexo I do CTB. Observe:

VIA DE TRÂNSITO RÁPIDO – aquela caracterizada por acessos especiais com trânsito livre, sem interseções em nível, sem acessibilidade direta aos lotes lindeiros e sem travessia de pedestres em nível.

VIA ARTERIAL – aquela caracterizada por interseções em nível, geralmente controlada por semáforo, com acessibilidade aos lotes lindeiros e às vias secundárias e locais, possibilitando o trânsito entre as regiões da cidade.

VIA COLETORA – aquela destinada a coletar e distribuir o trânsito que tenha necessidade de entrar ou sair das vias de trânsito rápido ou arteriais, possibilitando o trânsito dentro das regiões da cidade.

VIA LOCAL – aquela caracterizada por interseções em nível não semaforizadas, destinada apenas ao acesso local ou a áreas restritas.

GABARITO: B.

---

121. (UFPR - 2006 - TCE/PR - MOTORISTA) A velocidade máxima nas vias é geralmente definida pela sinalização. Em locais sem sinalização, os limites de velocidades são:

1. 60 km/h nas vias de trânsito rápido.

2. 80 km/h nas vias arteriais.

3. 110 km/h para automóveis, camionetas e motocicletas em rodovias, de pista dupla.

4. 90 km/h para ônibus, micro-ônibus e caminhões em rodovias.

Assinale a alternativa correta.

a) Somente a afirmativa 3 é verdadeira.

b) Somente as afirmativas 3 e 4 são verdadeiras.

c) Somente as afirmativas 1, 2 e 3 são verdadeiras.

d) Somente as afirmativas 1 e 2 são verdadeiras.

e) As afirmativas 1, 2, 3 e 4 são verdadeiras.

1. Nas vias de trânsito rápido não sinalizadas, a velocidade será de 80 km/h.

2. Em uma via arterial, sem a devida sinalização, a velocidade será de 60 km/h.

3. Questão adaptada. Nesse caso, a velocidade na rodovia, quando não sinalizada, será de 110 km/h para automóveis, camionetas, camionetes (atualização de 2022) e motocicletas.

4. Nesse caso, independentemente de a rodovia possuir pista simples ou dupla, a velocidade será sempre de 90 km/h, quando não possuir sinalização.

Art. 61 A velocidade máxima permitida para a via será indicada por meio de sinalização, obedecidas suas características técnicas e as condições de trânsito.

§ 1º Onde não existir sinalização regulamentadora, a velocidade máxima será de:

a) nas rodovias de pista dupla:

1. 110 km/h (cento e dez quilômetros por hora) para automóveis, camionetas, camionhetes e motocicletas; **(Redação dada pela Lei nº 14.440/2022)** – adicionou o veículo camionete.

2. 90 km/h (noventa quilômetros por hora) para os demais veículos;

b) nas rodovias de pista simples:

1. 100 km/h (cento e dez quilômetros por hora) para automóveis, camionetas, camionhetes e motocicletas; **(Redação dada pela Lei nº 14.440/2022)** – adicionou o veículo camionete.

2. 90 km/h (noventa quilômetros por hora) para os demais veículos.

GABARITO: B.

---

122. (CESPE/CEBRASPE - 2009 - PREFEITURA DE IPOJUCA - GUARDA MUNICIPAL) Quando uma pista de rolamento comportar várias faixas de circulação no mesmo sentido, o Código de Trânsito Brasileiro determina que as faixas da direita são destinadas ao deslocamento dos veículos mais lentos e de maior porte. As faixas da esquerda são destinadas:

a) aos veículos de carga especiais.

b) apenas aos veículos com sinal sonoro ligados.

c) aos veículos com condutores com necessidades especiais.

d) à ultrapassagem e ao deslocamento dos veículos de maior velocidade.

Literalidade do art. 29, IV, do CTB:

Art. 29 O trânsito de veículos nas vias terrestres abertas à circulação obedecerá às seguintes normas: [...]

IV – quando uma pista de rolamento comportar várias faixas de circulação no mesmo sentido, são as da direita destinadas ao deslocamento dos veículos mais lentos e de maior porte, quando não houver faixa especial a eles destinada, e as da esquerda, destinadas à ultrapassagem e ao deslocamento dos veículos de maior velocidade.

GABARITO: D.

123. (VUNESP - 2013 - DETRAN/SP - AGENTE DE TRÂNSITO) Onde não existir sinalização regulamentadora, a velocidade máxima permitida nas vias urbanas arteriais será de:

a) Oitenta quilômetros por hora.

b) Trinta quilômetros por hora.

c) Cento e dez quilômetros por hora para automóveis, caminhonetas e motocicletas.

d) Sessenta quilômetros por hora.

e) Quarenta quilômetros por hora.

Essa questão é recorrente. Observe o que traz o CTB:

Art. 61 A velocidade máxima permitida para a via será indicada por meio de sinalização, obedecidas suas características técnicas e as condições de trânsito.

§ 1º Onde não existir sinalização regulamentadora, a velocidade máxima será de:

I – nas vias urbanas:

a) oitenta quilômetros por hora, nas vias de trânsito rápido;

b) sessenta quilômetros por hora, nas vias arteriais;

c) quarenta quilômetros por hora, nas vias coletoras;

d) trinta quilômetros por hora, nas vias locais.

GABARITO: D.

124. (FCC - 2019 - DETRAN/SP - AGENTE ESTADUAL DE TRÂNSITO) Com relação às normas gerais de circulação e conduta, considere:

I. A velocidade mínima não poderá ser inferior à metade da velocidade máxima estabelecida, respeitadas as condições operacionais de trânsito e da via.

II. Os ciclomotores devem ser conduzidos pela direita da pista de rolamento, preferencialmente no centro da faixa mais à direita ou no bordo direito da pista, sempre que não houver acostamento, podendo os mesmos circularem em qualquer via urbana.

NORMAS DE CIRCULAÇÃO E CONDUTA

III. O estacionamento dos veículos motorizados de duas rodas será feito em posição perpendicular à guia da calçada (meio-fio) e junto a ela, salvo quando houver sinalização que determine outra condição.

É correto o que consta em:

a) I, II e III.

b) I e II, apenas.

c) II e III, apenas.

d) I e III, apenas.

e) III, apenas.

I: norma contida no art. 62 do CTB.

Art. 62 *A velocidade mínima não poderá ser inferior à metade da velocidade máxima estabelecida, respeitadas as condições operacionais de trânsito e da via.*

II: conforme o art. 57 c/c art. 244, § 2º do CTB.

Art. 57 *Os ciclomotores devem ser conduzidos pela direita da pista de rolamento, preferencialmente no centro da faixa mais à direita ou no bordo direito da pista sempre que não houver acostamento ou faixa própria a eles destinada, proibida a sua circulação nas vias de trânsito rápido e sobre as calçadas das vias urbanas.*

Parágrafo único. *Quando uma via comportar duas ou mais faixas de trânsito e a da direita for destinada ao uso exclusivo de outro tipo de veículo, os ciclomotores deverão circular pela faixa adjacente à da direita. [...]*

Art. 244 *Conduzir motocicleta, motoneta e ciclomotor:*

§ 1º Para ciclos, aplica-se o disposto nos incisos III, VII e VIII, além de:

a) conduzir passageiro fora da garupa ou do assento especial a ele destinado;

b) transitar em vias de trânsito rápido ou rodovias, salvo onde houver acostamento ou faixas de rolamento próprias;

c) transportar crianças que não tenham, nas circunstâncias, condições de cuidar de sua própria segurança.

§ 2º Aplica-se aos ciclomotores o disposto na alínea "b" do parágrafo anterior:

Infração – média;

Penalidade – multa.

III: literalidade do art. 48, § 2º, do CTB.

Art. 48 *Nas paradas, operações de carga ou descarga e nos estacionamentos, o veículo deverá ser posicionado no sentido do fluxo, paralelo ao bordo da pista de rolamento e junto à guia da calçada (meio-fio), admitidas as exceções devidamente sinalizadas. [...]*

§ 2º O estacionamento dos veículos motorizados de duas rodas será feito em posição perpendicular à guia da calçada (meio-fio) e junto a ela, salvo quando houver sinalização que determine outra condição.

GABARITO: D.

---

125. (FCC - 2019 - DETRAN/SP - AGENTE ESTADUAL DE TRÂNSITO) Quanto ao uso de luzes em veículo, considere as afirmativas a seguir:

I. O condutor manterá acesos os faróis do veículo, utilizando luz baixa, durante a noite e durante o dia nos túneis providos de iluminação pública.

II. Nas vias não iluminadas o condutor deve usar luz alta, exceto ao cruzar com outro veículo ou ao segui-lo.

III. O condutor utilizará o pisca-alerta no caso de chuva forte ou neblina.

IV. O condutor manterá acesas, à noite, as luzes baixas dos faróis, quando o veículo estiver parado para fins de embarque ou desembarque de passageiros.

É correto o que se afirma em:

a) I e II, apenas.

b) III e IV, apenas.

c) I, II e III, apenas.

d) II, III e IV, apenas.

e) I, II, III e IV.

I: previsão do art. 40, I, do CTB.

Art. 40 O uso de luzes em veículo obedecerá às seguintes determinações:

I – o condutor manterá acesos os faróis do veículo, por meio da utilização da luz baixa:

a) à noite;

b) mesmo durante o dia, em túneis e sob chuva, neblina ou cerração; [...].

II: previsão do art. 40, II, do CTB, já comentado anteriormente.

III: nessas hipóteses deve-se utilizar, pelo menos, a luz baixa, conforme o art. 40, I, "b", do CTB (modificado pela Lei nº 14.071/2020).

IV: nessas hipóteses, deve-se utilizar, pelo menos, a luz de posição.

Lembre-se o seguinte: quando a lei prever especificidades para o uso das luzes, não há que se falar em outras hipóteses, somente quando houver lacuna na lei. Por exemplo, o uso de luzes em caso de chuva forte ou neblina poderá abarcar as luzes de posição ou luz baixa, apenas.

GABARITO: A.

---

126. **(FCC - 2019 - DETRAN/SP - AGENTE ESTADUAL DE TRÂNSITO)** Um condutor, antes de colocar seu veículo em circulação nas vias públicas, deverá verificar se:

a) o limpador de para-brisa está funcionando em pelo menos 3 velocidades.

b) os equipamentos obrigatórios existem e se estão em boas condições de funcionamento.

c) o tanque de combustível está cheio.

d) as estradas ou rodovias estão em bom estado de conservação.

e) as polícias rodoviárias federal ou estadual estão fazendo blitz, para não correr o risco de levar uma multa.

Por se tratar de um cuidado específico do condutor, óbvio que cabe a ele verificar as boas condições do veículo junto com a existência de combustível. Literalidade do art. 27 do CTB.

Art. 27 Antes de colocar o veículo em circulação nas vias públicas, o condutor deverá verificar a existência e as boas condições de funcionamento dos equipamentos de uso obrigatório, bem como assegurar-se da existência de combustível suficiente para chegar ao local de destino.

GABARITO: B.

---

127. **(FCC - 2006 - TRT/4ª REGIÃO - TÉCNICO JUDICIÁRIO)** O condutor deverá manter acesos os faróis do veículo, utilizando luz baixa, quando:

a) estiver em circulação e quiser indicar a intenção de ultrapassar o veículo que segue à sua frente.

b) estiver em situações de emergência.

c) estiver em circulação por vias não iluminadas.

d) o veículo estiver parado para fins de embarque ou desembarque de passageiros.

e) estiver em circulação durante o dia e durante a noite, nos túneis providos de iluminação pública.

Tal questão novamente aborda as hipóteses do uso do farol baixo. Veja o que o art. 40, I, do CTB afirma:

Art. 40 O uso de luzes em veículo obedecerá às seguintes determinações:

I – o condutor manterá acesos os faróis do veículo, por meio da utilização da luz baixa:

a) à noite;

b) mesmo durante o dia, em túneis e sob chuva, neblina ou cerração; [...].

GABARITO: E.

---

128. (FCC - 2006 - TRT/4ª REGIÃO - TÉCNICO JUDICIÁRIO) Nas vias arteriais desprovidas de sinalização regulamentadora, a velocidade máxima permitida de circulação dos veículos, em quilômetros por hora, é:

a) 50.

b) 60.

c) 70.

d) 80.

e) 90.

Mais uma vez o art. 61, § 1º, do CTB é cobrado. Lembre-se: as vias arteriais são vias urbanas com velocidade regulamentada de 60 km/h quando não houver sinalização contrária.

GABARITO: B.

---

129. (UECE - 2018 - DETRAN/CE - AGENTE DE TRÂNSITO E TRANSPORTE) Com base no Código de Trânsito Brasileiro (CTB), antes de entrar à direita ou à esquerda, em outra via ou em lotes lindeiros, o condutor deverá:

a) ao sair da via pelo lado esquerdo, aproximar-se o máximo possível do bordo direito da pista e executar sua manobra no menor espaço possível.

b) ao sair da via pelo lado esquerdo, aproximar-se o máximo possível de seu eixo ou da linha divisória da pista, quando houver, caso se trate de uma pista com circulação nos dois sentidos, ou do bordo direito, tratando-se de uma pista de um só sentido.

c) durante a manobra de mudança de direção, o condutor deverá ceder passagem aos pedestres e ciclistas, aos veículos que transitem no mesmo sentido pela pista da qual vai sair, respeitadas as normas de preferência de passagem.

d) ao sair da via pelo lado esquerdo, aproximar-se o máximo possível de seu eixo ou da linha divisória da pista, quando houver, caso se trate de uma pista com circulação nos dois sentidos, ou do bordo esquerdo, tratando-se de uma pista de um só sentido.

Vamos analisar:

A: ao sair do lado esquerdo, o condutor deve se aproximar ao máximo possível do bordo esquerdo, não direito, em se tratando de via de sentido único.

B: no caso de conversão à esquerda em via de circulação de dois sentidos, o condutor deverá aproximar-se ao máximo do eixo da linha divisória. caso seja uma via de sentido único, ele deverá aproximar-se do bordo esquerdo.

C: a cessão de passagem acontecerá em vias de sentido duplo, não único.

D: gabarito.

GABARITO: D.

130. (UECE - 2018 - DETRAN/CE - AGENTE DE TRÂNSITO E TRANSPORTE) Acerca da utilização de luzes em veículo, o condutor obedecerá à seguinte determinação:

a) Manterá acesos os faróis do veículo, utilizando a luz alta, durante a noite e durante o dia, nos túneis providos de iluminação pública e nas rodovias.

b) Nas vias não iluminadas, o condutor deve usar luz baixa, exceto ao cruzar com outro veículo ou ao segui-lo.

c) A troca de luz baixa e alta, de forma intermitente e por curto período de tempo, com o objetivo de advertir outros motoristas, só poderá ser utilizada para indicar a intenção de ultrapassar o veículo que segue à frente ou para indicar a existência de risco à segurança para os veículos que circulam no sentido contrário.

d) Os veículos de transporte coletivo regular de passageiros, quando circularem em faixas próprias a eles destinadas, e os ciclos motorizados, deverão utilizar-se de farol de luz alta durante o dia e a noite.

Analisando as assertivas:

A: a utilização de luz alta somente se dará durante a noite em vias não iluminadas.

B: nas vias não iluminadas, o condutor deverá utilizar a luz alta, não baixa.

C: gabarito.

D: tais veículos deverão utilizar a luz baixa, não alta.

GABARITO: C.

131. (UECE - 2018 - DETRAN/CE - AGENTE DE TRÂNSITO E TRANSPORTE) A velocidade máxima permitida para a via será indicada por meio de sinalização, obedecidas suas características técnicas e as condições de trânsito. Nas vias urbanas, onde não existir sinalização regulamentadora, a velocidade máxima será de:

a) 40 quilômetros por hora, nas vias coletoras.

b) 60 quilômetros por hora, nas vias de trânsito rápido.

c) 40 quilômetros por hora, nas vias arteriais.

d) 50 quilômetros por hora, nas vias locais.

Tal questão estabelece o limite de velocidade para as vias urbanas. De forma sucinta, entenda que as vias de trânsito urbanas, quando não houver sinalização regulamentando a velocidade, terão como limites 80, 60, 40 e 30 km/h nas vias de trânsito rápido, arteriais, coletoras e locais, respectivamente.

GABARITO: A.

132. (FCC - 2018 - DETRAN/MA - ASSISTENTE DE TRÂNSITO) A via terrestre caracterizada por interseções em nível não semaforizadas, destinada ao acesso de áreas restritas, e a via terrestre caracterizada por acessos especiais com trânsito livre, sem interseções em nível, são denominadas, respectivamente, via:

a) arterial e via de trânsito rápido.

b) local e via arterial.

c) local e via de trânsito rápido.

d) local e via coletora.

e) coletora e via de trânsito rápido.

Tal questão abordou o conceito dado pelo Anexo I do CTB, o qual trabalha com definições. A via caracterizada no cerne da questão é a via local (sem semáforo e acesso restrito) e via de trânsito rápido (não semaforizada e sem acesso).

GABARITO: C.

NORMAS DE CIRCULAÇÃO E CONDUTA

133. (FCC - 2018 - DETRAN/MA - ASSISTENTE DE TRÂNSITO) No tocante ao uso de luzes em veículos, o condutor:

a) está dispensado de manter acesos, durante o dia, os faróis do veículo, utilizando luz baixa, nos túneis providos de iluminação pública.

b) deve usar sempre luz alta nas vias não iluminadas.

c) deve manter apagadas as luzes de posição do veículo quando sob neblina ou cerração.

d) deve manter acesas, à noite, as luzes de posição quando o veículo estiver parado para fins de embarque ou desembarque de passageiros.

e) está dispensado de utilizar, em veículos de transporte coletivo regular de passageiros, farol de luz baixa durante o dia, quando circular em faixas próprias a ele destinadas.

Vamos às assertivas:

A: o condutor está obrigado a usar a luz baixa de noite e de dia em túneis, ainda que providos de iluminação.

B: nem sempre se utiliza luz alta em vias não iluminadas, como no caso de cruzamento com outros veículos, ou quando o condutor estiver seguindo alguém.

C: em caso de chuva forte, neblina ou cerração, é obrigatório pelo menos o uso da luz baixa, nos termos da alteração promovida pela Lei nº 14.071/2020 no art. 40, I, do CTB.

D: gabarito.

E: tais veículos obrigatoriamente devem utilizar luz baixa, de dia ou de noite, quando estiverem transitando em faixas próprias.

GABARITO: D.

---

134. (CESPE/CEBRASPE - 2017 - PREFEITURA DE SÃO LUÍS - TÉCNICO MUNICIPAL) Nas vias em que seja proibido estacionar, a parada de veículos poderá ser feita:

a) pelo tempo necessário à carga e à descarga.

b) restringindo-se ao tempo indispensável para embarque ou desembarque de passageiro, sem interromper o trânsito.

c) de acordo com o tipo e modelo do veículo em circulação.

d) somente se autorizada pela Agência Nacional de Transportes Terrestres.

e) sobre o passeio.

Nas vias em que for proibido estacionar, a parada de veículos poderá se dar apenas pelo tempo estritamente necessário ao embarque ou desembarque de passageiros, ou seja, está aí o conceito de parada.

GABARITO: B.

---

135. (CESPE/CEBRASPE - 2017 - PREFEITURA DE SÃO LUÍS - TÉCNICO MUNICIPAL) Em uma pista com faixas de rolamento de mesmo sentido, a faixa da extremidade esquerda destina-se a:

a) ultrapassagem e deslocamento dos veículos de maior velocidade.

b) circulação de veículos lentos e pesados.

c) circulação de veículos escolares e carros oficiais, mesmo quando não houver sinalização especial.

d) circulação de veículos de passeio.

e) manobras de retorno.

NORMAS DE CIRCULAÇÃO E CONDUTA

Perceba que a questão cobrou a localização de veículos na pista. Na faixa da direita, deverão se concentrar os veículos de maior porte e menor velocidade; já a faixa da esquerda é destinada ao trânsito de veículos com maior velocidade e aqueles que desejam ultrapassar.

GABARITO: A.

---

136. (CESPE/CEBRASPE - 2017 - PREFEITURA DE SÃO LUÍS - TÉCNICO MUNICIPAL) Em rodovias providas de acostamento, sem local apropriado para retorno ou para se entrar à esquerda, o condutor deverá aguardar a oportunidade para cruzar a pista, parando o veículo:

a) no centro da pista, na faixa divisória dos fluxos.

b) à direita da pista, sem adentrar no acostamento.

c) no centro da linha contínua divisória das faixas de rolamento.

d) no acostamento, à direita, para cruzar a pista com segurança.

e) à esquerda da pista.

Novamente, o art. 37 do CTB nos informa qual deve ser a conduta do condutor do veículo:

Art. 37 Nas vias providas de acostamento, a conversão à esquerda e a operação de retorno deverão ser feitas nos locais apropriados e, onde estes não existirem, o condutor deverá aguardar no acostamento, à direita, para cruzar a pista com segurança.

GABARITO: D.

---

137. (CESPE/CEBRASPE - 2017 - PREFEITURA DE SÃO LUÍS - TÉCNICO MUNICIPAL) De acordo com a legislação de trânsito, os veículos destinados a socorro de incêndio e salvamento, as ambulâncias e os veículos da polícia têm trânsito livre quando estiverem:

a) em serviço de urgência e devidamente identificados por dispositivos regulamentares de alarme sonoro e iluminação intermitente.

b) em via pública, independentemente da situação.

c) nas faixas exclusivas.

d) em missões especiais devidamente autorizadas pela autoridade de trânsito.

e) escoltados por batedores.

Veja como a questão se encaixa perfeitamente no quadro a seguir:

Dispositivo legal	Tipo de veículo	Prerrogativas	Momento	Infrações
Art. 29, VI, CTB	Batedores	Prioridade de passagem	Enquanto em atividade de batedores	Art. 189 (deixar de dar passagem), GG
Art. 29, VII, CTB	Interesse público (polícia, salvamento, fiscalização, socorro...)	Além de prioridade de passagem, gozam de livre circulação, estacionamento e parada	Quando em atividade de urgência, policiamento ostensivo ou preservação da ordem pública (sinais sonoros e luzes intermitentes)	-Art. 189 (deixar de dar passagem), GG -Art. 190 (seguir), G -Art. 222 (deixar de manter ligado), M
Art. 29, VIII, CTB	Utilidade pública (guincho, lixo, energia...)	Apenas livre parada e estacionamento	Quando em serviço e devidamente identificados (Res. 268)	-

GABARITO: A.

NORMAS DE CIRCULAÇÃO E CONDUTA

138. **(MS CONCURSOS - 2016 - PREFEITURA DE ITAMPEMA - AGENTE DE TRÂNSITO)** Conforme o art. 61, a velocidade máxima permitida para a via será indicada por meio de sinalização, obedecidas suas características técnicas e as condições de trânsito. Nas vias urbanas, onde não existir sinalização regulamentadora, a velocidade máxima será de:

a) Setenta quilômetros por hora, nas vias de trânsito rápido, cinquenta quilômetros por hora, nas vias coletoras e vinte quilômetros por hora, nas vias locais.

b) Cento e dez quilômetros por hora, nas vias de trânsito rápido, sessenta quilômetros por hora, nas vias coletoras e quarenta quilômetros por hora, nas vias locais.

c) Noventa quilômetros por hora, nas vias de trânsito rápido, setenta quilômetros por hora, nas vias coletoras e trinta quilômetros por hora, nas vias locais.

d) Oitenta quilômetros por hora, nas vias de trânsito rápido, quarenta quilômetros por hora, nas vias coletoras e trinta quilômetros por hora, nas vias locais.

Para cravar o entendimento, vamos às assertivas:

A: não há que se falar em limite de 70 km/h.

B: vias urbanas não apresentam velocidade de 110 km/h.

C: não há 90 km/h em vias urbanas.

D: gabarito.

GABARITO: D.

---

139. **(FCC - 2009 - TRE/PI - TÉCNICO JURÍDICO)** Com relação às regras de segurança na condução de ciclomotores:

a) É permitida a circulação sobre as calçadas das vias urbanas.

b) É proibida a circulação nas vias de trânsito rápido.

c) É opcional o uso de viseiras ou óculos de proteção.

d) É obrigatório manter o farol aceso, quando em circulação, durante a noite e opcional durante o dia.

e) A circulação pode ser feita entre as faixas de tráfego.

A: o art. 57 do CTB proíbe o trânsito de ciclomotores em vias de trânsito rápido e sobre calçadas. É importante observar que o § 2º do art. 244 prevê a proibição desse veículo em rodovias, o que pode gerar uma infração média.

Art. 57 Os ciclomotores devem ser conduzidos pela direita da pista de rolamento, preferencialmente no centro da faixa mais à direita ou no bordo direito da pista sempre que não houver acostamento ou faixa própria a eles destinada, proibida a sua circulação nas vias de trânsito rápido e sobre as calçadas das vias urbanas.

B: gabarito.

C: aos ciclomotores é obrigatório o uso de capacete de segurança com viseira e, na ausência, óculos de proteção, conforme prevê os arts. 54, I (condutores) e 55, I (passageiros).

D: é obrigatório o uso de farol baixo, diuturnamente, aos ciclomotores.

Art. 40 O uso de luzes em veículo obedecerá às seguintes determinações: [...]

§ 1º Os veículos de transporte coletivo de passageiros, quando circularem em faixas ou pistas a eles destinadas, e as motocicletas, motonetas e ciclomotores deverão utilizar-se de farol de luz baixa durante o dia e à noite.

Não se pode negligenciar a modificação implementada pela Lei nº 14.071/2020 acerca da infração de luzes. Até 2020, a infração aplicada a motocicletas, motonetas e ciclomotores que transitassem sem a luz baixa acionada era gravíssima (art. 244, IV, do CTB). Com o advento dessa lei, a infração passou a ser comum, vale dizer, a mesma aplicada a outros veículos automotores (média, com previsão no art. 250, I, "d").

E: na verdade, o CTB não prevê essa possibilidade. Neste caso, os ciclomotores deverão circular na faixa da direita, preferencialmente no centro ou mais à direita. O ciclomotor se diferencia da circulação da motocicleta e motoneta, pois o art. 56, o qual tratava da circulação desses veículos, foi vetado, quando do sancionamento do CTB.

A proibição de circulação de motocicletas, motonetas e ciclomotores nos corredores formados entre veículos foi retirada do Código de Trânsito com a justificativa de que restringiria a utilização desse tipo de veículo que é utilizado para garantir maior agilidade de deslocamento. Assim, é admitido que motocicletas e motonetas transitem no meio da pista. Porém, essa possibilidade de circular no corredor não se estende ao ciclomotor, conforme comentado anteriormente. Vejamos a norma de circulação do ciclomotor:

Art. 57 *Os ciclomotores devem ser conduzidos pela direita da pista de rolamento, preferencialmente no centro da faixa mais à direita ou no bordo direito da pista sempre que não houver acostamento ou faixa própria a eles destinada, proibida a sua circulação nas vias de trânsito rápido e sobre as calçadas das vias urbanas.*

Parágrafo único. *Quando uma via comportar duas ou mais faixas de trânsito e a da direita for destinada ao uso exclusivo de outro tipo de veículo, os ciclomotores deverão circular pela faixa adjacente à da direita.*

Assim, o ciclomotor deve circular de preferência no centro da faixa mais à direita ou no bordo dessa faixa, isso quando não existir acostamento ou faixa apropriada. É proibida a circulação em vias de trânsito rápido, calçadas e rodovias (previsão essa contida no art. 244, § 1º, "b" c/c § 2º do CTB), salvo quando existir acostamento.

Art. 244 *Conduzir motocicleta, motoneta e ciclomotor:*

§ 1º Para ciclos aplica-se o disposto nos incisos III, VII e VIII, além de:

a) *conduzir passageiro fora da garupa ou do assento especial a ele destinado;*

b) *transitar em vias de trânsito rápido ou rodovias, salvo onde houver acostamento ou faixas de rolamento próprias;*

c) *transportar crianças que não tenham, nas circunstâncias, condições de cuidar de sua própria segurança.*

§ 2º Aplica-se aos ciclomotores o disposto na alínea "b" do parágrafo anterior:

Infração – média;

Penalidade – multa.

GABARITO: B.

---

140. [SELECON - 2020 - PREFEITURA DE BOA VISTA - CONDUTOR] As normas gerais de circulação e conduta estabelecidas no Código de Trânsito Brasileiro visam orientar o comportamento a ser observado no trânsito. Sobre esse tema, é correto afirmar:

a) O condutor deverá guardar distância de segurança traseira, lateral e frontal entre o seu e os demais veículos, bem como em relação ao bordo da pista, considerando-se, no momento, a velocidade e as condições do local, da circulação, do veículo e as condições climáticas.

b) Nas vias providas de acostamento, a conversão à esquerda e a operação de retorno deverão ser feitas nos locais apropriados e, onde estes não existirem, o condutor deverá aguardar no acostamento, à direita, para cruzar a pista com segurança.

NORMAS DE CIRCULAÇÃO E CONDUTA

c) A ultrapassagem de outro veículo em movimento deverá ser feita pela esquerda, obedecida a sinalização regulamentar e as demais normas estabelecidas nesse Código, exceto quando o veículo a ser ultrapassado estiver sinalizando o propósito de entrar à direita.

d) Quando uma pista de rolamento comportar várias faixas de circulação no mesmo sentido, são as da esquerda destinadas ao deslocamento dos veículos mais lentos e de maior porte quando não houver faixa especial a eles destinada, e as da direita destinadas à ultrapassagem e ao deslocamento dos veículos de maior velocidade.

Analisando as assertivas:

A: na verdade, não há que se falar em distância de segurança traseira.

B: gabarito.

C: na verdade, havendo propósito de manobra à esquerda, é permitida a ultrapassagem pela direita.

D: mais uma vez, as faixas localizadas à esquerda são destinadas aos veículos que desenvolvem maior velocidade.

GABARITO: B.

---

141. (NUCEPE - 2019 - PREFEITURA DE TIMON - GUARDA CIVIL MUNICIPAL) Sobre as regras de circulação e conduta de que cuida o Código de Trânsito Brasileiro, assinale a alternativa incorreta.

a) Ao aproximar-se de qualquer tipo de cruzamento, o condutor do veículo deve demonstrar prudência especial, transitando em velocidade moderada, de forma que possa deter seu veículo com segurança, para dar passagem a pedestres e a veículos que tenham o direito de preferência.

b) Quando a indicação luminosa do semáforo lhe seja favorável, o condutor pode entrar em uma interseção, ainda que haja possibilidade de ser obrigado a imobilizar o veículo na área do cruzamento, vindo a obstruir ou impedir a passagem do trânsito transversal.

c) Sempre que for necessária a imobilização temporária de um veículo no leito viário, em situação de emergência, deverá ser providenciada a imediata sinalização de advertência, na forma estabelecida pelo Contran.

d) Quando proibido o estacionamento na via, a parada deverá restringir-se ao tempo indispensável para embarque ou desembarque de passageiros, desde que não interrompa ou perturbe o fluxo de veículos ou a locomoção de pedestres.

e) Nas vias providas de acostamento, os veículos parados, estacionados ou em operação de carga ou descarga deverão estar situados fora da pista de rolamento.

Caso haja a possibilidade de obstruir ou impedir a passagem do trânsito transversal, o condutor deverá aguardar, a fim de não infringir o art. 182, VII, do CTB, de natureza média.

Art. 45 Mesmo que a indicação luminosa do semáforo lhe seja favorável, nenhum condutor pode entrar em uma interseção se houver possibilidade de ser obrigado a imobilizar o veículo na área do cruzamento, obstruindo ou impedindo a passagem do trânsito transversal.

GABARITO: B.

---

142. (CESGRANRIO - 2007 - TCE/RO - MOTORISTA) Verificar a existência e as boas condições de funcionamento dos equipamentos de uso obrigatório do veículo, bem como assegurar-se da existência de combustível suficiente para chegar ao local de destino é dever do:

a) agente de trânsito.

b) agente da polícia rodoviária.

c) condutor do veículo.

d) proprietário do veículo.

e) responsável pelo itinerário.

O art. 27 do CTB salienta aquilo que nos parece óbvio. Quem vai colocar o veículo em movimento é quem deve conferir as condições, nos termos do artigo citado.

Art. 27 Antes de colocar o veículo em circulação nas vias públicas, o condutor deverá verificar a existência e as boas condições de funcionamento dos equipamentos de uso obrigatório, bem como assegurar-se da existência de combustível suficiente para chegar ao local de destino.

GABARITO: C.

---

143. **(FRAMINAS - 2014 - PREFEITURA DE ITABIRITO - GUARDA MUNICIPAL)** O trânsito de veículos nas vias terrestres abertas à circulação obedecerá às seguintes normas, exceto:

a) O condutor deverá guardar distância lateral e frontal entre o seu e demais veículos, bem como com relação ao bordo da pista, considerando-se, no momento, a velocidade e as condições do local, da circulação, do veículo e as condições climáticas.

b) O trânsito de veículos sobre passeios, calçadas e nos acostamentos, só poderá ocorrer para que se adentre ou se saia dos imóveis ou áreas especiais de estacionamento.

c) Os veículos precedidos de batedores terão prioridade de passagem, respeitadas as demais normas de circulação.

d) A circulação far-se-á sempre pelo lado esquerdo da via, admitindo-se as exceções devidamente sinalizadas.

A circulação é feita, em regra, pelo lado direito da via, admitindo-se as exceções devidamente sinalizadas.

Art. 29 O trânsito de veículos nas vias terrestres abertas à circulação obedecerá às seguintes normas:

I – a circulação far-se-á pelo lado direito da via, admitindo-se as exceções devidamente sinalizadas.

GABARITO: D.

---

144. **(CESGRANRIO - 2007 - TCE/RO - MOTORISTA)** De que modo deve ser feito o transporte de criança com até 10 anos de idade em veículo automotor?

a) Somente no banco traseiro do veículo, acomodada em dispositivo de retenção afixado ao cinto de segurança.

b) No banco traseiro, no colo de um adulto, ambos com o mesmo cinto de segurança.

c) No banco traseiro, sem cinto de segurança para não acarretar lesões à criança.

d) No banco dianteiro, utilizando o cinto de segurança de três pontos.

e) No banco dianteiro, utilizando o cinto de segurança infantil.

A regulamentação para o transporte de crianças menores de 10 anos em veículos automotores é prevista na norma contida no art. 64 do CTB (modificado pela Lei nº 14.071/2020) e regulamentada pela Resolução nº 819/2021.

Art. 64 As crianças com idade inferior a 10 (dez) anos que não tenham atingido 1,45 m (um metro e quarenta e cinco centímetros) de altura devem ser transportadas nos bancos traseiros, em dispositivo de retenção adequado para cada idade, peso e altura, salvo exceções relacionadas a tipos específicos de veículos regulamentadas pelo Contran.

GABARITO: A.

NORMAS DE CIRCULAÇÃO E CONDUTA

145. (UECE - 2018 - DETRAN/CE - ASSISTENTE DE ATIVIDADE DE TRÂNSITO E TRANSPORTE) Segundo o Código Brasileiro de Trânsito as vias urbanas, abertas à circulação, de acordo com sua utilização, classificam-se em:

a) rodovias e estradas.

b) vias de trânsito rápido, rodovias e estradas.

c) vias de trânsito rápido, via arterial, via coletora e via local.

d) rodovias, estradas e vias locais.

A questão da classificação das vias urbanas é recorrente em provas. O CTB também classifica como sendo vias urbanas as ruas, avenidas, caminhos, passagens e logradouros públicos, nos termos do art. 1º. Veja o que dispõe o art. 60 do CTB a respeito da classificação das vias:

Art. 60 As vias abertas à circulação, de acordo com sua utilização, classificam-se em:

I – vias urbanas:

a) via de trânsito rápido;

b) via arterial;

c) via coletora;

d) via local; [...].

GABARITO: C.

---

146. (FESMIP - 2004 - MPE/BA - MOTORISTA) Ao passar por um cruzamento sinalizado exclusivamente por semáforos, em via urbana, um condutor encontra o sistema inoperante devido a uma queda de energia. Observa também que existe um outro veículo à sua esquerda, vindo da via que tem um fluxo maior de trânsito, tentando passar pelo mesmo cruzamento. Neste caso, baseado no Código de Trânsito Brasileiro, o condutor que terá preferência de passagem será:

a) o da direita por estar na via de menor fluxo.

b) o da esquerda por estar na via de maior fluxo.

c) o da esquerda, pois esta é a regra de circulação prevista no CTB.

d) o da direita, pois, em cruzamentos não sinalizados, terá preferência de passagem o veículo que vier da direita.

e) o da esquerda, pois, em cruzamentos não sinalizados, terá preferência de passagem o veículo que vier da esquerda.

Em se tratando de via não sinalizada, terá preferência de passagem, em fluxos que se cruzem, aquele que vier pela direita do condutor.

Art. 29 O trânsito de veículos nas vias terrestres abertas à circulação obedecerá às seguintes normas: [...]

III – quando veículos, transitando por fluxos que se cruzem, se aproximarem de local não sinalizado, terá preferência de passagem, nos demais casos, o que vier pela direita do condutor; [...].

GABARITO: D.

---

147. (CESPE/CEBRASPE - 2008 - PRF - POLICIAL RODOVIÁRIO FEDERAL) Um veículo parado no leito da via pode atrapalhar o fluxo de veículos, além de possibilitar a ocorrência de acidentes. Por esse e outros motivos, o CTB prescreve as providências a serem tomadas para a imediata sinalização de advertência, como estabelecida pelo Contran. Acerca dessas providências, assinale a opção correta.

a) A imobilização de veículo no leito viário, em situação de emergência, deverá ser sinalizada imediatamente, podendo o veículo, bem sinalizado, permanecer na via por, no máximo, uma hora.

b) Na condição citada, o condutor deverá acionar de imediato as luzes de advertência pisca-alerta e colocar o triângulo de sinalização, ou equipamento similar, preso junto ao para-choque traseiro do veículo.

c) Na situação considerada, o equipamento de sinalização de emergência deverá ser instalado perpendicularmente ao eixo da via, e em condição de boa visibilidade.

d) Na ausência do triângulo de segurança, a resolução referida indica a utilização de galhos vegetais para sinalização do veículo imobilizado no leito da via, já que ambos os dispositivos cumprem formalmente o mesmo objetivo.

e) Ônibus ou caminhões imobilizados temporariamente no leito viário devem usar pelo menos dois triângulos para sinalização dos veículos.

Em caso de emergência, deverá ser instalada imediata sinalização na via, de acordo com o art. 46 do CTB.

Art. 46 Sempre que for necessária a imobilização temporária de um veículo no leito viário, em situação de emergência, deverá ser providenciada a imediata sinalização de advertência, na forma estabelecida pelo Contran.

Além disso, a Resolução nº 36/1998 do Contran ainda dispõe que:

Art. 1º O condutor deverá acionar de imediato as luzes de advertência (pisca-alerta) providenciando a colocação do triângulo de sinalização ou equipamento similar à distância mínima de 30 metros da parte traseira do veículo.

Parágrafo único. O equipamento de sinalização de emergência deverá ser instalado perpendicularmente ao eixo da via, e em condição de boa visibilidade.

GABARITO: C.

---

148. **(CESPE/CEBRASPE - 2008 - PRF - POLICIAL RODOVIÁRIO FEDERAL)** Assinale a opção que está em harmonia com as normas gerais de circulação previstas no CTB.

a) Embora seja recomendável que, antes de colocar o veículo em circulação nas vias públicas, o condutor verifique a existência de combustível suficiente para chegar ao local de destino, não há no CTB previsão expressa a esse respeito.

b) O trânsito de veículos nas vias terrestres abertas à circulação deve ocorrer pelo lado direito da via, não se admitindo exceções quanto a isso.

c) Quando uma pista de rolamento comportar várias faixas de circulação no mesmo sentido, são as da esquerda as destinadas ao deslocamento dos veículos mais lentos e de maior porte, quando não houver faixa especial a eles destinada, e as da direita, destinadas à ultrapassagem e ao deslocamento dos veículos de maior velocidade.

d) O trânsito de veículos sobre passeios e calçadas só poderá ocorrer para que se adentre ou se saia dos imóveis ou áreas especiais de estacionamento e tal restrição não se aplica aos acostamentos.

e) Quando veículos, transitando por fluxos que se cruzem, se aproximarem de local não sinalizado, terá preferência de passagem, no caso de rotatória, aquele que estiver circulando por ela.

A: a alternativa fere a previsão do art. 27 do CTB, que prevê a obrigatoriedade de os condutores verificarem, antes de colocar o veículo em circulação, a existência de combustível e a funcionalidade dos equipamentos de segurança.

B: como já visto, é admitida exceção, desde que devidamente sinalizada (art. 29, I, do CTB).

C: as faixas da esquerda são destinadas aos veículos com maior velocidade e para ultrapassagem, conforme previsão legal do art. 29, IV, do CTB.

D: a aplicação desse dispositivo também se estende ao acostamento (art. 29, V, do CTB).

E: gabarito.

GABARITO: E.

NORMAS DE CIRCULAÇÃO E CONDUTA

149. **(CESPE/CEBRASPE - 2008 - PRF - POLICIAL RODOVIÁRIO FEDERAL)** Acerca da condução de veículos de tração animal e da circulação de animais isolados ou em grupo nas vias, assinale a opção correta de acordo com o CTB.

a) Os veículos de tração animal terão de ser conduzidos pelo lado esquerdo da pista, sempre que não houver faixa especial a eles destinada.

b) Os animais isolados ou em grupos só podem circular nas vias quando conduzidos por um guia, e, para facilitar os deslocamentos, os rebanhos não devem ser divididos em grupos.

c) Os animais que circularem pela pista de rolamento deverão ser mantidos junto ao bordo da pista.

d) A circulação de animais sobre pontes de rodovias federais, quando em grupo, só pode ocorrer com total paralisação do trânsito de veículos.

e) Compete à PRF, no âmbito das rodovias e estradas federais, aplicar e arrecadar as multas impostas por infrações de trânsito e os valores provenientes de estada e remoção de veículos e objetos, mas não os valores provenientes da remoção de animais, pois tal competência cabe à autoridade de trânsito estadual.

O trânsito de animais nas vias deverá se dar pelo bordo da via da direita, junto com um guia, quando não houver faixa especial, nem acostamento. Para facilitar os deslocamentos, será possível a divisão em grupos menores.

Art. 52 Os veículos de tração animal serão conduzidos pela direita da pista, junto à guia da calçada ou acostamento, sempre que não houver faixa especial a eles destinada, devendo seus condutores obedecer, no que couber, às normas de circulação previstas neste Código e às que vierem a ser fixadas pelo órgão ou entidade com circunscrição sobre a via.

Art. 53 Os animais isolados ou em grupos só podem circular nas vias quando conduzidos por um guia, observado o seguinte:

I – para facilitar os deslocamentos, os rebanhos deverão ser divididos em grupos de tamanho moderado e separados uns dos outros por espaços suficientes para não obstruir o trânsito;

II – os animais que circularem pela pista de rolamento deverão ser mantidos junto ao bordo da pista.

GABARITO: C.

150. **(CESPE/CEBRASPE - 2008 - PRF - POLICIAL RODOVIÁRIO FEDERAL)** Quanto às regras de circulação no trânsito e aos documentos de porte obrigatório, julgue o item seguinte.

Apenas os veículos prestadores de serviços de utilidade pública podem usar luzes intermitentes rotativas vermelhas.

Certo ( )   Errado ( )

Os veículos que utilizam essas luzes são os veículos de interesse público (os veículos destinados a socorro de incêndio e salvamento, os de polícia, os de fiscalização e operação de trânsito e as ambulâncias) que utilizaram essas luzes. Os veículos de utilidade pública farão uso da luz amarela âmbar, conforme prevê a Resolução nº 268/2008 (art. 3º).

Art. 3º Os veículos prestadores de serviços de utilidade pública, referidos no inciso VIII do art. 29 do Código de Trânsito Brasileiro, identificam-se pela instalação de dispositivo, não removível, de iluminação intermitente ou rotativa, e somente com luz amarelo-âmbar.

GABARITO: ERRADO.

151. **(CESPE/CEBRASPE - 2008 - PRF - POLICIAL RODOVIÁRIO FEDERAL)** Para que um condutor de veículo automotor seja autuado por deixar de dar passagem pela esquerda, quando solicitado, é necessário que o veículo que segue atrás tenha indicado o propósito de ultrapassar, que pode ser caracterizado por sinal de luz baixa e alta de forma intermitente.

Certo ( )   Errado ( )

A infração se caracterizará no momento que o veículo que o segue, quando na faixa mais à esquerda, solicitar a ultrapassagem (art. 30, I). O veículo pode indicar por meio da luz alta e baixa de forma intermitente, como a questão menciona, e por meio da buzina fora das áreas urbanas. A infração está prevista no art. 198 (a sua configuração está ratificada pela Resolução nº 371/2010).

Art. 198 Deixar de dar passagem pela esquerda, quando solicitado:

Infração – média;

Penalidade – multa.

GABARITO: CERTO.

---

152. [CESPE/CEBRASPE - 2008 - PRF - POLICIAL RODOVIÁRIO FEDERAL] Condutor de veículo que use a buzina de forma prolongada e sucessiva para evitar acidente não comete infração de trânsito.

Certo ( )   Errado ( )

As infrações têm caráter objetivo. Logo, o uso da buzina de forma prolongada e sucessiva caracteriza a infração prevista no art. 227 do CTB.

Art. 227 Usar buzina:

I – em situação que não a de simples toque breve como advertência ao pedestre ou a condutores de outros veículos;

II – prolongada e sucessivamente a qualquer pretexto;

III – entre as vinte e duas e as seis horas;

IV – em locais e horários proibidos pela sinalização;

V – em desacordo com os padrões e frequências estabelecidas pelo Contran:

Infração – leve;

Penalidade – multa.

GABARITO: ERRADO.

---

153. [CESPE/CEBRASPE - 2020 - PRF - POLICIAL RODOVIÁRIO FEDERAL] Quanto às definições adotadas pela Lei nº 9.503/1997, pelo Código de Trânsito Brasileiro (CTB), pelo Manual M-015 e referências correlatas, julgue o item a seguir.

A operação de carga e descarga feita por pessoas em via pública é considerada trânsito.

Certo ( )   Errado ( )

Como o próprio art. 1º salienta, ao lado das normas específicas de circulação de conduta, mais precisamente as normas de estacionamento e parada, as operações de carga e descarga serão consideradas estacionamento; logo, considera-se trânsito.

GABARITO: CERTO.

---

154. [CESPE/CEBRASPE - 2020 - PRF - POLICIAL RODOVIÁRIO FEDERAL] Quanto às definições adotadas pela Lei nº 9.503/1997, pelo Código de Trânsito Brasileiro (CTB), pelo Manual M-015 e referências correlatas, julgue o item a seguir.

Uma pista simples não possui canteiro central.

Certo ( )   Errado ( )

O conceito de pista simples diz respeito ao art. 61 do CTB, o qual consiste em uma via pavimentada que possui duas faixas de trânsito de sentidos opostos, separadas por sinalização horizontal de cor amarela.

GABARITO: CERTO.

NORMAS DE CIRCULAÇÃO E CONDUTA

155. **(VUNESP - 2020 - PREFEITURA DE MORRO AGUDO - MOTORISTA)** Com relação a um condutor trafegando sob neblina ou cerração, recomenda-se, quanto à utilização de luzes:

a) luzes indicadoras de direção (pisca-pisca) do lado direito, pois, assim, o condutor fica mais visível para outros usuários da via.

b) luz baixa dos faróis com troca intermitente com as luzes altas sinalizando sempre a sua intenção.

c) luz de emergência (pisca-alerta), com o objetivo de se tornar mais visível para outros condutores.

d) luz alta dos faróis, com o objetivo de ter uma visão mais ampla da pista.

e) luz baixa dos faróis, pois diminui a reflexão da luz na neblina, melhorando a visão, evitando, assim, colisões com o veículo da frente.

Com a recente alteração do CTB, em se tratando de condição adversa de chuva, neblina ou cerração, deve-se utilizar a luz baixa, nos termos do art. 40, I, do CTB:

Art. 40 [...]

I – o condutor manterá acesos os faróis do veículo, por meio da utilização da luz baixa:

a) à noite;

b) mesmo durante o dia, em túneis e sob chuva, neblina ou cerração; [...].

A luz alta não pode ser utilizada em se tratando das condições adversas citadas, até porque pode ofuscar a visão dos condutores!

GABARITO: E.

---

156. **(VUNESP - 2020 - PREFEITURA DE MORRO AGUDO - MOTORISTA)** Um condutor está conduzindo um caminhão articulado carregado de soja em uma rodovia não sinalizada por sinalização regulamentadora. Nessas condições, a velocidade máxima em que ele pode trafegar nesta rodovia é:

a) 110 km/h.

b) 120 km/h.

c) 90 km/h.

d) 60 km/h.

Conforme prevê os arts. 60 e 61 do CTB, o trânsito sobre as rodovias deverá se dar de acordo com o tipo de via. No caso citado, independentemente de se tratar de pista simples ou pista dupla, a ideia é que caminhões devam transitar com velocidade máxima de 90 km/h.

GABARITO: C.

---

157. **(VUNESP - 2020 - PREFEITURA DE MORRO AGUDO - MOTORISTA)** Durante um treinamento para um grupo de motoristas profissionais, surgiu uma dúvida recorrente entre os alunos sobre quem tem a preferência em uma rotatória não sinalizada. Nesse caso, tem a preferência o veículo:

a) que estiver trafegando mais rápido.

b) de maior porte.

c) que já estiver circulando pela rotatória.

d) de menor porte.

e) que vier pela direita.

NORMAS DE CIRCULAÇÃO E CONDUTA

Em rotatória não sinalizada, há que se falar em normas específicas de preferência e prioridade. O art. 29, III, do CTB, determina que quem se encontra na rotatória possui preferência de passagem, sob pena de infração de natureza grave do art. 215, I, do CTB.

Art. 215 Deixar de dar preferência de passagem:

I – em interseção não sinalizada:

a) a veículo que estiver circulando por rodovia ou rotatória;

b) a veículo que vier da direita;

II – nas interseções com sinalização de regulamentação de Dê a Preferência:

Infração – grave;

Penalidade – multa.

GABARITO: C.

04

MOTORISTAS PROFISSIONAIS

158. (AOCP - 2021 - PREFEITURA DE JOÃO PESSOA - CONDUTOR DE AMBULÂNCIA) É vedado ao motorista profissional dirigir, por mais de cinco horas e meia ininterruptas, veículos de transporte rodoviário, coletivo de passageiros ou de transporte de cargas. Assim, sobre a condução de veículos por motoristas profissionais, assinale a alternativa correta.

a) A guarda, a preservação e a exatidão das informações contidas no equipamento registrador instantâneo inalterável de velocidade e de tempo são de responsabilidade do proprietário do veículo.

b) Entende-se como tempo de direção ou de condução apenas o período em que o condutor estiver efetivamente ao volante, em curso entre a origem e o destino.

c) Entende-se como início de viagem a partida do veículo na ida ou no retorno, apenas com carga, considerando-se como sua continuação as partidas nos dias subsequentes até o destino.

d) Serão observados 30 minutos para descanso a cada quatro horas na condução de veículo rodoviário de passageiros, não sendo facultado o seu fracionamento e o do tempo de direção.

e) Entende-se como início de viagem a partida do veículo na ida ou no retorno, apenas sem carga, considerando-se como sua continuação as partidas nos dias subsequentes até o destino.

Vamos às assertivas:

A: a guarda, preservação e exatidão das informações são de responsabilidade do condutor do veículo, não do proprietário.

B: gabarito.

C: considera-se como viagem, o trânsito do veículo com ou sem carga.

D: o tempo de descanso é possível, sim, de ser fracionado.

E: mais uma vez, a viagem se caracteriza com ou sem carga.

GABARITO: B.

---

159. (FCC - 2018 - DETRAN/MA - ANALISTA DE TRÂNSITO) Segundo o Código Trânsito Brasileiro, é vedado ao motorista profissional dirigir por mais de cinco horas e meia ininterruptas veículos de transporte rodoviário coletivo de passageiros ou de transporte rodoviário de cargas. O condutor é obrigado, dentro do período de vinte e quatro horas, a observar o mínimo de X horas de descanso, que podem ser fracionadas. O valor de X é:

a) quatro.

b) dez.

c) oito.

d) seis.

e) onze.

O CTB estabelece que o motorista profissional deverá descansar no mínimo 11 horas diárias, sendo 8 horas ininterruptas e 3 horas podendo ser fracionadas.

Atentos à atualização promovida pela Lei nº 14.440/2022, que exemplificou situações excepcionais justificadas quanto à inobservância:

§ 8º Constitui situação excepcional de inobservância justificada do tempo de direção e de descanso pelos motoristas profissionais condutores de veículos ou composições de transporte rodoviário de cargas, independentemente de registros ou de anotações, a indisponibilidade de pontos de parada e de descanso reconhecidos pelo órgão competente na rota programada para a viagem ou o exaurimento das vagas de estacionamento neles disponíveis. (Incluído pela Lei nº 14.440/2022)

§ 9º O órgão competente da União ou, conforme o caso, a autoridade do ente da Federação com circunscrição sobre a via publicará e revisará, periodicamente, relação dos espaços destinados a pontos de parada e de descanso disponibilizados aos motoristas profissionais condutores de veículos ou composições de transporte rodoviário de cargas, especialmente entre os previstos no art. 10 da Lei nº 13.103, de 2 de março de 2015, indicando o número de vagas de estacionamento disponíveis em cada localidade. (Incluído pela Lei nº 14.440/2022)

Veículos de transporte de carga	Veículos de transporte coletivo de passageiros
Vedado dirigir por mais de 5h30 ininterruptas	
Dentro de 24 → mínimo de 11h de descanso, sendo necessariamente 8h ininterruptas	
Cada 6h → 30 minutos de descanso dentro de 6h (facultado o fracionamento)	Cada 4h → 30 minutos (facultado o fracionamento)

GABARITO: E.

160. (IESAP - 2015 - EPT - FISCAL DE TRANSPORTES) Com base no Código de Trânsito Brasileiro, responda à questão.

Estabelece o art. 67-E, § 4º, que a guarda, a preservação e a exatidão das informações contidas no equipamento registrador instantâneo inalterável de velocidade e de tempo são de responsabilidade do:

a) fiscal de transportes.

b) consultor de manutenção.

c) condutor do veículo.

d) assistente operacional.

A responsabilização pelo registro do tempo tratado no art. 67-C é do motorista, e deverá fazê-lo mediante o uso de registrador instantâneo de velocidade e tempo, o qual pode ser diário de bordo ou tacógrafo. Os equipamentos deverão funcionar de maneira independente do motorista, evitando assim possíveis fraudes.
GABARITO: C.

161. (LEGATUS - 2015 - PREFEITURA DE MATÕES - AGENTE DE TRÂNSITO - ADAPTADA) O motorista profissional pode dirigir veículos de transporte rodoviário coletivo de passageiros ou de transporte rodoviário de cargas por até 8 horas ininterruptas.

Certo ( )   Errado ( )

Na verdade, nesse tipo de veículo, o condutor apenas poderá conduzir por tempo máximo de 4h ininterruptas.
GABARITO: ERRADO.

162. (LEGATUS - 2015 - PREFEITURA DE MATÕES - AGENTE DE TRÂNSITO - ADAPTADA) O condutor é obrigado a repousar por, no mínimo, 11 horas a cada 24 horas de jornada de trabalho.

Certo ( )   Errado ( )

MOTORISTAS PROFISSIONAIS

É o que determina o CTB:

Art. 67-C, § 3º O condutor é obrigado, dentro do período de 24 (vinte e quatro) horas, a observar o mínimo de 11 (onze) horas de descanso, que podem ser fracionadas, usufruídas no veículo e coincidir com os intervalos mencionados no § 1º, observadas no primeiro período 8 (oito) horas ininterruptas de descanso.

GABARITO: CERTO.

---

163. **(LEGATUS - 2015 - PREFEITURA DE MATÕES - AGENTE DE TRÂNSITO - ADAPTADA)** O motorista de transporte rodoviário de cargas tem direito a maior tempo de repouso do que o motorista de transporte rodoviário coletivo de passageiros.

Certo ( )   Errado ( )

Na verdade, é o contrário. O condutor de veículo de transporte coletivo de passageiros deverá descansar, no mínimo, a cada 4h de viagem, enquanto o transportador de carga, a cada 5h30.

GABARITO: ERRADO.

---

164. **(CESPE/CEBRASPE - 2015 - STJ - ANALISTA JUDICIÁRIO)** Um servidor do STJ, ocupante do cargo de segurança, foi designado para conduzir veículo utilizado para o transporte de dez magistrados da sede em Brasília – DF para uma cidade X, distantes 500 km uma da outra, em uma rodovia.

Considerando essa situação hipotética, julgue o item a seguir de acordo com os dispositivos do CTB.

Admitindo que o tempo de duração da viagem seja de seis horas e que o veículo utilizado na viagem tenha autonomia de combustível suficiente para completar o percurso sem necessidade de reabastecimento, será permitido ao condutor dispensar o intervalo para descanso, desde que isso não comprometa a segurança dele, dos seus passageiros e dos demais usuários da via.

Certo ( )   Errado ( )

É obrigatório para o condutor descansar após 4 horas ininterruptas, não havendo enquadramento na hipótese excepcional de extensão da viagem do § 2º do art. 67-C.

GABARITO: ERRADO.

---

165. **(AOCP - 2019 - CÂMARA DE CABO DE SANTO AGOSTINHO - MOTORISTA)** Ao motorista profissional de veículos de transporte rodoviário coletivo de passageiros ou transporte rodoviário de cargas, é vedado dirigir por mais de cinco horas e meia ininterruptas, conforme o art. 67-C (CTB). Sobre a condução de veículos por motorista profissional, assinale a alternativa correta.

a) Serão observados 20 minutos para descanso a cada 4 horas e 30 minutos na condução de veículo rodoviário de passageiros, sendo facultado o seu fracionamento e o do tempo de direção.

b) Em nenhuma situação, o tempo de direção poderá ser superior ao período já estabelecido em lei, para que o condutor, o veículo e a carga cheguem a um lugar que ofereça a segurança e o atendimento demandados, ainda que não haja comprometimento da segurança rodoviária.

c) O condutor é obrigado, dentro do período de 24 horas, a observar o mínimo de 9 horas de descanso, que podem ser fracionadas, usufruídas no veículo e coincidir com os intervalos mencionados no § 1º, observadas no primeiro período de 8 horas ininterruptas de descanso.

d) Serão observados 30 minutos para descanso dentro de cada 6 horas na condução de veículo de transporte de carga, sendo facultado o seu fracionamento e o do tempo de direção desde que não ultrapassadas 5 horas e meia contínuas no exercício da condução.

Analisando as assertivas:

A: na verdade, o tempo de descanso será de 30 minutos.

B: a Resolução nº 525/2015 determina que é possível prolongar o tempo de direção ininterrupta do veículo no caso citado.

C: dentro de 24 horas, o condutor deverá observar o tempo mínimo de descanso de 11 horas, sendo 8 horas obrigatoriamente ininterruptas, e as demais podendo ser fracionadas.

D: alternativa correta.

GABARITO: D.

---

166. **(FCC - 2019 - DETRAN/SP - AGENTE ESTADUAL DE TRÂNSITO)** No que se refere à condução de veículos por motoristas profissionais:

a) Serão observados 30 minutos para descanso a cada 4 horas na condução de veículo rodoviário de passageiros, sendo facultado o seu fracionamento e o do tempo de direção.

b) É vedado ao motorista profissional dirigir, por mais de 4 horas e meia ininterruptas, veículos de transporte rodoviário coletivo de passageiros ou de transporte rodoviário de cargas.

c) Serão observados 30 minutos para descanso dentro de cada 5 horas na condução de veículo de transporte de carga, sendo facultado o seu fracionamento.

d) O condutor é obrigado, dentro do período de 24 horas, a observar o mínimo de 9 horas de descanso, que podem ser fracionadas.

e) Em situações excepcionais de inobservância justificada de tempo de direção, devidamente registradas, o tempo de direção poderá ser elevado por mais 4 horas, desde que não haja comprometimento da segurança rodoviária.

Mais uma vez a tabela exposta acerca do tema se mostra útil. Repare:

Sobre a alternativa E, reitero a atualização promovida pela **Lei nº 14.440/2022**, apontando situações de **inobservâncias justificadas:**

*§ 8º **Constitui situação excepcional de inobservância justificada** do tempo de direção e de descanso pelos motoristas profissionais condutores de veículos ou composições de transporte rodoviário de cargas, **independentemente de registros ou de anotações, a indisponibilidade de pontos de parada e de descanso** reconhecidos pelo órgão competente na rota programada para a viagem **ou o exaurimento das vagas de estacionamento** neles disponíveis. (Incluído pela Lei nº 14.440/2022)*

§ 9º O órgão competente da União ou, conforme o caso, a autoridade do ente da Federação com circunscrição sobre a via publicará e revisará, periodicamente, relação dos espaços destinados a pontos de parada e de descanso disponibilizados aos motoristas profissionais condutores de veículos ou composições de transporte rodoviário de cargas, especialmente entre os previstos no art. 10 da Lei nº 13.103, de 2 de março de 2015, indicando o número de vagas de estacionamento disponíveis em cada localidade. (Incluído pela Lei nº 14.440/2022)

Veículos de transporte de carga	Veículos de transporte coletivo de passageiros
Vedado dirigir por mais de 5h30min ininterruptas	
Dentro de 24 → mínimo de 11h de descanso, sendo necessariamente 8h ininterruptas	
Cada 6h → 30 minutos de descanso dentro de 6h (facultado o fracionamento)	Cada 4h → 30 minutos (facultado o fracionamento)

GABARITO: A.

05

PEDESTRES E CONDUTORES DE VEÍCULOS NÃO MOTORIZADOS

167. **(VUNESP - 2021 - PREFEITURA DE JUNDIAÍ - AGENTE DE TRÂNSITO)** Conforme Manual Brasileiro de Fiscalização e Código de Trânsito Brasileiro, equiparam-se a pedestres, em direitos e deveres, nas vias públicas:

a) Somente o ciclista desmontado, empurrando bicicleta.

b) O ciclista e o motociclista desmontados, empurrando a bicicleta e a motocicleta.

c) O ciclista e o motociclista desmontados, empurrando a bicicleta motorizada e a motoneta.

d) O ciclista e o motociclista, ambos desmontados, e/ou empurrando a bicicleta e o ciclomotor.

e) O ciclista e o motociclista, ambos desmontados, e/ou empurrando seus veículos, quer motorizados ou não.

Previsão do art. 68, §1º, do CTB. Vale ressaltar que o motociclista desmontado não será equiparado ao pedestre, inclusive estando submetido a infração de trânsito caso esteja empurrando a motocicleta sem capacete.

Art. 68 É assegurada ao pedestre a utilização dos passeios ou passagens apropriadas das vias urbanas e dos acostamentos das vias rurais para circulação, podendo a autoridade competente permitir a utilização de parte da calçada para outros fins, desde que não seja prejudicial ao fluxo de pedestres.

§ 1º O ciclista desmontado empurrando a bicicleta equipara-se ao pedestre em direitos e deveres.

GABARITO: A.

168. **(AOCP - 2021 - PREFEITURA DE JOÃO PESSOA - CONDUTOR DE AMBULÂNCIA)** Os pedestres que estiverem atravessando a via sobre as faixas delimitadas para esse fim terão prioridade de passagem. Acerca dos pedestres e dos condutores de veículos não motorizados, assinale a alternativa incorreta.

a) O ciclista desmontado, empurrando a bicicleta, equipara-se ao pedestre em direitos e deveres.

b) Nos trechos urbanos de vias rurais e nas obras de arte a serem construídas, deverá ser previsto passeio destinado à circulação dos pedestres, que não deverão, nessas condições, usar o acostamento.

c) Não deverão adentrar na pista sem antes certificar-se de que podem fazê-lo sem obstruir o trânsito de veículos.

d) Nos locais em que houver sinalização semafórica de controle de passagem, será dada preferência aos pedestres, mesmo que estes não tenham iniciado a travessia, ainda que haja mudança do sinal do semáforo, liberando a passagem para veículos.

e) Onde não houver faixa ou passagem, o cruzamento da via deverá ser feito em sentido perpendicular ao de seu eixo.

Segundo o que dispõe o CTB, vejamos as assertivas:

A: de fato, o art. 68, § 1º, do CTB aborda a equiparação do ciclista desmontado ao pedestre.

B: previsão dada pelo § 5º do art. 68 do CTB.

C: previsão dada pelo art. 69, III, "a", do CTB.

D: gabarito. O erro consiste na colocação de que pedestres, ainda que não tenham atravessado, terão preferência. Na verdade, o CTB dispõe que:

Art. 70 [...]

Parágrafo único. Nos locais em que houver sinalização semafórica de controle de passagem será dada preferência aos pedestres que não tenham concluído a travessia, mesmo em caso de mudança do semáforo liberando a passagem dos veículos.

E: disposição prevista no art. 69, I, do CTB.

GABARITO: D.

---

169. (CESPE/CEBRASPE - 2014 - CÂMARA DOS DEPUTADOS - CONSULTOR LEGISLATIVO) Nas situações a seguir, tanto o ciclista mostrado na figura I quanto o ciclista mostrado na figura II têm direitos e deveres equiparados àqueles dos pedestres.

Figura II

Figura I

Certo ( )   Errado ( )

Somente o ciclista desmontado se equipara ao pedestre em direitos e obrigações, conforme previsão do art. 68, § 1º, do CTB.

Art. 68 É assegurada ao pedestre a utilização dos passeios ou passagens apropriadas das vias urbanas e dos acostamentos das vias rurais para circulação, podendo a autoridade competente permitir a utilização de parte da calçada para outros fins, desde que não seja prejudicial ao fluxo de pedestres.

§ 1º O ciclista desmontado empurrando a bicicleta equipara-se ao pedestre em direitos e deveres.

GABARITO: ERRADO.

---

170. (CESPE/CEBRASPE - 2014 - CÂMARA DOS DEPUTADOS - CONSULTOR LEGISLATIVO) O ciclista, mesmo quando desmontado e empurrando sua bicicleta, não tem direito de circular pelos passeios, visto que estes são de uso exclusivo dos pedestres.

Certo ( )   Errado ( )

O pedestre desmontado se equipara ao pedestre em direitos e deveres, conforme o art. 68, § 1º, do CTB.

GABARITO: ERRADO.

---

171. **(CESPE/CEBRASPE - 2010 - MPU - TÉCNICO DE APOIO ESPECIALIZADO)** Considerando a importância da sinalização para a segurança do trânsito, julgue o item que se segue.

Em local onde haja sinalização semafórica de controle de passagem para a travessia de via, o pedestre deve aguardar o instante apropriado para atravessar.

Certo ( )   Errado ( )

A questão trabalha com a sinalização do foco de pedestres, a qual deverá ser obedecida pelo transeunte.

Art. 70 Os pedestres que estiverem atravessando a via sobre as faixas delimitadas para esse fim terão prioridade de passagem, exceto nos locais com sinalização semafórica, onde deverão ser respeitadas as disposições deste Código.

Parágrafo único. Nos locais em que houver sinalização semafórica de controle de passagem será dada preferência aos pedestres que não tenham concluído a travessia, mesmo em caso de mudança do semáforo liberando a passagem dos veículos.

GABARITO: CERTO.

---

172. **(CESPE/CEBRASPE - 2010 - MPU - TÉCNICO DE APOIO ESPECIALIZADO)** De acordo com o CTB, é assegurada a circulação dos pedestres nos passeios ou passagens apropriadas das vias urbanas e acostamentos das vias rurais, podendo a autoridade competente permitir a utilização de parte da calçada para outros fins, desde que não haja prejuízo ao fluxo de pedestres. No que se refere aos pedestres e aos condutores não motorizados, julgue o item a seguir.

Na construção de trechos urbanos de vias rurais bem como na de obras de arte, devem ser previstos passeios destinados à circulação dos pedestres.

Certo ( )   Errado ( )

Novamente literalidade do art. 68 do CTB. Os passeios para pedestres, nesse caso, podem se enquadrar em calçadas ou passarelas.

Art. 68 É assegurada ao pedestre a utilização dos passeios ou passagens apropriadas das vias urbanas e dos acostamentos das vias rurais para circulação, podendo a autoridade competente permitir a utilização de parte da calçada para outros fins, desde que não seja prejudicial ao fluxo de pedestres. [...]

§ 5º Nos trechos urbanos de vias rurais e nas obras de arte a serem construídas, deverá ser previsto passeio destinado à circulação dos pedestres, que não deverão, nessas condições, usar o acostamento.

GABARITO: CERTO.

---

173. **(CESPE/CEBRASPE - 2010 - MPU - TÉCNICO DE APOIO ESPECIALIZADO)** De acordo com o CTB, é assegurada a circulação dos pedestres nos passeios ou passagens apropriadas das vias urbanas e acostamentos das vias rurais, podendo a autoridade competente permitir a utilização de parte da calçada para outros fins, desde que não haja prejuízo ao fluxo de pedestres.

No que se refere aos pedestres e aos condutores não motorizados, julgue o item a seguir.

Em áreas urbanas, caso não haja passeios ou não seja possível a utilização destes, a circulação de veículos na pista de rolamento deve ser feita com prioridade sobre os pedestres, que devem andar pelos bordos da pista, em fila única.

Certo ( )   Errado ( )

Os pedestres terão prioridade sobre os veículos (art. 68, § 2º, do CTB).

Art. 68 É assegurada ao pedestre a utilização dos passeios ou passagens apropriadas das vias urbanas e dos acostamentos das vias rurais para circulação, podendo a autoridade competente permitir a utilização de parte da calçada para outros fins, desde que não seja prejudicial ao fluxo de pedestres. [...]

§ 2º Nas áreas urbanas, quando não houver passeios ou quando não for possível a utilização destes, a circulação de pedestres na pista de rolamento será feita com prioridade sobre os veículos, pelos bordos da pista, em fila única, exceto em locais proibidos pela sinalização e nas situações em que a segurança ficar comprometida.

Cumpre observar que este dispositivo está em consonância com o que já estava previsto no art. 29, § 2º, que, de forma geral, já previa que todos os veículos serão responsáveis pela incolumidade dos pedestres. Vejamos:

Art. 29 O trânsito de veículos nas vias terrestres abertas à circulação obedecerá às seguintes normas: [...]

§ 2º Respeitadas as normas de circulação e conduta estabelecidas neste artigo, em ordem decrescente, os veículos de maior porte serão sempre responsáveis pela segurança dos menores, os motorizados pelos não motorizados e, juntos, pela incolumidade dos pedestres.

GABARITO: ERRADO.

174. **(FUNRIO - 2009 - PRF - POLICIAL RODOVIÁRIO FEDERAL)** É assegurada ao pedestre a utilização dos passeios ou passagens apropriadas das vias urbanas e dos acostamentos das vias rurais para circulação, podendo a autoridade competente permitir a utilização de parte da calçada para outros fins, desde que não seja prejudicial ao fluxo de pedestres. Em relação aos pedestres e aos condutores de veículos não motorizados é correto afirmar que:

   a) Nas áreas rurais, quando não houver passeios ou quando não for possível a utilização destes, a circulação de pedestres na pista de rolamento será feita com prioridade sobre os veículos, pelos bordos da pista, em fila única, e também em locais proibidos pela sinalização e nas situações em que a segurança ficar comprometida.

   b) Nas vias urbanas, quando não houver acostamento ou quando não for possível a utilização dele, a circulação de pedestres, na pista de rolamento, será feita com prioridade sobre os veículos, pelos bordos da pista, em fila única, em sentido contrário ao deslocamento de veículos, e também em locais proibidos pela sinalização e nas situações em que a segurança ficar comprometida.

   c) Nos trechos urbanos de vias rurais e nas obras de arte a serem construídas, deverá ser previsto passeio destinado à circulação dos pedestres, que deverão, nessas condições, usar o acostamento.

   d) Onde não houver obstrução da calçada ou da passagem para pedestres, o órgão ou entidade com circunscrição sobre a via deverá assegurar a devida sinalização e proteção para circulação de pedestres.

   e) O ciclista desmontado empurrando a bicicleta equipara-se ao pedestre em direitos e deveres.

Previsão contida no art. 68 do CTB, o qual afirma que é assegurada ao pedestre a utilização dos passeios ou passagens apropriadas das vias urbanas e dos acostamentos das vias rurais para circulação, podendo a autoridade competente permitir a utilização de parte da calçada para outros fins, desde que não seja prejudicial ao fluxo de pedestres. O ciclista desmontado empurrando a bicicleta equipara-se ao pedestre em direitos e deveres.

GABARITO: E.

PEDESTRES E CONDUTORES DE VEÍCULOS NÃO MOTORIZADOS

175. (CESPE/CEBRASPE - 2002 - PRF - POLICIAL RODOVIÁRIO FEDERAL) Não é absoluta a preferência, referida no quinto tópico, dos pedestres que atravessam a via sobre as faixas delimitadas para esse fim, já que, havendo sinalização semafórica no local, eles só poderão atravessar a via quando o sinal luminoso autorizar. Entretanto, é absoluta a preferência em faixas onde não estejam posicionados agentes de trânsito nem semáforos, requerendo-se, contudo, que os pedestres deem um sinal de advertência aos motoristas antes de iniciarem a travessia.

Certo ( )   Errado ( )

A preferência não é absoluta. Por exemplo, cruzar pistas de rolamento nos viadutos, pontes, ou túneis, salvo onde exista permissão, inclusive caracteriza uma infração de trânsito.
GABARITO: ERRADO.

Em frente a uma mercearia, há um cartaz que diz o seguinte.
ENTREGAM-SE PEDIDOS FEITOS POR TELEFONE.
As entregas são feitas por Alberto, que utiliza uma bicicleta para realizar o serviço.
Utilize o texto acima para responder às duas questões a seguir.

176. (CESPE/CEBRASPE - 2002 - PRF - POLICIAL RODOVIÁRIO FEDERAL) Caso houvesse grande movimentação de pessoas em um passeio em que não fosse expressamente permitido conduzir bicicletas, configuraria infração de trânsito o fato de Alberto, mesmo não estando montado na bicicleta, empurrá-la sobre o referido passeio.

Certo ( )   Errado ( )

O ciclista desmontado, empurrando a bicicleta, equipara-se ao pedestre. Logo, não haverá configuração de infração de trânsito prevista no art. 255 do CTB.
GABARITO: ERRADO.

177. (CESPE/CEBRASPE - 2002 - PRF - POLICIAL RODOVIÁRIO FEDERAL) Se Alberto conduzir sua bicicleta pelos bordos de uma pista de rolamento, em sentido contrário ao dos carros, então ele cometerá infração para a qual a lei não prevê penalidade específica e, portanto, se um agente de trânsito flagrar Alberto cometendo essa infração, deverá ser-lhe imposta a multa aplicada às infrações de natureza leve.

Certo ( )   Errado ( )

Nem todas as transgressões às normas do CTB necessariamente gerarão infração de trânsito, por falta de previsão expressa legalmente. Logo, o CTB não prevê uma infração para tal conduta, apesar de ser uma transgressão da norma.
GABARITO: ERRADO.

178. (FUMARC - 2003 - BHTRANS - TÉCNICO) No que se refere à circulação de pedestres na pista de rolamento, serão observadas as seguintes disposições, exceto:

a) Nas interseções e em suas proximidades, onde não existam faixas de travessia, os pedestres devem atravessar a via na continuação da calçada.

b) Onde não houver faixa ou passagem, o cruzamento da via deverá ser feito em sentido perpendicular ao de seu eixo.

c) Os pedestres terão prioridade de passagem mesmo que não tenham iniciado a travessia e haja mudança do semáforo liberando a passagem dos veículos.

d) Os pedestres deverão utilizar as faixas ou passagens a eles destinadas, sempre que estas existirem numa distância de até cinquenta metros deles.

PEDESTRES E CONDUTORES DE VEÍCULOS NÃO MOTORIZADOS

Previsão do art. 69, III, do CTB, afirma que, nas interseções e em suas proximidades, onde não existam faixas de travessia, os pedestres devem atravessar a via na continuação da calçada, observadas as seguintes normas:

a) não deverão adentrar na pista sem antes se certificar de que podem fazê-lo sem obstruir o trânsito de veículos;

b) uma vez iniciada a travessia de uma pista, os pedestres não deverão aumentar o seu percurso, demorar-se ou parar sobre ela sem necessidade.

GABARITO: C.

---

179. **(CESGRANRIO - 2007 - TCE/RO - MOTORISTA)** Manter obrigatoriamente as faixas e passagens de pedestres em boas condições de visibilidade, higiene, segurança e sinalização é responsabilidade do(a):

a) Conselho Nacional de Trânsito.

b) Conselho de Trânsito do Distrito Federal.

c) Conselho Estadual de Trânsito.

d) órgão ou entidade com circunscrição sobre a via.

e) Polícia Militar.

Questão direta prevista no art. 71 do CTB.

Art. 71 O órgão ou entidade com circunscrição sobre a via manterá, obrigatoriamente, as faixas e passagens de pedestres em boas condições de visibilidade, higiene, segurança e sinalização.

GABARITO: D.

---

180. **(ADM&TEC - 2019 - PREFEITURA DE SENADOR RUI PALMEIRA - GUARDA MUNICIPAL)** Leia as afirmativas a seguir:

I. Ao aproximar-se de um cruzamento, o condutor deve acelerar ao máximo o seu veículo.

II. O ciclista desmontado empurrando a bicicleta não se equipara ao pedestre em direitos.

Marque a alternativa correta:

a) As duas afirmativas são verdadeiras.

b) A afirmativa I é verdadeira, e a II é falsa.

c) A afirmativa II é verdadeira, e a I é falsa.

d) As duas afirmativas são falsas.

Ambas as afirmativas são falsas. Na afirmativa I, o condutor não deve acelerar ao se aproximar de um cruzamento, mas deverá transitar em velocidade prudente. Já na afirmativa II, o ciclista desmontado se equipara ao pedestre em deveres e direitos.

GABARITO: D.

PEDESTRES E CONDUTORES DE VEÍCULOS NÃO MOTORIZADOS

06

CIDADÃO

181. **(FAUEL - 2019 - PREFEITURA DE MANDAGUARI - AGENTE FISCAL)** De acordo com o Código de Trânsito Brasileiro, é correto afirmar:

I. Todo cidadão ou entidade civil tem o direito de solicitar, por escrito, aos órgãos ou entidades do Sistema Nacional de Trânsito, sinalização, fiscalização e implantação de equipamentos de segurança, bem como sugerir alterações em normas, legislação e outros assuntos pertinentes a este Código.

II. A educação para o trânsito é direito de todos e constitui dever prioritário para os componentes do Sistema Nacional de Trânsito.

III. Os órgãos ou entidades pertencentes ao Sistema Nacional de Trânsito têm o dever de analisar as solicitações e responder, por escrito, dentro de prazos mínimos, sobre a possibilidade ou não de atendimento, esclarecendo ou justificando a análise efetuada, e, se pertinente, informando ao solicitante quando tal evento ocorrerá.

IV. São objetivos básicos do Sistema Nacional de Trânsito, estabelecer diretrizes da Política Nacional de Trânsito, com vistas à segurança, à fluidez, ao conforto, à defesa ambiental e à educação para o trânsito, e fiscalizar seu cumprimento.

a) Somente as afirmativas I, II e III estão corretas.

b) Somente as afirmativas II, III e IV estão corretas.

c) Somente as afirmativas I, III e IV estão corretas.

d) Todas as afirmativas estão corretas.

Conforme preconiza o CTB, vejamos as assertivas:

I: disposição prevista no art. 72:

Art. 72 Todo cidadão ou entidade civil tem o direito de solicitar, por escrito, aos órgãos ou entidades do Sistema Nacional de Trânsito, sinalização, fiscalização e implantação de equipamentos de segurança, bem como sugerir alterações em normas, legislação e outros assuntos pertinentes a este Código.

II: de acordo com o art. 74:

Art. 74 A educação para o trânsito é direito de todos e constitui dever prioritário para os componentes do Sistema Nacional de Trânsito.

III: literalidade do art. 73:

Art. 73 Os órgãos ou entidades pertencentes ao Sistema Nacional de Trânsito têm o dever de analisar as solicitações e responder, por escrito, dentro de prazos mínimos, sobre a possibilidade ou não de atendimento, esclarecendo ou justificando a análise efetuada, e, se pertinente, informando ao solicitante quando tal evento ocorrerá.

IV: literalidade do art. 6º, I:

Art. 6º São objetivos básicos do Sistema Nacional de Trânsito:

I – estabelecer diretrizes da Política Nacional de Trânsito, com vistas à segurança, à fluidez, ao conforto, à defesa ambiental e à educação para o trânsito, e fiscalizar seu cumprimento; [...].

GABARITO: D.

182. (UECE - 2003 - PREFEITURA DE ARACATI - GUARDA MUNICIPAL) Assinale a alternativa falsa:

a) Todo cidadão ou entidade civil tem o direito de solicitar, por escrito aos órgãos ou entidades do Sistema Nacional de Trânsito – SNT, a adoção de medidas relacionadas com a fiscalização e implantação de equipamentos ou segurança no trânsito.

b) As campanhas de trânsito devem esclarecer quais as atribuições dos órgãos e entidades pertencentes ao SNT e como proceder a tais solicitações.

c) Os órgãos ou entidades pertencentes ao SNT não são obrigados a analisar as solicitações, por escrito, a eles encaminhadas.

d) Analisadas as solicitações, os órgãos ou entidades do SNT devem responder, por escrito, dentro de prazos mínimos, sobre a possibilidade ou não de atendimento, esclarecendo ou justificando a análise efetuada.

Os órgãos ou entidades pertencentes ao Sistema Nacional de Trânsito têm o dever de analisar as solicitações e responder, por escrito, dentro de prazos mínimos, sobre a possibilidade ou não de atendimento, esclarecendo ou justificando a análise efetuada, e, se pertinente, informando ao solicitante quando tal evento ocorrerá (art. 73).

GABARITO: C.

---

183. (FUMARC - 2003 - BHTRANS - FISCAL DE TRÂNSITO E TRANSPORTE) O direito de solicitar aos órgãos ou entidades do Sistema Nacional de Trânsito sinalização, fiscalização e implantação de equipamentos de segurança, bem como de sugerir alterações em normas relativas a trânsito, é assegurado:

a) apenas a agentes públicos.

b) apenas a entidades públicas.

c) apenas a autoridades de trânsito.

d) a todo cidadão ou entidade civil.

Todo cidadão ou entidade civil tem o direito de solicitar, por escrito, aos órgãos ou entidades do Sistema Nacional de Trânsito, sinalização, fiscalização e implantação de equipamentos de segurança, bem como sugerir alterações em normas, legislação e outros assuntos pertinentes ao CTB (art. 72).

GABARITO: D.

CIDADÃO

07

EDUCAÇÃO PARA O TRÂNSITO

184. (CESPE/CEBRASPE - 2020 - PRF - POLICIAL RODOVIÁRIO FEDERAL) Considerando a legislação de trânsito brasileira, julgue o item a seguir.

A educação para o trânsito deve ser promovida nas escolas de Ensino Fundamental e Médio, inclusive na pré-escola.

Certo ( )   Errado ( )

A educação para o trânsito deve ser praticada desde a pré-escola até o 3º grau, segundo o art. 76 do CTB. Vale dizer que a Lei de Diretrizes e Bases da Educação alterou essa nomenclatura para Ensino Fundamental (1º grau), Ensino Médio (2º grau) e Ensino Superior (3º grau).
GABARITO: CERTO.

---

185. (CONTEMAX - 2019 - PREFEITURA DE CONCEIÇÃO - CONDUTOR DE VEÍCULO DE URGÊNCIA) A educação no trânsito é um direito de todos e constitui dever prioritário para os componentes do Sistema Nacional de Trânsito. Acerca da educação para o trânsito, analise as afirmações a seguir e marque a afirmativa incorreta:

a) Os órgãos ou entidades executivas de trânsito deverão promover, dentro de sua estrutura organizacional ou mediante convênio, o funcionamento das Escolas Públicas de Trânsito, nos moldes e padrões estabelecidos pelo Centran.

b) As campanhas referentes a educação no trânsito no âmbito nacional são de caráter permanente.

c) No que diz respeito a campanha para divulgação da educação no trânsito os serviços de rádio e difusão sonora de sons e imagens explorados pelo poder público são obrigados a difundi-las gratuitamente, com a frequência recomendada pelos órgãos competentes do Sistema Nacional de Trânsito.

d) Os órgãos ou entidades do Sistema Nacional de Trânsito deverão promover outras campanhas no âmbito de sua circunscrição e de acordo com as peculiaridades locais.

e) A educação para o trânsito será promovida na pré-escola e nas escolas de 1º, 2º e 3º graus, por meio de planejamento e ações coordenadas entre os órgãos e entidades do Sistema Nacional de Trânsito e de Educação, da União, dos estados, do Distrito Federal e dos municípios, nas respectivas áreas de atuação.

O erro está no final da assertiva A, que afirma que os moldes e padrões estabelecidos para o funcionamento das Escolas Públicas de Trânsito seguem as normas do Centran, que nem sequer existe. Outro ponto a ser destacado, que inclusive foi inserido pela Lei nº 14.071/2020, foi a inserção das EPTs no âmbito dos municípios, também cabendo a essas entidades a função de criar, implantar e manter escolas públicas de trânsito, destinadas à educação de crianças e adolescentes, por meio de aulas teóricas e práticas sobre legislação, sinalização e comportamento no trânsito.
GABARITO: A.

---

186. (CESGRANRIO - 2007 - TCE/RO - MOTORISTA) Estabelecer anualmente os temas e os cronogramas das campanhas da Educação para o Trânsito, de âmbito nacional, que deverão ser promovidas por todos os órgãos ou entidades do Sistema Nacional de Trânsito, em especial nos períodos referentes às férias escolares, feriados prolongados e à Semana Nacional do Trânsito, é de responsabilidade do(a):

a) Detran.

b) Contran.

c) Denatran.

d) Contrandife.

e) Jari.

O Contran estabelecerá, anualmente, os temas e os cronogramas das campanhas de âmbito nacional que deverão ser promovidas por todos os órgãos ou entidades do Sistema Nacional de Trânsito, em especial nos períodos referentes às férias escolares, feriados prolongados e à Semana Nacional de Trânsito (art. 75 do CTB).

GABARITO: B.

---

187. (UFPR - 2005 - DETRAN/PR - DESPACHANTE) Relativamente à educação para o trânsito, assinale a alternativa correta:

a) A educação para o trânsito é direito de todos, mas não constitui dever prioritário para os componentes do Sistema Nacional de Trânsito.

b) Caberá ao Ministério da Saúde, mediante proposta do Contran, estabelecer campanha nacional de esclarecimento de condutas a serem seguidas nos primeiros socorros em caso de acidentes de trânsito.

c) A educação para o trânsito será promovida apenas no ensino médio e superior, por meio de ações coordenadas entre os órgãos do Sistema Nacional de Trânsito e de Educação.

d) Um percentual de trinta por cento do total dos valores arrecadados destinados à Previdência Social, do Prêmio do Seguro Obrigatório de Danos Pessoais causados por Veículos Automotores de Via Terrestre (DPVAT), será repassado mensalmente ao Coordenador do Sistema Nacional de Trânsito para aplicação exclusiva em programas destinados a primeiros socorros.

e) Não é possível haver convênios entre os órgãos e entidades executivas de trânsito e os órgãos de educação para se promover a educação para o trânsito.

Previsão expressa do art. 77, *caput,* do CTB. Aqui não se pode confundir as atribuições do Ministério da Saúde com as atribuições do Ministério da Educação. Perceba o que dispõe o artigo mencionado:

Art. 77 No âmbito da educação para o trânsito caberá ao Ministério da Saúde, mediante proposta do Contran, estabelecer campanha nacional esclarecendo condutas a serem seguidas nos primeiros socorros em caso de acidente de trânsito.

GABARITO: B.

---

188. (CESPE/CEBRASPE - 2009 - DETRAN/DF - AUXILIAR DE TRÂNSITO) Do total dos valores arrecadados destinados à Previdência Social e relativos ao prêmio do seguro obrigatório de danos pessoais causados por veículos automotores de via terrestre (DPVAT), 10% devem ser repassados mensalmente ao coordenador do Sistema Nacional de Trânsito para aplicação exclusiva em programas destinados à prevenção de acidentes de trânsito.

Certo ( )   Errado ( )

Aqui existem dois pontos do texto de lei que devem ser observados: o percentual de 10% e o período em que serão repassados os valores, que será mensalmente.

Art. 78 Os Ministérios da Saúde, da Educação e do Desporto, do Trabalho, dos Transportes e da Justiça, por intermédio do Contran, desenvolverão e implementarão programas destinados à prevenção de acidentes.

*Parágrafo único. O percentual de **dez por cento** do total dos valores arrecadados destinados à Previdência Social, do Prêmio do Seguro Obrigatório de Danos Pessoais causados por Veículos Automotores de Via Terrestre – DPVAT, de que trata a Lei nº 6.194, de 19 de dezembro de 1974, serão repassados mensalmente ao Coordenador do Sistema Nacional de Trânsito para aplicação exclusiva em programas de que trata este artigo.*

GABARITO: CERTO.

EDUCAÇÃO PARA O TRÂNSITO

189. **(UFMT - 2015 - DETRAN/MT - PEDAGOGO)** Sobre a educação para o trânsito prevista no Código de Trânsito Brasileiro, assinale a afirmativa incorreta:

a) Será promovida, especificamente, nas escolas de Ensino Fundamental, por meio de planejamento e ações coordenadas entre os órgãos e entidades do Sistema Nacional de Trânsito e de Educação, da União, dos estados, do Distrito Federal e dos municípios, nas respectivas áreas de atuação.

b) É obrigatória a existência de coordenação educacional em cada órgão ou entidade componente do Sistema Nacional de Trânsito.

c) Os órgãos ou entidades executivas de trânsito deverão promover, dentro de sua estrutura organizacional ou mediante convênio, o funcionamento de Escolas Públicas de Trânsito, nos moldes e padrões estabelecidos pelo Conselho Nacional de Trânsito.

d) A educação para o trânsito é direito de todos e constitui dever prioritário para os componentes do Sistema Nacional de Trânsito.

Art. 76 A educação para o trânsito será promovida na pré-escola e nas escolas de 1º, 2º e 3º graus, por meio de planejamento e ações coordenadas entre os órgãos e entidades do Sistema Nacional de Trânsito e de Educação, da União, dos estados, do Distrito Federal e dos municípios, nas respectivas áreas de atuação.

GABARITO: A.

---

190. **(IPAD - 2014 - PREFEITURA DE RECIFE - GUARDA MUNICIPAL)** Acerca da educação para o trânsito, assinale a alternativa correta:

a) Não é um objetivo básico do Sistema Nacional de Trânsito.

b) Não é competência dos Conselhos Estaduais de Trânsito.

c) Não é competência do órgão máximo executivo da União que deve administrar o fundo nacional destinado a segurança e educação no trânsito.

d) A educação do trânsito desde a pré-escola até os cursos de graduação deve decorrer da atuação conjunta de todos os órgãos municipais, estaduais e federativo do Sistema Nacional de Trânsito e Educação.

e) Ao Ministério de Defesa Civil, que abrange os Corpos de Bombeiros e Serviços Samu, cabe estabelecer campanha nacional esclarecendo condutas a serem seguidas nos primeiros socorros em caso de acidente de trânsito.

O tema de educação no trânsito vem repercutindo muito nas provas. É importante salientar que a educação no trânsito é um dos objetivos da Política Nacional de Trânsito (art. 6º do CTB), de competência dos Cetrans e Contrandife. Quem administra o fundo com aplicação nessa área é o Denatran.

Art. 76 A educação para o trânsito será promovida na pré-escola e nas escolas de 1º, 2º e 3º graus, por meio de planejamento e ações coordenadas entre os órgãos e entidades do Sistema Nacional de Trânsito e de Educação, da União, dos estados, do Distrito Federal e dos municípios, nas respectivas áreas de atuação.

Parágrafo único. Para a finalidade prevista neste artigo, o Ministério da Educação e do Desporto, mediante proposta do Contran e do Conselho de Reitores das Universidades Brasileiras, diretamente ou mediante convênio, promoverá:

I – a adoção, em todos os níveis de ensino, de um currículo interdisciplinar com conteúdo programático sobre segurança de trânsito;

II – a adoção de conteúdos relativos à educação para o trânsito nas escolas de formação para o magistério e o treinamento de professores e multiplicadores;

III – a criação de corpos técnicos interprofissionais para levantamento e análise de dados estatísticos relativos ao trânsito;

IV – a elaboração de planos de redução de acidentes de trânsito junto aos núcleos interdisciplinares universitários de trânsito, com vistas à integração universidades-sociedade na área de trânsito.

GABARITO: D.

---

191. (UECE - 2018 - DETRAN/CE - ASSISTENTE DE ATIVIDADE DE TRÂNSITO E TRANSPORTE) A educação para o trânsito será promovida na pré-escola e nas escolas de 1º, 2º e 3º graus, por meio de planejamento e ações coordenadas entre os órgãos e entidades do Sistema Nacional de Trânsito e de Educação, da União, dos estados, do Distrito Federal e dos municípios, nas respectivas áreas de atuação. Considerando as ações a serem promovidas pelo Ministério da Educação e do Desporto, mediante proposta do Contran e do Conselho de Reitores das Universidades Brasileiras, analise os itens listados a seguir e assinale-os com V ou F conforme sejam verdadeiros ou falsos.

( ) Adoção, em todos os níveis de ensino, de um currículo interdisciplinar com conteúdo programático sobre segurança de trânsito.

( ) Elaboração de planos de prevenção de acidentes de trânsito junto aos núcleos interdisciplinares universitários de trânsito, com vistas à integração universidades-sociedade na área de trânsito.

( ) Adoção de conteúdos relativos à educação para o trânsito nas escolas de formação para o magistério e o treinamento de professores, estudantes e multiplicadores.

( ) Criação de corpos técnicos interprofissionais para levantamento e análise de dados estatísticos relativos ao trânsito.

Está correta, de cima para baixo, a seguinte sequência:

a)   F, V, F, V.

b)   V, F, F, V.

c)   V, F, V, F.

d)   F, V, V, F.

Vamos às assertivas:

1: a afirmação no primeiro tópico é consistente com a primeira medida prevista no art. 76 do CTB.

2: o erro aqui envolve o tipo de plano elaborado pelos núcleos universitários, que não será de prevenção, mas de redução de acidentes.

3: outro erro constatado do texto de lei é que o CTB não prevê os estudantes no rol legal do art. 76.

4: afirmação correta, nos termos do at. 76, III, do CTB.

GABARITO: B.

---

192. (UFMT - 2015 - DETRAN/MT - AGENTE DE SERVIÇO DE TRÂNSITO - ADAPTADA) Toda peça publicitária destinada à divulgação ou promoção, nos meios de comunicação social, de produto oriundo da indústria automobilística ou afim, incluirá, obrigatoriamente, mensagem educativa de trânsito a ser conjuntamente veiculada.

Certo ( )   Errado ( )

Inserção feita no CTB de relevância em concursos. Veja:

Art. 77-B Toda peça publicitária destinada à divulgação ou promoção, nos meios de comunicação social, de produto oriundo da indústria automobilística ou afim, incluirá, obrigatoriamente, mensagem educativa de trânsito a ser conjuntamente veiculada.

GABARITO: CERTO.

EDUCAÇÃO PARA O TRÂNSITO

193. **(UFMT - 2015 - DETRAN/MT - AGENTE DE SERVIÇO DE TRÂNSITO - ADAPTADA)** A veiculação de publicidade feita em desacordo com as condições fixadas no Código de Trânsito Brasileiro (CTB) constitui infração punível com sanções que, se aplicadas isoladas ou cumulativamente, dispensarão a suspensão da veiculação da peça publicitária em desacordo com a legislação.

Certo ( )   Errado ( )

Na verdade, o texto legal afirma que haverá suspensão imediata de quem desobedecer ao previsto em campanhas publicitárias:

Art. 77-E A veiculação de publicidade feita em desacordo com as condições fixadas nos arts. 77-A a 77-D constitui infração punível com as seguintes sanções:

I – advertência por escrito;

II – suspensão, nos veículos de divulgação da publicidade, de qualquer outra propaganda do produto, pelo prazo de até 60 (sessenta) dias;

III – multa de R$ 1.627,00 (mil, seiscentos e vinte e sete reais) a R$ 8.135,00 (oito mil, cento e trinta e cinco reais), cobrada do dobro até o quíntuplo em caso de reincidência.

§ 1º As sanções serão aplicadas isolada ou cumulativamente, conforme dispuser o regulamento.

§ 2º Sem prejuízo do disposto no caput deste artigo, qualquer infração acarretará a imediata suspensão da veiculação da peça publicitária até que sejam cumpridas as exigências fixadas nos arts. 77-A a 77-D.

GABARITO: ERRADO.

---

194. **(UFMT - 2015 - DETRAN/MT - AGENTE DE SERVIÇO DE TRÂNSITO - ADAPTADA)** O CONTRAN estabelecerá, anualmente, os temas e os cronogramas das campanhas de âmbito nacional que deverão ser promovidas por todos os órgãos ou entidades do Sistema Nacional de Trânsito, em especial nos períodos referentes às férias escolares, feriados prolongados e à Semana Nacional de Trânsito, mas os serviços de rádio e difusão sonora de sons e imagens explorados pelo poder público não são obrigados a difundi-las gratuitamente.

Certo ( )   Errado ( )

É possível extrair algumas características das campanhas de trânsito de âmbito nacional (art. 75 do CTB):

- **Estabelecida pelo CONTRAN anualmente (especialmente nas férias escolares, feriados prolongados e semana nacional de trânsito);**
- **Caráter PERMANENTE;**
- **Utiliza as MÍDIAS DE DIFUSÃO (rádio, TV, internet...);**
- **Difusão GRATUITA;**
- **Frequência de acordo com o que for estabelecido pelos órgãos de trânsito.**

GABARITO: ERRADO.

---

195. **(UFMT - 2015 - DETRAN/MT - AGENTE DE SERVIÇO DE TRÂNSITO - ADAPTADA)** O Ministério da Educação e do Desporto, mediante proposta do CONTRAN e do Conselho de Reitores das Universidades Brasileiras, diretamente ou mediante convênio, promoverá campanha nacional esclarecendo condutas a serem seguidas nos primeiros socorros em caso de acidente de trânsito.

Certo ( )   Errado ( )

Na verdade, a campanha que envolva treinamento de primeiros socorros será realizada a cargo do Ministério da Saúde por proposta do CONTRAN.

Art. 77 No âmbito da educação para o trânsito caberá ao Ministério da Saúde, mediante proposta do CONTRAN, estabelecer campanha nacional esclarecendo condutas a serem seguidas nos primeiros socorros em caso de acidente de trânsito.

Parágrafo único As campanhas terão caráter permanente por intermédio do Sistema Único de Saúde – SUS, sendo intensificadas nos períodos e na forma estabelecidos no art. 76.

GABARITO: ERRADO.

---

196. (UFMT - 2015 - DETRAN/MT - AGENTE DE SERVIÇO DE TRÂNSITO - ADAPTADA) Os Conselhos Nacional, Estaduais e do Distrito Federal de Trânsito, bem como os órgãos e entidades executivos de trânsito deverão promover, dentro de sua estrutura ou mediante convênio, o funcionamento de Escolas Públicas de Trânsito.

Certo ( )   Errado ( )

Nos termos do art. 74, os órgãos que manterão em sua estrutura ou mediante convênio as chamadas EPTs (Escolas Públicas de Trânsito) serão os órgãos executivos de trânsito. Vale lembrar que a Lei nº 14.071/2020 também viabilizou a criação de EPTs no âmbito dos municípios.

GABARITO: ERRADO.

---

197. (UFMT - 2015 - DETRAN/MT - AGENTE DE SERVIÇO DE TRÂNSITO - ADAPTADA) Para implementação de programas educativos em geral, o Código de Trânsito Brasileiro (CTB) assegura o repasse de 20% do total de valores arrecadados pelo Seguro Obrigatório de Danos Pessoais causados por Veículos Automotores de Via Terrestre (DPVAT) ao Conselho Nacional de Trânsito.

Certo ( )   Errado ( )

Na verdade, o repasse a ser feito mensalmente para o órgão coordenador do SNT será de 10%.

GABARITO: ERRADO.

---

198. (UFMT - 2015 - DETRAN/MT - AGENTE DE SERVIÇO DE TRÂNSITO - ADAPTADA) É obrigatória a existência de coordenação educacional nos órgãos e entidades executivos de trânsito dos Estados, do Distrito Federal e dos Municípios a quem incumbirá exclusivamente a execução e a promoção dos temas e cronogramas das campanhas estabelecidas pelo Conselho Nacional de Trânsito.

Certo ( )   Errado ( )

De fato, é obrigatória a criação de núcleos de coordenação educacional nos órgãos integrantes do SNT, no entanto, a execução e a promoção dos temas e cronogramas da Semana Nacional de Trânsito serão praticados por todos os integrantes da administração direta que envolva órgão de trânsito.

GABARITO: ERRADO.

---

199. (UFMT - 2015 - DETRAN/MT - AGENTE DE SERVIÇO DE TRÂNSITO - ADAPTADA) A educação para o trânsito é direito de todos e constitui dever prioritário para os componentes do Sistema Nacional de Trânsito.

Certo ( )   Errado ( )

De fato, literalidade do art. 74, I, do CTB. Perceba que a lei usa o termo dever ao invés de objetivo, o que não pode ser confundido na prova.

GABARITO: CERTO.

EDUCAÇÃO PARA O TRÂNSITO

SINALIZAÇÃO

08

200. **(IBFC - 2022 - DETRAN/AM - PSICÓLOGO)** No que se refere ao tema da "sinalização de trânsito", assinale a alternativa incorreta.

a) Sempre que necessário, será colocada ao longo da via, sinalização prevista no Código de Trânsito Brasileiro e em legislação complementar, destinada a condutores e pedestres, vedada a utilização de qualquer outra.

b) A sinalização deve ser colocada em posição e condições que a tornem perfeitamente visível e legível durante o dia e a noite, em distância compatível com a segurança do trânsito, conforme normas e especificações do Contran.

c) A responsabilidade pela instalação da sinalização nas vias internas pertencentes aos condomínios constituídos por unidades autônomas e nas vias e áreas de estacionamento de estabelecimentos privados de uso coletivo é do poder público.

d) Nas vias públicas e nos imóveis é proibido colocar luzes, publicidade, inscrições, vegetação e mobiliário que possam gerar confusão, interferir na visibilidade da sinalização e comprometer a segurança do trânsito.

Vejamos cada uma das assertivas:

A: de fato, a previsão se encontra no art. 80 do CTB:

Art. 80 Sempre que necessário, será colocada ao longo da via, sinalização prevista neste Código e em legislação complementar, destinada a condutores e pedestres, vedada a utilização de qualquer outra.

B: também correto, com respaldo no § 1º do mesmo artigo.

§ 1º A sinalização será colocada em posição e condições que a tornem perfeitamente visível e legível durante o dia e a noite, em distância compatível com a segurança do trânsito, conforme normas e especificações do Contran.

C: está incorreta, visto que a responsabilidade pela sinalização de vias internas é do proprietário, com base no art. 80, § 3º, do CTB:

§ 3º A responsabilidade pela instalação da sinalização nas vias internas pertencentes aos condomínios constituídos por unidades autônomas e nas vias e áreas de estacionamento de estabelecimentos privados de uso coletivo é de seu proprietário.

D: assertiva correta por literalidade do art. 81 do CTB:

Art. 81 Nas vias públicas e nos imóveis é proibido colocar luzes, publicidade, inscrições, vegetação e mobiliário que possam gerar confusão, interferir na visibilidade da sinalização e comprometer a segurança do trânsito.

GABARITO: C.

201. **(CESPE/CEBRASPE - 2002 - PRF - POLICIAL RODOVIÁRIO FEDERAL)** Pedro dirigia um veículo automotor que lhe fora emprestado por João e foi parado em uma blitz, quando um dos agentes de trânsito lhe pediu que exibisse sua CNH e os documentos de registro e licenciamento do automóvel que dirigia.

A partir dessa situação e sabendo que o CTB define como crime – Dirigir veículo automotor, em via pública, sem a devida Permissão para Dirigir ou Habilitação – e como infração – Conduzir veículo sem os documentos de porte obrigatório–, julgue o item seguinte.

Se a blitz ocorresse em uma rodovia federal com duas pistas de rolamento, uma em cada sentido, e o agente de trânsito determinasse que Pedro deveria estacionar o carro no acostamento da pista de rolamento diversa da que vinha seguindo, estacionando o carro no sentido oposto ao do fluxo, Pedro deveria negar-se a realizar tal operação, pois as ordens do agente de trânsito não podem sobrepor-se ao CTB e este determina que, nas operações de estacionamento, o veículo deverá ser posicionado no sentido do fluxo.

Certo ( )   Errado ( )

Literalidade do texto do art. 89 do CTB.

Art. 89 A sinalização terá a seguinte ordem de prevalência:

I – as ordens do agente de trânsito sobre as normas de circulação e outros sinais;

II – as indicações do semáforo sobre os demais sinais;

III – as indicações dos sinais sobre as demais normas de trânsito.

GABARITO: ERRADO.

---

202. (IESAP - 2015 - EPT - FISCAL DE TRANSPORTES - ADAPTADA) A Lei de Trânsito estabelece que a sinalização terá a seguinte ordem de prevalência:

I.   os gestos do condutor prevalecem sobre os movimentos do pedestre;

II. as ordens do agente de trânsito sobre as normas de circulação e de outros sinais;

III. as indicações do semáforo sobre os demais sinais;

IV. as indicações dos sinais sobre as demais normas de trânsito;

V.   as indicações do semáforo sobre as ordens do agente de trânsito.

Do exposto, pode-se afirmar que são verdadeiras:

a)   somente II, III e IV.

b)   somente III, IV e V.

c)   somente I, II e III.

d)   somente I, III e V.

e)   somente II, III e V.

Analisando as assertivas:

I: não há correlação de preferência entre os gestos do condutor e o movimento dos pedestres.

II: previsão expressa do art. 89, I, do CTB.

III: previsão no art. 89, II, do CTB.

IV: previsão expressa do art. 89, III, do CTB.

V: as ordens do agente estarão acima do semáforo, e não o contrário, como a questão alude.

GABARITO: A.

---

203. (QUADRIX - 2022 - CRECI - FISCAL) Com base no Código de Trânsito Brasileiro, julgue o item.

É proibido afixar sobre a sinalização de trânsito e os respectivos suportes, ou junto a ambos, qualquer tipo de publicidade, inscrições, legendas e símbolos que não se relacionem com a mensagem da sinalização.

Certo ( )   Errado ( )

Literalidade do art. 82 do CTB.

Art. 82 É proibido afixar sobre a sinalização de trânsito e respectivos suportes, ou junto a ambos, qualquer tipo de publicidade, inscrições, legendas e símbolos que não se relacionem com a mensagem da sinalização.
GABARITO: CERTO.

---

204. **(QUADRIX - 2021 - CRTR - AGENTE FISCAL)** Conforme o Código de Trânsito Brasileiro, a sinalização terá a seguinte ordem de prevalência:

a) Os sinais luminosos sobre as ordens do agente de trânsito.

b) As indicações dos sinais sobre as demais normas de trânsito.

c) Os sinais horizontais e verticais sobre as indicações do semáforo.

d) As normas de circulação sobre as ordens do agente de trânsito.

e) Os gestos do condutor sobre as indicações do semáforo.

Para fixar bem, segue o art. 89 do CTB:

Art. 89 A sinalização terá a seguinte ordem de prevalência:

I – as ordens do agente de trânsito sobre as normas de circulação e outros sinais;

II – as indicações do semáforo sobre os demais sinais;

III – as indicações dos sinais sobre as demais normas de trânsito.
GABARITO: B.

---

205. **(IESAP - 2015 - EPT - FISCAL DE TRANSPORTES)** De acordo com o art. 89 do Código Brasileiro de Trânsito, a sinalização de trânsito terá a seguinte ordem de prevalência:

a) Indicações do semáforo, indicações dos sinais, ordens do agente de trânsito e demais normas de circulação e outros sinais.

b) Ordens do agente de trânsito, indicações dos sinais, indicações do semáforo e demais normas de trânsito.

c) Ordens do agente de trânsito, indicações do semáforo, indicações dos sinais e demais normas de trânsito.

d) Indicações dos sinais, indicações do semáforo, ordens do agente de trânsito e demais normas de trânsito.

e) Ordens do agente de trânsito, indicações do semáforo, demais normas de trânsito e indicações dos sinais.

A questão alude ao art. 89 do CTB novamente, então é preciso saber a chamada ordem de prevalência desse artigo.
GABARITO: C.

---

206. **(FCC - 2007 - MPU - TÉCNICO)** Os sinais de trânsito classificam-se em verticais, horizontais, luminosos, sonoros, gestos do agente de trânsito e do condutor e:

a) marcadores de alinhamento.

b) marcas viárias.

c) dispositivos de segurança.

d) cones e barreiras.

e) dispositivos de sinalização auxiliar.

SINALIZAÇÃO

O último tipo de sinalização que complementa a questão são os dispositivos auxiliares, como cones, cavaletes, gradis, catadiópticos etc.

GABARITO: E.

---

207. (VUNESP - 2021 - PREFEITURA DE JUNDIAÍ - AGENTE DE TRÂNSITO) De acordo com o Código de Trânsito Brasileiro – CTB, para a emissão da ordem de "parada obrigatória para todos os veículos", o agente deve:

a) emitir um sinal de apito com dois silvos breves.

b) estar com o braço estendido horizontalmente, com a palma da mão voltada para baixo, fazendo movimentos verticais, e emitir um sinal de apito com um silvo breve.

c) estar com os dois braços estendidos horizontalmente, com a palma da mão voltada para a frente, e emitir um sinal de apito com um silvo breve.

d) estar com o braço levantado verticalmente, com a palma da mão para a frente, e emitir um sinal de apito com dois silvos breves.

e) estar com o braço levantado verticalmente, com a palma da mão para a frente, e emitir um sinal de apito com um silvo breve.

Nos termos estabelecidos pelo CTB, os sinais sonoros indicam:

– Um silvo breve: siga em frente (acompanhado pelo movimento das mãos, com a palma voltada para a frente do agente).

– Dois silvos breves: pare (normalmente acompanhado com gesto de braço com indicação de onde deve o condutor parar, mostrando as palmas das mãos para o condutor).

– Um silvo longo: diminua a marcha (acompanhado pelo gesto de balançar o braço).

GABARITO: D.

---

208. (CESPE/CEBRASPE - 2002 - PRF - POLICIAL RODOVIÁRIO FEDERAL) Em frente a uma mercearia, há um cartaz que diz o seguinte: "Entregam-se pedidos feitos por telefone". As entregas são feitas por Alberto, que utiliza uma bicicleta para realizar o serviço.

A partir da situação descrita, julgue o item a seguir.

Alberto somente poderia conduzir o referido veículo pelo passeio caso houvesse sinalização adequada autorizando esse tipo de circulação.

Certo ( )   Errado ( )

O gabarito da questão é reflexo do art. 59 do CTB:

Art. 59 Desde que autorizado e devidamente sinalizado pelo órgão ou entidade com circunscrição sobre a via, será permitida a circulação de bicicletas nos passeios.

GABARITO: CERTO.

---

209. (FCC - 2006 - TRT/24ª REGIÃO - AUXILIAR JUDICIÁRIO) A sinalização será colocada em posição e condições que a tornem perfeitamente visível e legível durante o dia e à noite, em distância compatível com a segurança do trânsito, conforme normas e especificações fixadas:

a) pelo Conselho Estadual de Trânsito – Cetran.

b) pelo Departamento Estadual de Trânsito – Detran.

c) pelo Conselho Nacional de Trânsito – Contran.

d) pela Polícia Rodoviária Federal.

e) pela Prefeitura Municipal.

SINALIZAÇÃO

O Contran é o órgão responsável por normatizar o uso e os tipos de sinalização no Brasil. Tal prerrogativa é fácil de atribuir ao Contran, já que em todo território brasileiro as placas seguem o mesmo padrão. Veja o que dispõe o art. 80 do CTB:

Art. 80 Sempre que necessário, será colocada ao longo da via, sinalização prevista neste Código e em legislação complementar, destinada a condutores e pedestres, vedada a utilização de qualquer outra.

§ 1º A sinalização será colocada em posição e condições que a tornem perfeitamente visível e legível durante o dia e a noite, em distância compatível com a segurança do trânsito, conforme normas e especificações do Contran.

GABARITO: C.

---

210.   (CESPE/CEBRASPE - 2006 -TSE - TÉCNICO JUDICIÁRIO) Os diversos sinais de trânsito existentes obedecem a uma ordem de prevalência que todos os condutores devem respeitar. Assinale a opção correta quanto a essa ordem de prevalência.

a)   As indicações luminosas, como os semáforos, por exemplo, prevalecem sobre os demais sinais.

b)   As normas de trânsito prevalecem sobre as indicações de sinais.

c)   As ordens do agente de trânsito prevalecem sobre as normas de circulação e outros sinais.

d)   As indicações horizontais e verticais prevalecem sobre os demais sinais.

Note o que dispõe o art. 89 do CTB, junto com o esquema:

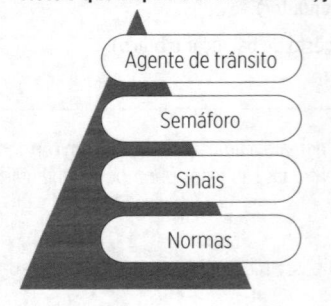

Art. 89 A sinalização terá a seguinte ORDEM DE PREVALÊNCIA:

I - as ordens do agente de trânsito sobre as normas de circulação e outros sinais;

II - as indicações do semáforo sobre os demais sinais;

III - as indicações dos sinais sobre as demais normas de trânsito.

GABARITO: C.

---

211.   (CESPE/CEBRASPE - 2006 - TSE - TÉCNICO JUDICIÁRIO) Com referência à sinalização de trânsito, julgue os itens seguintes.

I.   Os gestos do condutor fazem parte da sinalização de trânsito.

II.   As ordens do agente de trânsito prevalecem sobre as normas de circulação e outros sinais.

III.   Os gestos do condutor prevalecem sobre as indicações do semáforo.

IV.   As placas da sinalização vertical de regulamentação são todas na forma circular, com borda vermelha e fundo branco.

Estão certos apenas os itens:

a)   I e II.

b)   I e III.

c)   II e IV.

d)   III e IV.

O item I está de acordo com a classificação da sinalização contida no art. 87 do CTB. Já o item II prevê o conhecimento do art. 89, I, do CTB. O item III salienta os gestos do condutor, que não prevalecem sobre a sinalização semafórica (seria um absurdo). Por fim, as placas de sinalização de regulamentação, de acordo com a Resolução nº 973/2022 do Contran, não são todas de formato circular, visto que a sinalização de Dê a Preferência e a de Parada Obrigatória são triangular e octogonal, respectivamente.

GABARITO: A.

---

212. **(FCC - 2004 - TRT/2ª REGIÃO - TÉCNICO JUDICIÁRIO)** Ao circular por uma via arterial, determinado condutor chega a um cruzamento em que o semáforo indica a luz vermelha e o agente de trânsito faz indicação para avançar. Nessa situação, o condutor deve:

a)   Avançar, mas buzinando insistentemente para advertir os demais usuários da via.

b)   Avançar, mas respeitando o direito de passagem dos veículos no sentido oposto.

c)   Parar e aguardar a mudança da luz do semáforo para avançar.

d)   Acatar a indicação do agente e avançar.

e)   Avançar, mas acionando as luzes de emergência para chamar a atenção dos demais usuários.

O gesto dos agentes prevalece sobre os semáforos. Portanto, cabe aos condutores obedecerem. Caso não seja obedecido, os condutores cometerão a infração do art. 195 do CTB.

Art. 195 Desobedecer às ordens emanadas da autoridade competente de trânsito ou de seus agentes:

Infração – grave;

Penalidade – multa.

GABARITO: D.

213. **(FCC - 2004 - TRT/2ª REGIÃO - TÉCNICO JUDICIÁRIO)** É permitido ultrapassar o semáforo em luz vermelha apenas quando:

a)   houver uma ordem emanada por um agente da autoridade de trânsito.

b)   o veículo estiver transportando valores.

c)   o veículo estiver transportando autoridades.

d)   o veículo estiver circulando no período noturno.

e)   o veículo estiver efetuando uma conversão à direita.

Repare, mais uma vez, que a questão segue a lógica da ordem de prevalência. Neste caso, é admitido ultrapassar o sinal vermelho quando houver ordem hierarquicamente superior ao semáforo, isto é, ordem do agente de trânsito.

GABARITO: A.

---

214. **(FCC - 2004 - TRT/2ª REGIÃO - TÉCNICO JUDICIÁRIO)** A ordem de prevalência da sinalização obedece à seguinte regra:

a)   A sinalização horizontal prevalece sobre a sinalização vertical.

b)   As indicações do semáforo prevalecem sobre os demais sinais.

c)   As normas de circulação prevalecem sobre as ordens do agente de trânsito.

d)   A sinalização de orientação prevalece sobre a sinalização de indicação.

e)   As normas gerais de conduta e de circulação prevalecem sobre os dispositivos de sinalização.

SINALIZAÇÃO

Perceba que a questão cobra a ordem de sinais que prevalecem. Memorize: os sinais dos agentes prevalecem sobre qualquer outro sinal; o semáforo prevalece sobre os sinais e normas; a sinalização prevalece sobre as normas; e a norma é a última na hierarquia.

GABARITO: B.

---

215. (CESGRANRIO - 2007 - TCE/RO - MOTORISTA) Com quantas horas de antecedência a autoridade de trânsito com circunscrição sobre a via deverá avisar à comunidade, por intermédio dos meios de comunicação social, qualquer interdição da via, indicando caminhos alternativos a serem utilizados?

a) 60.

b) 48.

c) 36.

d) 24.

e) 12.

Previsão expressa no art. 95 do CTB, na qual salienta um prazo de 48 horas de aviso com antecedência para que dê tempo de os condutores se adiantarem.

Art. 95 Nenhuma obra ou evento que possa perturbar ou interromper a livre circulação de veículos e pedestres, ou colocar em risco sua segurança, será iniciada sem permissão prévia do órgão ou entidade de trânsito com circunscrição sobre a via. [...]

§ 2º Salvo em casos de emergência, a autoridade de trânsito com circunscrição sobre a via avisará a comunidade, por intermédio dos meios de comunicação social, com quarenta e oito horas de antecedência, de qualquer interdição da via, indicando-se os caminhos alternativos a serem utilizados.

GABARITO: B.

---

216. (CESGRANRIO - 2007 - TCE/RO - MOTORISTA) De acordo com o Código de Trânsito Brasileiro (CTB), todas as afirmativas estão corretas, exceto:

a) Nenhuma obra ou evento que possa perturbar ou interromper a livre circulação de veículos e pedestres, ou colocar em risco sua segurança, será iniciada sem permissão prévia do órgão ou entidade de trânsito com circunscrição sobre a via.

b) Salvo em caso de emergência, a autoridade de trânsito com circunscrição sobre a via avisará a comunidade, por intermédio dos meios de comunicação social, com quarenta e oito horas de antecedência, de qualquer interdição da via, indicando-se os caminhos alternativos a serem utilizados.

c) Qualquer obstáculo à livre circulação e à segurança de veículos e pedestres, tanto na via quanto na calçada, caso não possa ser retirado, deve ser devida e imediatamente sinalizado.

d) A obrigação de sinalizar uma obra na via pública é sempre de responsabilidade do órgão ou entidade de trânsito com circunscrição sobre a via.

Na verdade, nem sempre essa obrigação é do órgão de trânsito. Em se tratando de evento na beira da pista pública, a obrigação de sinalizar é do responsável pelo evento, conforme previsão do § 1º do art. 95 do CTB.

Art. 95 Nenhuma obra ou evento que possa perturbar ou interromper a livre circulação de veículos e pedestres, ou colocar em risco sua segurança, será iniciada sem permissão prévia do órgão ou entidade de trânsito com circunscrição sobre a via.

§ 1º A obrigação de sinalizar é do responsável pela execução ou manutenção da obra ou do evento.

GABARITO: D.

217. (CESPE/CEBRASPE - 2013 - PRF - POLICIAL RODOVIÁRIO FEDERAL) Se, durante a execução de obra ao longo de uma rodovia federal, a empresa responsável pela obra interromper a circulação de veículos e a movimentação de cargas em uma das faixas de rolamento sem a prévia permissão do órgão de trânsito competente, a PRF deverá interditar a obra e aplicar as penalidades civis e multas decorrentes da infração cometida pela empresa.

Certo ( )   Errado ( )

Não compete à PRF a aplicação das penalidades civis e multas pela execução de obras sem autorização. Nesse sentido, ficará a cargo dos órgãos ou entidades de trânsito executivos rodoviários, como o DNIT.

GABARITO: ERRADO.

---

218. (FUNRIO - 2009 - PRF - POLICIAL RODOVIÁRIO FEDERAL) O Contran estabelecerá as normas e regulamentos a serem adotados em todo o território nacional quando da implementação das soluções adotadas pela Engenharia de Tráfego, assim como padrões a serem praticados por todos os órgãos e entidades do Sistema Nacional de Trânsito. É correto afirmar sobre engenharia de tráfego, operação, fiscalização e policiamento ostensivo de trânsito que:

a) Qualquer obstáculo à livre circulação e à segurança de veículos e pedestres, tanto na via quanto na calçada, caso não possa ser retirado, deve ser devida e imediatamente sinalizado, sendo proibida a utilização das ondulações transversais e de sonorizadores como redutores de velocidade, independente de casos especiais definidos pelo órgão ou entidade competente, nos padrões e critérios estabelecidos pelo Detran.

b) Nenhuma obra ou evento que possa perturbar ou interromper a livre circulação de veículos e pedestres, ou colocar em risco sua segurança, será iniciada sem permissão prévia do órgão ou entidade de trânsito com circunscrição sobre a via, salvo se autorizada por decreto do poder executivo da localidade.

c) A obrigação de sinalizar é do responsável pela execução ou manutenção da obra ou do evento, juntamente com a polícia militar e a guarda municipal.

d) Nenhum projeto de edificação que possa transformar-se em polo atrativo de trânsito poderá ser aprovado sem prévia anuência do órgão ou entidade com circunscrição sobre a via e sem que do projeto conste área para estacionamento e indicação das vias de acesso adequadas.

e) Obrigatoriamente a autoridade de trânsito com circunscrição sobre a via avisará a comunidade, por intermédio dos meios de comunicação social, sempre com quarenta e oito horas de antecedência, de qualquer interdição da via, indicando-se os caminhos alternativos a serem utilizados.

Vamos às assertivas:

A: na verdade, quando a regulamentação autorizar, será permitida a utilização de ondulações transversais, mais conhecidas como quebra-molas.

B: aqui não é um decreto do executivo que autoriza, mas o órgão de trânsito.

C: Polícia Militar e Guarda Municipal não estão previstas como auxiliares do particular que realizar evento em via pública, cabendo a ele unicamente a responsabilidade pela sinalização.

D: literalidade do art. 93 do CTB.

***Art. 93** Nenhum projeto de edificação que possa transformar-se em polo atrativo de trânsito poderá ser aprovado sem prévia anuência do órgão ou entidade com circunscrição sobre a via e sem que do projeto conste área para estacionamento e indicação das vias de acesso adequadas.*

E: nem sempre o aviso será em 48 horas, como no caso de situação de emergência.

GABARITO: D.

SINALIZAÇÃO

---

219. **(FCC - 2020 - AL/AP - AUXILIAR DE TRANSPORTES)** Considere as ilustrações A e B a seguir:

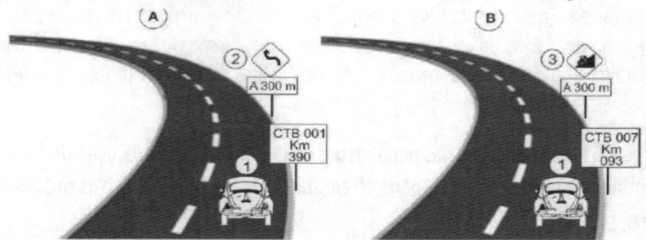

Aceleraldo está conduzindo seu veículo (Figura 1) pelas rodovias CTB 001 (A) e CTB 007 (B). Nas ilustrações A e B, visualiza as sinalizações verticais de advertência indicadas, respectivamente, pelas Figuras 2 e 3. A sinalização apresentada pela:

a) Figura 3 indica "Declive acentuado" e Aceleraldo deve desengrenar o motor de seu veículo para reduzir a emissão de poluentes.

b) Figura 2 indica "Curva acentuada à esquerda" e Aceleraldo deve diminuir a velocidade, com antecedência, usando o freio e, se necessário, reduzir a marcha antes de entrar na curva.

c) Figura 3 indica "Declive acentuado" e Aceleraldo deve desligar o motor de seu carro a fim de diminuir o consumo de combustível.

d) Figura 2 indica "Curva sinuosa à esquerda" e Aceleraldo deve aumentar rapidamente a velocidade durante a curva com o objetivo de neutralizar os vetores centrífugos e centrípetos.

e) Figura 2 indica "Curva acentuada em 'S' à esquerda" e Aceleraldo deve diminuir a velocidade, com antecedência, usando o freio e, se necessário, reduzir a marcha antes de entrar na curva.

O item 2 da Figura A trabalha a sinalização horizontal chamada **curva acentuada em S à esquerda**. Trata-se de uma sinalização de advertência (*vide* formato). Já o item 3 da Figura B apresenta a sinalização de **declive acentuado,** complementado de uma sinalização auxiliar de distância (300 m). Portanto, aqui se deve memorizar a nomenclatura das placas.

GABARITO: E.

220. **(VUNESP - 2021 - PREFEITURA DE JUNDIAÍ - AGENTE DE TRÂNSITO)** Considere a ilustração a seguir.

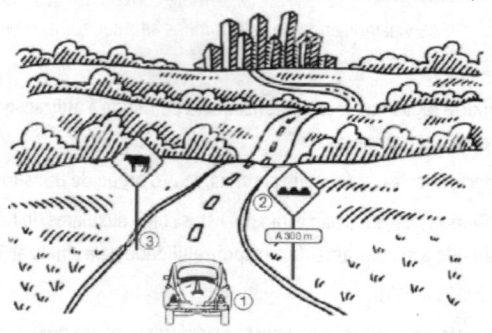

Freionildo está conduzindo seu veículo (Figura 1) pela rodovia e visualiza as sinalizações verticais de advertência indicadas, respectivamente, pelas Figuras 2 e 3. A sinalização apresentada pela:

a) Figura 2 indica "Saliência ou lombada" e que Freionildo deve reduzir a velocidade, usando os freios, porém deve evitar acioná-los durante a passagem pela lombada, pois essa atitude aumenta o desequilíbrio de todo o conjunto do carro.

PEDRO CANEZIN E LEONE MALTZ

SINALIZAÇÃO

b) Figura 3 indica "Animais" e Freionildo deve diminuir a velocidade e evitar o uso de luz alta ou baixa contra o animal.

c) Figura 2 indica "Depressão" e Freionildo deve evitar movimentos bruscos com a direção.

d) Figura 3 indica "Animais selvagens" e Freionildo deve reduzir a marcha e buzinar para afastar os animais que adentrarem a rodovia.

e) Figura 2 indica "Pista irregular" e Freionildo deve aumentar a velocidade, com o objetivo de passar mais rápido pelas irregularidades e evitar danos aos componentes da suspensão.

A banca cobrou a nomenclatura da sinalização vertical, o que não pode ser confundido com as demais sinalizações. Basicamente:

– A Figura 2 indica uma sinalização de advertência chamada pista irregular (A-17).

A Figura 3 indica uma sinalização de advertência chamada animais (A-35), que não pode ser confundida com animais selvagens (A-36).

Ao perceber que pode haver animais na via, o bom senso recomenda que Freionildo transite em velocidade moderada. Quanto à questão da luz, apesar de ser passível de discussão, não é recomendado ofuscar a visão do animal, visto que ele pode se assustar e parar na via.

GABARITO: B.

---

221. **(AOCP - 2021 - PREFEITURA DE JOÃO PESSOA - CONDUTOR DE AMBULÂNCIA)** Sobre o Capítulo VII do CTB, "Da Sinalização de Trânsito", assinale a alternativa correta.

a) Nos imóveis, não é proibido colocar luzes que possam gerar confusão, interferir na visibilidade da sinalização e comprometer a segurança do trânsito.

b) É permitido afixar sobre a sinalização de trânsito e respectivos suportes, ou junto a ambos, publicidade que não se relacione com a mensagem da sinalização.

c) A afixação de publicidade ao longo das vias não necessita de prévia aprovação do órgão ou entidade com circunscrição sobre a via.

d) O órgão ou entidade de trânsito com circunscrição sobre a via poderá retirar ou determinar a imediata retirada de qualquer elemento que prejudique a visibilidade da sinalização viária.

e) Os locais destinados pelo órgão ou entidade de trânsito com circunscrição sobre a via à travessia de pedestres não necessitam ser sinalizados com faixas pintadas ou demarcadas no leito da via.

Analisando as assertivas:

A: nas vias públicas e nos imóveis é proibido colocar luzes, publicidade, inscrições, vegetação e mobiliário que possam gerar confusão, interferir na visibilidade da sinalização e comprometer a segurança do trânsito (art. 81 do CTB).

B: é proibido afixar sobre a sinalização de trânsito e respectivos suportes, ou junto a ambos, qualquer tipo de publicidade, inscrições, legendas e símbolos que não se relacionem com a mensagem da sinalização (art. 82 do CTB).

C: a afixação de publicidade ou de quaisquer legendas ou símbolos ao longo das vias condiciona-se à prévia aprovação do órgão ou entidade com circunscrição sobre a via (art. 83 do CTB).

D: gabarito, conforme o art. 84 do CTB:

Art. 84 O órgão ou entidade de trânsito com circunscrição sobre a via poderá retirar ou determinar a imediata retirada de qualquer elemento que prejudique a visibilidade da sinalização viária e a segurança do trânsito, com ônus para quem o tenha colocado.

E: os locais destinados pelo órgão ou entidade de trânsito com circunscrição sobre a via à travessia de pedestres deverão ser sinalizados com faixas pintadas ou demarcadas no leito da via (art. 85).

GABARITO: D.

SINALIZAÇÃO

09

VEÍCULOS, SEGURANÇA VEICULAR E IDENTIFICAÇÃO VEICULAR

222. (FUNDATEC - 2022 - PREFEITURA DE ESTEIO - FISCAL) De acordo com o Código de Trânsito Brasileiro – CTB, onde não houver linha regular de ônibus, a autoridade com circunscrição sobre a via poderá autorizar, a título precário, o transporte de passageiros em veículo de carga ou misto, desde que obedecidas as condições de segurança estabelecidas no referido Código e pelo Contran. Segundo o CTB, são classificados, quanto à espécie, os seguintes veículos de carga ou misto, exceto:

a) Camionete.

b) Caminhão.

c) Reboque.

d) Utilitário.

e) Trator de rodas.

Da forma que dispõe o CTB, quanto à espécie, os veículos podem ser classificados em:

* **De carga;**
* **De passageiros;**
* **Misto;**
* **De tração (caminhão-trator, trator de rodas, trator de esteira e trator misto – Gabarito);**
* **De competição;**
* **De coleção;**
* **Especial.**

Todos os demais veículos citados na questão correspondem a veículos de carga ou mistos.

GABARITO: E.

223. (VUNESP - 2021 - PREFEITURA DE JUNDIAÍ - AGENTE DE TRÂNSITO) Conforme disposições contidas no art. 105 do CTB, que estabelece os equipamentos obrigatórios para os veículos, assinale a alternativa correta.

a) Registrador instantâneo inalterável de velocidade e tempo, para todos os veículos de transporte de passageiros.

b) Cinto de segurança, exceto nos veículos destinados ao transporte de passageiros, em percursos em que seja permitido viajar em pé.

c) Encosto de cabeça, exceto para veículos destinados a transporte de passageiros, em percursos em que seja permitido viajar em pé.

d) Equipamento suplementar de retenção – air bag obrigatório somente para o condutor.

e) Dispositivo destinado ao controle de emissão de gases poluentes e de ruído somente para veículos de transporte de passageiros e de carga, com peso bruto total superior a quatro mil e quinhentos e trinta e seis quilogramas.

Nos termos do art. 105 do CTB, são equipamentos obrigatórios:

Art. 105 São equipamentos obrigatórios dos veículos, entre outros a serem estabelecidos pelo Contran:

I – cinto de segurança, conforme regulamentação específica do Contran, com exceção dos veículos destinados ao transporte de passageiros em percursos em que seja permitido viajar em pé;

II – para os veículos de transporte e de condução escolar, os de transporte de passageiros com mais de dez lugares e os de carga com peso bruto total superior a quatro mil, quinhentos e trinta e seis quilogramas, equipamento registrador instantâneo inalterável de velocidade e tempo;

III – encosto de cabeça, para todos os tipos de veículos automotores, segundo normas estabelecidas pelo Contran;

IV – (Vetado);

V – dispositivo destinado ao controle de emissão de gases poluentes e de ruído, segundo normas estabelecidas pelo Contran;

VI – para as bicicletas, a campainha, sinalização noturna dianteira, traseira, lateral e nos pedais, e espelho retrovisor do lado esquerdo;

VII – equipamento suplementar de retenção – air bag frontal para o condutor e o passageiro do banco dianteiro;

VIII – luzes de rodagem diurna.

GABARITO: B.

---

224. (CESPE/CEBRASPE - 2021 - PRF - POLICIAL RODOVIÁRIO FEDERAL) Veículos em movimento em via pública que possuam espelhos retrovisores em ambos os lados poderão usar cortinas nas áreas envidraçadas.

Certo ( ) Errado ( )

De acordo com o que dispõe o CTB:

Art. 111 É vedado, nas áreas envidraçadas do veículo:

I – (Vetado);

II – o uso de cortinas, persianas fechadas ou similares nos veículos em movimento, salvo nos que possuam espelhos retrovisores em ambos os lados;

III – aposição de inscrições, películas refletivas ou não, painéis decorativos ou pinturas, quando comprometer a segurança do veículo, na forma de regulamentação do Contran.

Parágrafo único. É proibido o uso de inscrição de caráter publicitário ou qualquer outra que possa desviar a atenção dos condutores em toda a extensão do para-brisa e da traseira dos veículos, salvo se não colocar em risco a segurança do trânsito.

Logo, havendo retrovisores de ambos os lados, é permitido que se utilize de cortinas nas áreas envidraçadas. Vale lembrar que o uso de cortinas e persianas não abrange a região dianteira do veículo.

GABARITO: CERTO.

---

225. (CESPE/CEBRASPE - 2004 - PRF - POLICIAL RODOVIÁRIO FEDERAL) O CTB classifica os veículos em: automotores, elétricos, de propulsão humana, de tração animal, reboques e semirreboques.

Certo ( ) Errado ( )

VEÍCULOS, SEGURANÇA VEICULAR E IDENTIFICAÇÃO VEICULAR

De fato, o art. 96 do CTB classifica os veículos da forma citada pela questão. Veja:

Art. 96 Os veículos classificam-se em:

I – quanto à tração:

a) automotor;

b) elétrico;

c) de propulsão humana;

d) de tração animal;

e) reboque ou semirreboque.

GABARITO: CERTO.

---

226. (CESPE/CEBRASPE - 2004 - PRF - POLICIAL RODOVIÁRIO FEDERAL) Características, especificações básicas, configuração dos veículos e condições essenciais para registro, licenciamento e circulação serão estabelecidas pelo Sistema Nacional de Trânsito por intermédio do Contrandife.

Certo ( )   Errado ( )

Em se tratando da regulamentação dada pela questão, tal dispositivo se aplica em todo território brasileiro. Sendo um dispositivo normativo e aplicável em todo o Brasil, só poderia ser o Contran o órgão regulamentador, e não o Contrandife.

Art. 97 As características dos veículos, suas especificações básicas, configuração e condições essenciais para registro, licenciamento e circulação serão estabelecidas pelo Contran, em função de suas aplicações.

GABARITO: ERRADO.

---

227. (CESPE/CEBRASPE - 2004 - PRF - POLICIAL RODOVIÁRIO FEDERAL) Um veículo só poderá transitar pela via pública quando atender aos requisitos e condições de segurança estabelecidos no CTB e em normas do Detran.

Certo ( )   Errado ( )

O Detran não estabelece normas de trânsito, apenas funciona como órgão executivo dos estados.

Art. 99 Somente poderá transitar pelas vias terrestres o veículo cujo peso e dimensões atenderem aos limites estabelecidos pelo Contran.

GABARITO: ERRADO.

---

228. (CESPE/CEBRASPE - 2004 - PRF - POLICIAL RODOVIÁRIO FEDERAL) Não havendo linha regular de ônibus, o transporte remunerado de passageiros em veículos de carga, entre localidades de origem e destino que estiverem situadas em municípios limítrofes de um mesmo estado, poderá ser autorizado eventualmente e a título precário, desde que cumpra os requisitos estabelecidos pelo Contran.

Certo ( )   Errado ( )

Colocação perfeita citada pela questão. Tal dispositivo se encontra regulamentado pela Resolução nº 508/2014 do Contran e admite as condições de tráfego, de acordo com o previsto. O prazo de duração da AET será de 12 meses, nos termos do art. 108 do CTB.

Art. 108 Onde não houver linha regular de ônibus, a autoridade com circunscrição sobre a via poderá autorizar, a título precário, o transporte de passageiros em veículo de carga ou misto, desde que obedecidas as condições de segurança estabelecidas neste Código e pelo Contran.

VEÍCULOS, SEGURANÇA VEICULAR E IDENTIFICAÇÃO VEICULAR

Parágrafo único. *A autorização citada no caput* não poderá exceder a doze meses, prazo a partir do qual a autoridade pública responsável deverá implantar o serviço regular de transporte coletivo de passageiros, em conformidade com a legislação pertinente e com os dispositivos deste Código.

GABARITO: CERTO.

---

229. (CESPE/CEBRASPE - 2004 - PRF - POLICIAL RODOVIÁRIO FEDERAL) Para circular em vias públicas, os veículos automotores produzidos a partir de 1º/1/1999 devem ser dotados, como equipamentos obrigatórios, de encosto de cabeça em todos os assentos, exceto nos assentos centrais, e cinto de segurança graduável e de três pontos em todos os assentos, podendo, nos assentos centrais, o cinto ser do tipo subabdominal.

Certo ( )   Errado ( )

De fato, o art. 105 do CTB foi alterado buscando abarcar os dispositivos de segurança em questão.

Art. 105 São equipamentos obrigatórios dos veículos, entre outros a serem estabelecidos pelo Contran:

*I – cinto de segurança, conforme regulamentação específica do Contran, com **exceção** dos veículos destinados ao transporte de passageiros em percursos em que seja permitido **viajar em pé**;*	
*II – para os veículos de transporte e de **condução escolar**, os de transporte de passageiros com mais de **dez lugares** e os de carga com peso bruto total superior a **quatro mil, quinhentos e trinta e seis quilogramas**, equipamento registrador instantâneo inalterável de velocidade e tempo;*	
III – encosto de cabeça, para todos os tipos de veículos automotores, segundo normas estabelecidas pelo Contran;	
V – dispositivo destinado ao controle de emissão de gases poluentes e de ruído, segundo normas estabelecidas pelo Contran;	
VI – para as bicicletas, a campainha, sinalização noturna dianteira, traseira, lateral e nos pedais, e espelho retrovisor do lado esquerdo;	
*VII – equipamento suplementar de retenção – **air bag frontal** para o condutor e o passageiro do **banco dianteiro**;*	

VEÍCULOS, SEGURANÇA VEICULAR E IDENTIFICAÇÃO VEICULAR

VIII – luzes de rodagem diurna (LED).	

GABARITO: CERTO.

230. **(CESPE/CEBRASPE - 2004 - PRF - POLICIAL RODOVIÁRIO FEDERAL)** A carga transportada em veículos destinados ao transporte de passageiros, do tipo ônibus, não precisa ser acomodada em compartimento próprio, separado dos passageiros, desde que haja espaço físico suficiente para garantir a segurança no compartimento dos passageiros.

Certo ( )   Errado ( )

Ao se transportar carga em veículos de passageiros, é obrigatório que essa carga esteja em local apropriado, como o porta-malas, tendo em vista a projeção da carga em caso de frenagem brusca ou acidente, de acordo com o art. 109 do CTB, cuja desobediência gera infração de natureza grave.

Art. 109 O transporte de carga em veículos destinados ao transporte de passageiros só pode ser realizado de acordo com as normas estabelecidas pelo Contran. [...]

Art. 248 Transportar em veículo destinado ao transporte de passageiros carga excedente em desacordo com o estabelecido no art. 109:

Infração – grave;

Penalidade – multa;

Medida administrativa – retenção para o transbordo.

GABARITO: ERRADO.

231. **(CESPE/CEBRASPE - 2002 - PRF - POLICIAL RODOVIÁRIO FEDERAL)** Considere a seguinte situação hipotética. Após a aprovação de Gil em concurso vestibular para ingresso na Universidade Federal de Minas Gerais, seus pais quiseram presenteá-lo com um automóvel. Dirigiram-se, então, ao órgão executivo de trânsito competente, objetivando efetivar a troca da placa do veículo usado que haviam adquirido. Foram informados, então, que a placa iniciada pelas letras Gil, seguida dos números correspondentes ao ano do nascimento do filho, não estava mais afeta a um veículo em circulação, já que, em decorrência da destruição havida em acidente, fora dada baixa no respectivo registro. Nessa situação, mesmo com a baixa do registro anterior, não será possível atender à solicitação dos pais de Gil.

Certo ( )   Errado ( )

As placas dianteira e traseira são formas de identificação externa do veículo, e serão individualizadas, nos termos do art. 115 do CTB.

Art. 115 O veículo será identificado externamente por meio de placas dianteira e traseira, sendo esta lacrada em sua estrutura, obedecidas as especificações e modelos estabelecidos pelo Contran.

§ 1º Os caracteres das placas serão individualizados para cada veículo e o acompanharão até a baixa do registro, sendo vedado seu reaproveitamento.

GABARITO: CERTO.

VEÍCULOS, SEGURANÇA VEICULAR E IDENTIFICAÇÃO VEICULAR

232. (CESPE/CEBRASPE - 2002 - PRF - POLICIAL RODOVIÁRIO FEDERAL) Considere a seguinte situação hipotética.

Preocupada com os sucessivos aumentos no preço da gasolina, Laura decidiu alterar o motor do seu veículo para combustão a álcool. Assim, procedeu-se à modificação em oficina de notória especialização e habilitada a emitir certificação, após o que Laura dirigiu-se ao órgão executivo de trânsito competente para efetuar a alteração no registro do veículo, submetendo-o a regular vistoria.

Nessa situação, foi regular o procedimento de Laura, e, não havendo constatação de problemas na vistoria, o órgão executivo de trânsito competente deverá anotar a alteração no campo apropriado do Certificado de Registro de Veículo.

Certo ( )   Errado ( )

Previsão contida no art. 98 do CTB, em que afirma que nenhum proprietário ou responsável poderá, sem prévia autorização da autoridade competente, fazer ou ordenar que sejam feitas no veículo modificações de suas características de fábrica. A autoridade competente, neste caso, é o Detran.

GABARITO: ERRADO.

233. (CESPE/CEBRASPE - 2004 - PRF - POLICIAL RODOVIÁRIO FEDERAL) O CTB classifica os veículos em: automotores, elétricos, de propulsão humana, de tração animal, reboques e semirreboques.

Certo ( )   Errado ( )

Nos termos do CTB, os veículos são classificados de acordo com a tração, espécie e categoria. Em relação à classificação pela tração, todos os veículos citados se enquadram nessa categoria (art. 96 do CTB).

GABARITO: CERTO.

234. (CESPE/CEBRASPE - 2003 - TJ/DFT - TÉCNICO JUDICIÁRIO) Como forma de proteger os passageiros, o CTB proíbe que estes sejam transportados, em qualquer hipótese, em veículos destinados ao transporte de cargas.

Certo ( )   Errado ( )

É possível transportar passageiros em veículos de carga quando houver as adaptações regulamentadas pelo Contran.

***Art. 108** Onde não houver linha regular de ônibus, a autoridade com circunscrição sobre a via poderá autorizar, a título precário, o transporte de passageiros em veículo de carga ou misto, desde que obedecidas as condições de segurança estabelecidas neste Código e pelo Contran.*

GABARITO: ERRADO.

235. (CESPE/CEBRASPE - 2003 - TJ/DFT - TÉCNICO JUDICIÁRIO) Aparelhos automotores destinados a puxar ou arrastar maquinaria de qualquer natureza ou a executar trabalhos agrícolas e de construção ou pavimentação não serão submetidos a registro e licenciamento, mesmo que lhes seja facultado trafegar nas vias.

Certo ( )   Errado ( )

O art. 115, § 4º, do CTB cita que os aparelhos automotores destinados a puxar ou a arrastar maquinaria de qualquer natureza ou a executar trabalhos de construção ou de pavimentação são sujeitos ao registro na repartição competente, se transitarem em via pública, dispensados o licenciamento e o emplacamento.

Além disso, o § 4º-A complementa afirmando que os tratores e demais aparelhos automotores destinados a puxar ou a arrastar maquinaria agrícola ou a executar trabalhos agrícolas, desde que facultados a transitar em via pública, são sujeitos ao registro único, sem ônus, em cadastro específico do Ministério da Agricultura, Pecuária e Abastecimento, acessível aos componentes do Sistema Nacional de Trânsito.

GABARITO: ERRADO.

VEÍCULOS, SEGURANÇA VEICULAR E IDENTIFICAÇÃO VEICULAR

236. (UPENET - 2006 - PREFEITURA DE OLINDA - AGENTE DE TRÂNSITO E TRANSPORTE) Quanto à classificação dos veículos, pode-se afirmar que são veículos:

a) de passageiros, dentre outros: a motocicleta, o caminhão, a caminhonete.

b) de carga, dentre outros: a motocicleta, o caminhão, o carro de mão.

c) de passageiros, dentre outros: o trator de esteira, a bicicleta, a motoneta.

d) de competição, dentre outros: a bicicleta, a motoneta, o ônibus.

e) quanto à categoria, apenas os oficiais, os de representação diplomática, os particulares e os de aluguel.

Vamos às assertivas:

A: os caminhões não são veículos de passageiros.

B: percebe-se que a motocicleta pode ser classificada tanto como de passageiro, quanto como de carga, a depender do contexto, porém não ao mesmo tempo.

C: o trator de esteira não é considerado veículo de passageiros.

D: nenhum dos veículos citados são de competição.

E: a questão se esqueceu dos veículos de aprendizagem.

GABARITO: B.

---

237. (FCC - 2015 - MPE/BA - TÉCNICO MINISTERIAL) Quanto à tração, os veículos classificam-se em: automotor, elétrico, de propulsão humana, de tração animal e:

a) utilitário.

b) ciclomotor.

c) reboque ou semirreboque.

d) triciclo.

e) caminhão-trator.

De acordo com art. 96 do CTB, os veículos classificam-se em:

I – quanto à tração:

a) automotor;

b) elétrico;

c) de propulsão humana;

d) de tração animal;

e) reboque ou semirreboque.

GABARITO: C.

---

238. (FCC - 2006 - TRT/24ª REGIÃO - AUXILIAR JUDICIÁRIO) O registrador instantâneo inalterável de velocidade e tempo (tacógrafo) é um equipamento obrigatório para os veículos de transporte escolar, para os veículos de carga com peso bruto total superior a 4.536 kg e para os veículos de:

a) transporte de passageiros com mais de seis lugares.

b) transporte de passageiros com mais de dez lugares.

c) polícia.

d) prestação de serviços públicos.

e) transporte de autoridades.

O art. 105, II, do CTB afirma que, para os veículos de transporte e de condução escolar, os de transporte de passageiros com mais de 10 lugares e os de carga com peso bruto total superior a 4.536 kg, é obrigatório o uso de equipamento registrador instantâneo inalterável de velocidade e tempo.

GABARITO: B.

---

239. (CESPE/CEBRASPE - 2010 - DETRAN/ES - ASSISTENTE TÉCNICO DE TRÂNSITO) De acordo com o CTB, o uso do cinto de segurança é obrigatório a todos os ocupantes do veículo em todas as vias do território nacional, sendo vedada qualquer modificação de seu dispositivo, quer seja para travar ou afrouxar o sistema. O não cumprimento dessa norma corresponde a infração grave e sujeita o condutor a multa e retenção do veículo para regularização.

Certo ( )   Errado ( )

Tal dispositivo, perceba, cobrou a regra do que ocorre no Brasil. Apesar de haver algumas situações em que o cinto é dispensando, como nos casos previstos na Resolução nº 14/1998, permanece o entendimento como regra.

Art. 65 É obrigatório o uso do cinto de segurança para condutor e passageiros em todas as vias do território nacional, salvo em situações regulamentadas pelo Contran.

É importante ressaltar que o não uso do cinto por condutor ou passageiro de veículo automotor sujeita o condutor a infração grave do art. 167 do CTB, associada à retenção do veículo.

GABARITO: CERTO.

---

240. (CESPE/CEBRASPE - 2006 - MPE/TO - TÉCNICO MINISTERIAL) Pode-se modificar ou substituir equipamento de segurança, desde que seja expedido um certificado de segurança por instituição técnica credenciada.

Certo ( )   Errado ( )

Havendo alterações significativas que comprometam a segurança no trânsito, é obrigatório a emissão do certificado de segurança veicular (CSV). Um ponto marcante da Lei nº 14.071/1997 foi o disposto no parágrafo único do art. 106 (inviabiliza que os Detrans e Contran criem mais burocracia para a blindagem veicular). Veja:

Art. 106 No caso de fabricação artesanal ou de modificação de veículo ou, ainda, quando ocorrer substituição de equipamento de segurança especificado pelo fabricante, será exigido, para licenciamento e registro, certificado de segurança expedido por instituição técnica credenciada por órgão ou entidade de metrologia legal, conforme norma elaborada pelo Contran.

Parágrafo único. Quando se tratar de blindagem de veículo, não será exigido qualquer outro documento ou autorização para o registro ou o licenciamento.

GABARITO: CERTO.

---

241. (CESPE/CEBRASPE - 2006 - MPE/TO - TÉCNICO MINISTERIAL) É permitido o transporte de carga em veículos destinados ao transporte de passageiros, contanto que a carga esteja acondicionada no porta-malas.

Certo ( )   Errado ( )

A Resolução nº 26/1998, em seu art. 2º, dispõe que o transporte de carga em veículo de passageiros deverá ocorrer em compartimento separado dos passageiros, que no ônibus é o bagageiro; já nos automóveis, será o porta-malas.

GABARITO: CERTO.

VEÍCULOS, SEGURANÇA VEICULAR E IDENTIFICAÇÃO VEICULAR

242. **(CESPE/CEBRASPE - 2006 - TSE - TÉCNICO JUDICIÁRIO)** Assinale a opção correta quanto aos equipamentos veiculares considerados obrigatórios de acordo com a legislação de trânsito:

a) Os veículos de carga com peso bruto total superior a 4.536 kg são dispensados de registrador de velocidade.

b) O cinto de segurança é obrigatório, exceto nos veículos destinados ao transporte de passageiros com permissão de viajar em pé.

c) Os veículos importados, principalmente os destinados aos serviços públicos, ficam isentos de atender a todos os requisitos definidos em lei.

d) Em algumas situações especiais, os veículos poderão transitar sem o dispositivo destinado ao controle de ruído.

Analisando as assertivas:

A: na verdade, nos veículos citados é obrigatório uso de tacógrafo.

B: literalidade do art. 105, I, do CTB.

C: todos os requisitos não, apenas quanto ao air bag tais veículos são dispensados.

D: não existe essa exceção prevista no CTB.

GABARITO: B.

---

243. **(CESGRANRIO - 2007 - TCE/RO - MOTORISTA)** Durante que prazo, em meses, poderá ser concedida, pela autoridade com circunscrição sobre a via, a autorização especial de trânsito para guindastes autopropelidos ou sobre caminhões que tenham atendido às medidas de segurança consideradas necessárias?

a) 3.

b) 4.

c) 6.

d) 8.

e) 12.

A previsão do art. 101, § 3º, do CTB diz respeito à AET, com prazo de seis meses.

Art. 101 [...]

§ 3º Aos guindastes autopropelidos ou sobre caminhões poderá ser concedida, pela autoridade com circunscrição sobre a via, autorização especial de trânsito, com prazo de seis meses, atendidas as medidas de segurança consideradas necessárias.

GABARITO: C.

---

244. **(UFPR - 2005 - DETRAN/PR - DESPACHANTE)** O art. 115 do Código de Trânsito Brasileiro estabelece a identificação dos veículos de acordo com placas externas dianteira e traseira. Sobre esse tema, é correto afirmar:

a) Os caracteres das placas serão individualizados para cada veículo e o acompanharão até a baixa do registro, havendo, após essa baixa, seu reaproveitamento.

b) Os veículos de representação dos governadores e prefeitos não terão placas especiais.

c) Os aparelhos automotores destinados a puxar ou arrastar maquinaria de qualquer natureza ou a executar trabalhos agrícolas e de construção, desde que lhes seja facultado transitar nas vias, não devem receber numeração especial.

d) As placas com as cores verde e amarela da Bandeira Nacional serão usadas pelos veículos de representação pessoal do presidente da República, dos presidentes do Senado Federal e da Câmara dos Deputados, dentre outros.

e) Os veículos de duas ou três rodas devem ter as placas dianteira e traseira, obrigatoriamente.

Vamos às assertivas:

A: é vedado o reaproveitamento de placas.

B: tais destinatários poderão sim ter placas especiais, por serem chefes de poder.

C:tais veículos deverão receber um número de tombamento, visto que dispensam placas dianteira e traseira.

D: de acordo com o art. 115, § 2º, do CTB:

Art. 115 [...]

§ 2º As placas com as cores verde e amarela da Bandeira Nacional serão usadas somente pelos veículos de representação pessoal do presidente e do vice-presidente da República, dos presidentes do Senado Federal e da Câmara dos Deputados, do presidente e dos ministros do Supremo Tribunal Federal, dos ministros de Estado, do advogado-geral da União e do procurador-geral da República.

E: tais veículos dispensam as placas dianteiras.

GABARITO: D.

245. (CESPE/CEBRASPE - 2004 - PRF - POLICIAL RODOVIÁRIO FEDERAL) Características, especificações básicas, configuração dos veículos e condições essenciais para registro, licenciamento e circulação serão estabelecidas pelo Sistema Nacional de Trânsito por intermédio do Contrandife.

Certo ( )   Errado ( )

Óbvio que tal dispositivo é incorreto, visto que essa previsão se aplica a todos os veículos que transitarem em território nacional, não apenas no DF.

Art. 97 As características dos veículos, suas especificações básicas, configuração e condições essenciais para registro, licenciamento e circulação serão estabelecidas pelo Contran, em função de suas aplicações.

GABARITO: ERRADO.

246. (FUNRIO - 2009 - PRF - POLICIAL RODOVIÁRIO FEDERAL) As características dos veículos, suas especificações básicas, configuração e condições essenciais para registro, licenciamento e circulação serão estabelecidas pelo Contran, em função de suas aplicações. Os veículos classificam-se em:

a) Quanto à categoria como: caminhão-trator, trator de rodas, trator de esteiras, trator misto, especial, de coleção.

b) Quanto à espécie como: de passageiros: motoneta, motocicleta, triciclo, quadriciclo, caminhonete, caminhão, reboque ou semirreboque, carroça, carro de mão.

c) Quanto à espécie como de carga: bicicleta, ciclomotor, motoneta motocicleta, triciclo, quadriciclo, automóvel, micro-ônibus, ônibus, bonde, reboque ou semirreboque, charrete.

d) Quanto à espécie como misto: oficial; de representação diplomática, de repartições consulares de carreira ou organismos internacionais acreditados junto ao governo brasileiro; particular; de aluguel; de aprendizagem.

e) Quanto à tração como: automotor, elétrico, de propulsão humana, de tração animal, reboque ou semirreboque.

Questão bem elaborada, que exige conhecimento técnico do aluno. Primeiro, observe o seguinte esquema:

1) Classificação quanto à tração, segundo o art. 96 do CTB:	2) Classificação quanto à espécie:	3) Classificação quanto à categoria:
a) Automotor;	a) De passageiros:	a) Oficial;
b) Elétrico;	1 – Bicicleta;	b) De representação diplomática, de repartições consulares de carreira ou organismos internacionais acreditados junto ao governo brasileiro;
c) De propulsão humana;	2 – Ciclomotor;	
d) De tração animal;	3 – Motoneta;	
e) Reboque ou semirreboque;	4 – Motocicleta;	
	5 – Triciclo;	c) Particular;
	6 – Quadriciclo;	d) De aluguel;
	7 – Automóvel;	e) De aprendizagem.
	8 – Micro-ônibus;	
	9 – Ônibus;	
	10 – Bonde;	
	11 – Reboque ou semirreboque;	
	12 – Charrete;	
	b) De carga:	
	1 – Motoneta;	
	2 – Motocicleta;	
	3 – Triciclo;	
	4 – Quadriciclo;	
	5 – Caminhonete;	
	6 – Caminhão;	
	7 – Reboque ou semirreboque;	
	8 – Carroça;	
	9 – Carro de mão;	
	c) Misto:	
	1 – Camioneta;	
	2 – Utilitário;	
	3 – Outros;	
	d) De competição;	
	e) De tração:	
	1 – Caminhão-trator;	
	2 – Trator de rodas;	
	3 – Trator de esteiras;	
	4 – Trator misto;	
	f) Especial;	
	g) De coleção;	

Basta encaixar a questão na tabela correta, o que nos dá como gabarito a alternativa E.

GABARITO: E.

VEÍCULOS, SEGURANÇA VEICULAR E IDENTIFICAÇÃO VEICULAR

247. (CESPE/CEBRASPE - 2008 - PRF - POLICIAL RODOVIÁRIO FEDERAL) Entre as autoridades públicas apresentadas nas opções a seguir, aquela cuja placa em veículo de representação pessoal usa as cores verde e amarela da Bandeira Nacional é o:

a) presidente de tribunal federal.

b) governador de estado.

c) procurador-geral da República.

d) oficial general das Forças Armadas.

e) prefeito.

As placas verde e amarela são prerrogativas das autoridades pertencentes à cúpula dos três poderes no Brasil, sendo elas:

• **Poder Executivo: presidente da República, vice-presidente e ministros de Estado.**

• **Poder Legislativo: presidente do Senado e da Câmara dos Deputados.**

• **Poder Judiciário: ministros do STF.**

A lei ainda estabelece tal prerrogativa para os cargos equiparados a ministros de Estado, a saber: AGU e PGR.

Art. 115 [...]

§ 2º As placas com as cores verde e amarela da Bandeira Nacional serão usadas somente pelos veículos de representação pessoal do presidente e do vice-presidente da República, dos presidentes do Senado Federal e da Câmara dos Deputados, do presidente e dos ministros do Supremo Tribunal Federal, dos ministros de Estado, do advogado-geral da União e do procurador-geral da República.

GABARITO: C.

248. (CESPE/CEBRASPE - 2008 - PRF - POLICIAL RODOVIÁRIO FEDERAL) Considere a seguinte situação. Há algum tempo, já na vigência do atual CTB, alguns telejornais mostraram um senador argentino, em um posto da PRF no estado do Rio Grande do Sul, recebendo uma multa por excesso de velocidade. À ocasião, agindo em conformidade com o comando superior, os policiais condicionaram o prosseguimento do trânsito do veículo, em direção a Camboriú – SC, ao prévio recolhimento da multa. Nessa situação, o procedimento adotado estava em consonância com o CTB, que proíbe o trânsito, pelo território nacional, de veículos licenciados no exterior sem prévia quitação de débitos de multa por infrações de trânsito cometidas no Brasil.

Certo ( )   Errado ( )

O CTB não proíbe o trânsito de veículo com débitos, mas proíbe o ingresso ou a saída do território brasileiro em havendo débitos. Assim, de acordo com o art. 119, § 1º, proíbe-se a saída do território nacional sem o prévio pagamento, assim como o ingresso se houver débitos.

Art. 119 [...]

§ 1º Os veículos licenciados no exterior não poderão sair do território nacional sem o prévio pagamento ou o depósito, judicial ou administrativo, dos valores correspondentes às infrações de trânsito cometidas e ao ressarcimento de danos que tiverem causado ao patrimônio público ou de particulares, independentemente da fase do processo administrativo ou judicial envolvendo a questão.

§ 2º Os veículos que saírem do território nacional sem o cumprimento do disposto no § 1º e que posteriormente forem flagrados tentando ingressar ou já em circulação no território nacional serão retidos até a regularização da situação.

GABARITO: ERRADO.

VEÍCULOS, SEGURANÇA VEICULAR E IDENTIFICAÇÃO VEICULAR

249. **(CESGRANRIO - 2007 - TCE/RO - MOTORISTA)** No Brasil, a entrada e a saída temporária ou definitiva de veículos deverão ser comunicadas pelas repartições aduaneiras ou órgãos de controle de fronteiras ao(à):

a) Denatran.

b) Contran.

c) Renavam.

d) Receita Federal.

e) Polícia Rodoviária Federal.

Por expressa literalidade da lei, o órgão oficial a ser comunicado é o Renavam.

Art. 119 As repartições aduaneiras e os órgãos de controle de fronteira comunicarão diretamente ao Renavam a entrada e saída temporária ou definitiva de veículos.

GABARITO: C.

250. **(FCC - 2018 - DETRAN/MA - ANALISTA DE TRÂNSITO)** Considere os seguintes veículos:

I. Motoneta.

II. Triciclo.

III. Charrete.

IV. Carroça.

V. Carro de mão.

Quanto à espécie, são exemplos de veículos de carga os que constam apenas em:

a) I, II e III.

b) I, II e IV.

c) I, III e V.

d) III, IV e V.

e) I, II, IV e V.

A classificação quanto à espécie leva em conta veículos de passageiros, de carga, mistos, de tração, especiais, de competição e de coleção. Percebe-se, portanto, que são veículos de carga apenas a motoneta, triciclo, carroça e carro de mão.

GABARITO: E.

251. **(FCC - 2018 - DETRAN/MA - ANALISTA DE TRÂNSITO)** Considere:

I. Automotor.

II. Elétrico.

III. De propulsão humana.

IV. Particular.

V. De aprendizagem.

VI. De competição.

São classificados quanto à categoria, os veículos que constam apenas em:

a) I e II.

b) I, II e III.

c) IV e V.

d) IV e VI.

e) III, V e VI.

VEÍCULOS, SEGURANÇA VEICULAR E IDENTIFICAÇÃO VEICULAR

São veículos agrupados por categoria: particulares, aprendizagem, representação, aluguel e oficiais.

GABARITO: C.

---

252. **(IBFC - 2011 - MPE/SP - MOTORISTA)** Segundo o CTB (Código Brasileiro de Trânsito):

- Os veículos classificam-se quanto à tração.
- Os veículos classificam-se quanto à espécie e categoria.

Das afirmações acima:

a) Ambas estão corretas.

b) Apenas a II está correta.

c) Nenhuma está correta.

d) Apenas a I está correta.

O art. 96 do CTB classifica os veículos de acordo com a TEC (tração, espécie e categoria).

GABARITO: A.

---

253. **(UECE - 2018 - DETRAN/CE - VISTORIADOR)** São veículos que se classificam, quanto à espécie, como "mistos":

a) bonde e ciclomotor.

b) micro-ônibus e trator misto.

c) caminhonete e motocicleta.

d) camioneta e utilitário.

São considerados veículos mistos as camionetas, utilitários e outros veículos que transportem passageiros e carga.

GABARITO: D.

---

254. **(CESPE/CEBRASPE - 2017 - TRF/1ª REGIÃO - TÉCNICO JUDICIÁRIO)** É vedado, em quaisquer hipóteses, que o veículo utilizado para o transporte de carga indivisível exceda os limites de peso e dimensões estabelecidos no CTB.

Certo ( )   Errado ( )

Havendo autorização (AET) do órgão com circunscrição na via, notadamente os órgãos executivos rodo-viários, será possível o trânsito com esses veículos.

GABARITO: ERRADO.

---

255. **(VUNESP - 2020 - PREFEITURA DE CANANEIA - MOTORISTA)** A combinação de veículos, sendo o primeiro um veículo automotor e os demais, reboques ou equipamentos de trabalho agrícola, construção, terraplenagem ou pavimentação, de acordo do Anexo I do CTB, é considerado veículo:

a) de carga.

b) conjugado.

c) articulado.

d) de grande porte.

e) utilitário.

Para resolver a questão, precisa-se ter ideia do que vem a ser o conceito trazido, o qual se encontra no Anexo I do CTB. Repare:

VEÍCULOS, SEGURANÇA VEICULAR E IDENTIFICAÇÃO VEICULAR

VEÍCULO CONJUGADO – combinação de veículos, sendo o primeiro um veículo automotor e os demais reboques ou equipamentos de trabalho agrícola, construção, terraplenagem ou pavimentação.

GABARITO: B.

256. **(FCC - 2020 - AL/AP - AUXILIAR DE TRANSPORTES)** No tocante à segurança, os veículos só poderão transitar pela via quando atendidos os requisitos e condições de segurança estabelecidos no Código de Trânsito Brasileiro (CTB) e em normas do Conselho Nacional de Trânsito (Contran), sendo que:

a) Onde não houver linha regular de ônibus, a autoridade com circunscrição sobre a via poderá autorizar por até 24 meses, a título precário, o transporte de passageiros em veículo de carga ou misto, desde que obedecidas as condições de segurança estabelecidas no CTB e pelo Contran.

b) Segundo normas estabelecidas pelo Contran, o encosto de cabeça é equipamento obrigatório apenas para veículos de aluguel.

c) Para as bicicletas, a campainha, o espelho retrovisor no lado esquerdo e a sinalização noturna dianteira, traseira, lateral e nos pedais são equipamentos obrigatórios.

d) O equipamento registrador instantâneo inalterável de velocidade e tempo é obrigatório para os veículos de transporte e de condução escolar com peso bruto total superior a 5.000 quilogramas.

e) O equipamento registrador instantâneo inalterável de velocidade e tempo é obrigatório para os veículos de transporte de passageiros com mais de 8 lugares.

Para resolver a questão, basta memorizar o art. 105 do CTB. A alternativa A erra ao afirmar que o prazo é de 24 meses (na verdade, é de 12 meses). A alternativa B erroneamente afirma que o encosto de cabeça é apenas para os veículos de aluguel (na verdade, é para todos). Já o peso bruto total (PBT) ressaltado na alternativa D não é de 5.000 kg, mas de 4.536 kg. Por fim, a alternativa E erra ao afirmar "com mais de 8 lugares", o que, na verdade, são 10 lugares.

GABARITO: C.

257. **(VUNESP - 2020 - PREFEITURA DE MORRO AGUDO - MOTORISTA DE AMBULÂNCIA)** Um veículo misto caracterizado pela versatilidade do seu uso, inclusive fora de estrada, de acordo com o Anexo I do CTB, é denominado veículo:

a) utilitário.

b) de carga.

c) de passageiro.

d) de grande porte.

e) conjugado.

Veículo marcado pela sua versatilidade, adaptando-se a vários ambientes, é denominado veículo utilitário. Repare a nomenclatura: veículo utilitário significa veículo útil em várias situações.

GABARITO: A.

258. **(SELECON - 2020 - PREFEITURA DE BOA VISTA - CONDUTOR)** Quanto à classificação de veículos, dentre os veículos a seguir, é considerado um veículo de passageiro:

a) carroça.

b) carro de mão.

c) charrete.

d) utilitário.

Dentre as alternativas da questão, as alternativas B e C retratam veículos de carga, enquanto a alternativa D menciona um veículo misto.

GABARITO: A.

---

259. **(QUADRIX - 2020 - CRMV - MOTORISTA)** Conforme cresce o uso da bicicleta como meio de transporte nas grandes cidades, cresce o número de ciclistas no trânsito, sendo cada vez mais comuns os encontros entre motoristas e ciclistas. Considerando essa informação, julgue o item no que diz respeito à postura do motorista em relação aos ciclistas, segundo a Lei nº 9.503/1997 (Código Brasileiro de Trânsito).

De acordo com o Código Brasileiro de Trânsito, uma bicicleta é considerada como um veículo de passageiros.

Certo ( )   Errado ( )

De acordo com o CTB, sim, uma bicicleta é veículo de propulsão humana, classificado como veículo de transporte de passageiros.

GABARITO: CERTO.

---

260. **(QUADRIX - 2020 - CRMV - MOTORISTA)** O proprietário poderá fazer modificações na identificação do veículo, desde que, após, submeta à fiscalização da autoridade executiva de trânsito.

Certo ( )   Errado ( )

De acordo com o CTB, o proprietário que quiser modificar as características do veículo deverá colher previamente autorização do Detran.

GABARITO: ERRADO.

---

261. **(GUALIMP - 2020 - PREFEITURA DE QUISSAMÃ - FISCAL)** O veículo será identificado externamente por meio de placas dianteira e traseira, sendo esta lacrada em sua estrutura, obedecidas as especificações e modelos estabelecidos pelo Contran. Sobre esse tema é correto afirmar que:

a) Excepcionalmente, mediante autorização específica e fundamentada das respectivas corregedorias e com a devida comunicação aos órgãos de trânsito competentes, os veículos utilizados por membros do Poder Judiciário e do Ministério Público que exerçam competência ou atribuição criminal poderão permanentemente ter placas especiais, de forma a impedir a identificação de seus usuários específicos, na forma de regulamento a ser emitido, conjuntamente, pelo Conselho Nacional de Justiça – CNJ, pelo Conselho Nacional do Ministério Público – CNMP e pelo Departamento Nacional de Trânsito – Denatran.

b) Os tratores e demais aparelhos automotores destinados a puxar ou a arrastar maquinaria agrícola ou a executar trabalhos agrícolas, desde que facultados a transitar em via pública, são sujeitos ao registro único, com ônus, em cadastro específico do Departamento Nacional de Trânsito – Denatran, acessível aos componentes do Sistema Nacional de Trânsito, sendo obrigatórios o licenciamento e o emplacamento.

c) Os veículos de representação dos presidentes dos tribunais federais, dos governadores, prefeitos, secretários estaduais e municipais, dos presidentes das assembleias legislativas, das câmaras municipais, dos presidentes dos tribunais estaduais e do Distrito Federal, e do respectivo chefe do Ministério Público e ainda dos oficiais generais das Forças Armadas terão placas com as cores verde e amarela da Bandeira Nacional, de acordo com os modelos estabelecidos pelo Denatran.

d) Os veículos de transporte de carga e os coletivos de passageiros deverão conter, em local facilmente visível, a inscrição indicativa de sua tara, do peso bruto total (PBT), do peso bruto total combinado (PBTC) ou capacidade máxima de tração (CMT) e de sua lotação, vedado o uso em desacordo com sua classificação.

VEÍCULOS, SEGURANÇA VEICULAR E IDENTIFICAÇÃO VEICULAR

Vamos analisar cada assertiva:

A: *Art. 115 [...]*

§ 7º Excepcionalmente, mediante autorização específica e fundamentada das respectivas corregedorias e com a devida comunicação aos órgãos de trânsito competentes, os veículos utilizados por membros do Poder Judiciário e do Ministério Público que exerçam competência ou atribuição criminal poderão temporariamente ter placas especiais, de forma a impedir a identificação de seus usuários específicos, na forma de regulamento a ser emitido, conjuntamente, pelo Conselho Nacional de Justiça – CNJ, pelo Conselho Nacional do Ministério Público – CNMP e pelo Conselho Nacional de Trânsito – Contran.

B: *Art. 115 [...]*

§ 4º-A. Os tratores e demais aparelhos automotores destinados a puxar ou a arrastar maquinaria agrícola ou a executar trabalhos agrícolas, desde que facultados a transitar em via pública, são sujeitos ao registro único, sem ônus, em cadastro específico do Ministério da Agricultura, Pecuária e Abastecimento, acessível aos componentes do Sistema Nacional de Trânsito.

C: *Art. 115 [...]*

§ 3º Os veículos de representação dos presidentes dos tribunais federais, dos governadores, prefeitos, secretários estaduais e municipais, dos presidentes das assembleias legislativas, das câmaras municipais, dos presidentes dos tribunais estaduais e do Distrito Federal, e do respectivo chefe do Ministério Público e ainda dos oficiais generais das Forças Armadas terão placas especiais, de acordo com os modelos estabelecidos pelo Contran.

D: literalidade do art. 117.

Art. 117 Os veículos de transporte de carga e os coletivos de passageiros deverão conter, em local facilmente visível, a inscrição indicativa de sua tara, do peso bruto total (PBT), do peso bruto total combinado (PBTC) ou capacidade máxima de tração (CMT) e de sua lotação, vedado o uso em desacordo com sua classificação.

GABARITO: D.

DOCUMENTOS VEICULARES (REGISTRO E LICENCIAMENTO)

10

262. **(QUADRIX - 2022 - CRECI - FISCAL)** Não será expedido um novo Certificado de Registro de Veículo enquanto houver débitos fiscais e de multas de trânsito e ambientais vinculadas ao veículo, independentemente da responsabilidade pelas infrações cometidas.

   Certo ( )   Errado ( )

   De acordo com o que está expresso na lei, para que um novo CRV seja expedido, não pode haver nenhum débito.

   Art. 128 Não será expedido novo Certificado de Registro de Veículo enquanto houver débitos fiscais e de multas de trânsito e ambientais, vinculadas ao veículo, independentemente da responsabilidade pelas infrações cometidas.

   GABARITO: CERTO.

263. **(QUADRIX - 2022 - CRECI - FISCAL)** O registro e o licenciamento dos veículos de propulsão humana e dos veículos de tração animal obedecerão à regulamentação estabelecida em lei complementar aprovada pelo Poder Executivo.

   Certo ( )   Errado ( )

   O registro e o licenciamento dos veículos de propulsão humana e dos veículos de tração animal obedecerão à regulamentação estabelecida em legislação municipal do domicílio ou residência de seus proprietários.

   GABARITO: ERRADO.

264. **(CESPE/CEBRASPE - 2020 - PRF - POLICIAL RODOVIÁRIO FEDERAL)** Com relação aos documentos de porte obrigatório, julgue o item subsequente.

   Será dispensado o porte do certificado de registro e licenciamento de veículo quando o agente fiscalizador tiver acesso a sistema informatizado que permita verificar se o veículo está devidamente licenciado.

   Certo ( )   Errado ( )

   Perfeitamente, conforme o art. 133 do CTB:

   Art. 133 É obrigatório o porte do Certificado de Licenciamento Anual.

   Parágrafo único. O porte será dispensado quando, no momento da fiscalização, for possível ter acesso ao devido sistema informatizado para verificar se o veículo está licenciado.

   GABARITO: CERTO.

265. **(QUADRIX - 2022 - CRECI - FISCAL)** O proprietário de veículo irrecuperável ou destinado à desmontagem deverá requerer a baixa do registro, sendo vedada a remontagem do veículo sob o mesmo chassi, mantendo o registro anterior.

   Certo ( )   Errado ( )

DOCUMENTOS VEICULARES (REGISTRO E LICENCIAMENTO)

É exatamente o que expõe o art. 126 do CTB, o qual é complementado pelo art. 127.

Art. 126 O proprietário de veículo irrecuperável, ou destinado à desmontagem, deverá requerer a baixa do registro, no prazo e forma estabelecidos pelo Contran, vedada a remontagem do veículo sobre o mesmo chassi de forma a manter o registro anterior.

§ 1º A obrigação de que trata este artigo é da companhia seguradora ou do adquirente do veículo destinado à desmontagem, quando estes sucederem ao proprietário. (Incluído pela Lei nº 14.440/2022)

§ 2º A existência de débitos fiscais ou de multas de trânsito e ambientais vinculadas ao veículo não impede a baixa do registro. (Incluído pela Lei nº 14.440/2022)

Art. 127 O órgão executivo de trânsito competente só efetuará a baixa do registro após prévia consulta ao cadastro do Renavam.

Parágrafo único. Efetuada a baixa do registro, deverá ser esta comunicada, de imediato, ao Renavam.

GABARITO: CERTO.

---

266. **(QUADRIX - 2022 - CRECI - FISCAL)** Não será obrigatória a expedição de novo Certificado de Registro de Veículo quando este tiver sua propriedade transferida.

Certo ( )   Errado ( )

Nos termos do que dispõe o art. 123 do CTB, há sim obrigação de expedição de um novo CRV quando houver mudança de propriedade do veículo.

Art. 123 Será obrigatória a expedição de novo Certificado de Registro de Veículo quando:

I – for transferida a propriedade;

II – o proprietário mudar o município de domicílio ou residência;

III – for alterada qualquer característica do veículo;

IV – houver mudança de categoria.

GABARITO: ERRADO.

---

267. **(QUADRIX - 2022 - CRECI - FISCAL)** Todo veículo automotor, elétrico, articulado, reboque ou semirreboque, deverá ser registrado perante o órgão executivo de trânsito do estado ou do Distrito Federal, no município de domicílio ou residência de seu proprietário.

Certo ( )   Errado ( )

Neste ponto, a banca cobrou a literalidade do art. 120, *caput*, do CTB. Repare:

Art. 120 Todo veículo automotor, elétrico, articulado, reboque ou semirreboque, deve ser registrado perante o órgão executivo de trânsito do estado ou do Distrito Federal, no município de domicílio ou residência de seu proprietário, na forma da lei.

GABARITO: CERTO.

---

268. **(VUNESP - 2020 - PREFEITURA DE MORRO AGUDO - MOTORISTA)** Ao trafegar com um veículo em uma via aberta a circulação, deve-se ter o cuidado de que o veículo esteja em ótimas condições de manutenção, com a documentação em dia e o condutor portando os documentos obrigatórios. Quais documentos são de porte obrigatório para transitar em uma via aberta a circulação?

a) Certificado de Registro do Veículo e IPVA pago.

b) Carteira Nacional de Habilitação ou Permissão para Dirigir válida e Certificado de Registro de Veículo.

c) Carteira Nacional Habilitação ou Permissão para Dirigir válida.

DOCUMENTOS VEICULARES (REGISTRO E LICENCIAMENTO)

d) Autorização do proprietário do veículo e Carteira Nacional de Habilitação.

e) Carteira Nacional de Habilitação ou Permissão para Dirigir válida e Certificado de Licenciamento Anual.

Nos termos do CTB, são documentos obrigatórios a habilitação e o CRLV. No entanto, havendo acesso à rede, o agente de fiscalização poderá dispensar a apresentação física do documento.

Os arts. 139 e 153 do CTB regulamentam o que foi cobrado:

Art. 133 É obrigatório o porte do Certificado de Licenciamento Anual. [...]

*Art. 159 A Carteira Nacional de Habilitação, expedida em meio físico e digital, **de acordo com as especificações do Contran**, atendidos os pré-requisitos estabelecidos neste Código, conterá fotografia, identificação e número de inscrição no Cadastro de Pessoas Físicas (CPF) do condutor, terá fé pública e equivalerá a documento de identidade em todo o território nacional. **(Redação dada pela Lei nº 14.440/2022)***

§ 1º É obrigatório o porte da Permissão para Dirigir ou da Carteira Nacional de Habilitação quando o condutor estiver à direção do veículo.

GABARITO: E.

269. (CESPE/CEBRASPE - 2004 - PRF - POLICIAL RODOVIÁRIO FEDERAL) É obrigatória, para a expedição do CRV, a apresentação da nota fiscal fornecida pelo fabricante ou revendedor, ou documento equivalente, expedido por autoridade competente.

Certo ( )   Errado ( )

Para a expedição do Certificado de Registro de Veículo (CRV), o órgão executivo de trânsito consultará o cadastro do Renavam e exigirá do proprietário a nota fiscal fornecida pelo fabricante ou revendedor, ou documento equivalente expedido por autoridade competente.

GABARITO: CERTO.

270. (CESPE/CEBRASPE - 2004 - PRF - POLICIAL RODOVIÁRIO FEDERAL) Ao ser transferida a propriedade do veículo, o CRV acompanha o veículo, segundo a regra de que o acessório segue o principal.

Certo ( )   Errado ( )

Nos termos do art. 123 do CTB, será obrigatória a expedição de novo CRV quando:

I – for transferida a propriedade;

II – o proprietário mudar o município de domicílio ou residência;

III – for alterada qualquer característica do veículo;

IV – houver mudança de categoria.

GABARITO: ERRADO.

271. (CESPE/CEBRASPE - 2004 - PRF - POLICIAL RODOVIÁRIO FEDERAL) Será obrigatória a expedição de novo CRV quando, entre outras hipóteses, for alterada qualquer característica do veículo.

Certo ( )   Errado ( )

O art. 123 do CTB elenca as hipóteses de novas expedições do CRV, entre as quais está a citada na questão.

GABARITO: CERTO.

272. (CESPE/CEBRASPE - 2004 - PRF - POLICIAL RODOVIÁRIO FEDERAL) O comprovante de quitação de débitos relativos a tributos, encargos e multas é documento exigido para a expedição de novo CRV.

Certo ( )   Errado ( )

O art. 124 do CTB estabelece um rol de documentos necessários para a expedição de novo CRV. Observe:

Art. 124 Para a expedição do novo Certificado de Registro de Veículo serão exigidos os seguintes documentos: [...]

VIII – comprovante de quitação de débitos relativos a tributos, encargos e multas de trânsito vinculados ao veículo, independentemente da responsabilidade pelas infrações cometidas.

GABARITO: CERTO.

---

273. (CESPE/CEBRASPE - 2004 - PRF - POLICIAL RODOVIÁRIO FEDERAL) Quando o proprietário de um veículo mudar de residência no mesmo município, deverá comunicar, no prazo máximo de 15 dias, o novo endereço e aguardar o novo licenciamento para alterar o Certificado de Licenciamento Anual.

Certo ( )   Errado ( )

Nos termos do art. 123, § 2º, do CTB o prazo a que a questão se refere é de 30 dias, não 15.

GABARITO: ERRADO.

---

274. (CESPE/CEBRASPE - 2004 - PRF - POLICIAL RODOVIÁRIO FEDERAL) Considere a seguinte situação hipotética. O proprietário de um veículo sinistrado, com laudo pericial de perda total, transferiu o seu domicílio de Luziânia – GO para Brasília – DF, levando consigo o referido veículo. Nessa situação, por ocasião da transferência de domicílio interestadual, o proprietário deverá providenciar a realização de vistoria no veículo sinistrado junto ao Departamento de Trânsito correspondente ao novo domicílio.

Certo ( )   Errado ( )

O art. 126 do CTB determina que o proprietário de veículo irrecuperável, ou destinado à desmontagem, deverá requerer a baixa do registro, no prazo e forma estabelecidos pelo Contran, vedada a remontagem do veículo sobre o mesmo chassi de forma a manter o registro anterior. A Resolução nº 941/2022 do Contran também afirma que não se realizará vistoria em veículo sinistrado com laudo pericial de perda total, no caso de ocorrer transferência de domicílio do proprietário.

Vale destacar que foi incluído o § 2º ao art. 126, reforçando que a existência de débitos fiscais ou de multas de trânsito e ambientais vinculadas ao veículo não impede a baixa do registro (Incluído pela Lei nº 14.440/2022).

GABARITO: ERRADO.

---

275. (CESPE/CEBRASPE - 2002 - PRF - POLICIAL RODOVIÁRIO FEDERAL) Caso a propriedade de um reboque licenciado pelo órgão executivo de trânsito competente seja transferida, o proprietário antigo deverá encaminhar a esse órgão cópia autenticada do comprovante de transferência de propriedade, devidamente assinado e datado.

Certo ( )   Errado ( )

No caso de transferência de propriedade, o proprietário antigo deverá encaminhar ao órgão executivo de trânsito do estado dentro de um prazo de 60 dias (novo prazo, de acordo com a Lei nº 14.071/2020), cópia autenticada do comprovante de transferência de propriedade, devidamente assinado e datado, sob pena de ter que se responsabilizar solidariamente pelas penalidades impostas e suas reincidências até a data da comunicação. O comprovante de transferência de propriedade de que trata o *caput* poderá ser substituído por documento eletrônico, na forma regulamentada pelo Contran.

Art. 134 *No caso de transferência de propriedade, expirado o prazo previsto no § 1º do art. 123 deste Código sem que o novo proprietário tenha tomado as providências necessárias à efetivação da expedição do novo Certificado de Registro de Veículo, o antigo proprietário deverá encaminhar ao órgão executivo de trânsito do estado ou do Distrito Federal, no prazo de 60 (sessenta) dias, cópia autenticada do comprovante de transferência de propriedade, devidamente assinado e datado, sob pena de ter que se responsabilizar solidariamente pelas penalidades impostas e suas reincidências até a data da comunicação.*

Parágrafo único. *O comprovante de transferência de propriedade de que trata o caput deste artigo poderá ser substituído por documento eletrônico com assinatura eletrônica válida, na forma regulamentada pelo Contran.*

GABARITO: CERTO.

---

276. **(MULT/SAI - 2007 - PREFEITURA DE TENENTE LAURENTINO CRUZ - MOTORISTA)** Quando o motorista necessita de uma nova expedição de Certificado de Registro de Veículo, serão exigidos dele alguns documentos, os quais podemos citar:

1. Certificado de Licenciamento Anual.
2. Certificado de Registro de Veículo anterior.
3. Certidão negativa de roubo ou furto de veículo, expedida no município do registro anterior, que poderá ser substituída por informações do Renavam.
4. Comprovante de transferência de propriedade, quando for o caso, conforme modelo e normas estabelecidas pelo Contran.

a) Apenas 1, 2 e 3 estão corretas.

b) Apenas 1, 3 e 4 estão corretas.

c) Apenas 2, 3 e 4 estão corretas.

d) Todas estão corretas.

A relação de documentos para a expedição de novo CRV está elencada no art. 124 do CTB:

Art. 124 *Para a expedição do novo Certificado de Registro de Veículo serão exigidos os seguintes documentos:*

I – Certificado de Registro de Veículo anterior;

II – Certificado de Licenciamento Anual;

III – comprovante de transferência de propriedade, quando for o caso, conforme modelo e normas estabelecidas pelo Contran;

IV – Certificado de Segurança Veicular e de emissão de poluentes e ruído, quando houver adaptação ou alteração de características do veículo;

V – comprovante de procedência e justificativa da propriedade dos componentes e agregados adaptados ou montados no veículo, quando houver alteração das características originais de fábrica;

VI – autorização do Ministério das Relações Exteriores, no caso de veículo da categoria de missões diplomáticas, de repartições consulares de carreira, de representações de organismos internacionais e de seus integrantes;

VII – certidão negativa de roubo ou furto de veículo, expedida no município do registro anterior, que poderá ser substituída por informação do Renavam;

VIII – comprovante de quitação de débitos relativos a tributos, encargos e multas de trânsito vinculados ao veículo, independentemente da responsabilidade pelas infrações cometidas;

IX – (Revogado);

DOCUMENTOS VEICULARES (REGISTRO E LICENCIAMENTO)

X – comprovante relativo ao cumprimento do disposto no art. 98, quando houver alteração nas características originais do veículo que afetem a emissão de poluentes e ruído;

XI – comprovante de aprovação de inspeção veicular e de poluentes e ruído, quando for o caso, conforme regulamentações do Contran e do Conama.

Parágrafo único. *Os veículos cuja transferência de propriedade seja resultado de apreensão ou de confisco por decisão judicial, leilão de veículo recolhido em depósito ou de doação a órgãos ou entidades da administração pública são dispensados do cumprimento do disposto no inciso VIII do caput deste artigo, e os débitos existentes devem ser cobrados do proprietário anterior. (Redação dada pela Lei nº 14.440/2022)*

GABARITO: D.

---

277. **[FCC - 2009 - TRE/PI - TÉCNICO JUDICIÁRIO]** Um proprietário de veículo mudou de endereço, no mesmo município, e pretende regularizar a situação do cadastro de seu veículo. Para tanto, ele deve comunicar ao Detran o novo endereço no prazo máximo de:

a) 10 dias.

b) 20 dias.

c) 30 dias.

d) 45 dias.

e) 60 dias.

A atualização do cadastro deverá se dar em 30 dias (art. 123, § 2º, do CTB), sob pena de infração leve (art. 241 do CTB).

GABARITO: C.

---

278. **[UFPR - 2005 - DETRAN/PR - DESPACHANTE]** Assinale a alternativa que apresenta uma situação em que não há obrigatoriedade de expedição de novo Certificado de Registro de Veículo.

a) Transferência da propriedade.

b) Mudança do município de domicílio ou residência do proprietário.

c) Alteração de característica do veículo.

d) Mudança na categoria.

e) Mudança de domicílio ou residência do proprietário dentro do mesmo município.

Acerca da alternativa E, nota-se que não existe necessidade de expedição de novo CRV, somente de comunicação do novo endereço no prazo de 30 dias e de aguardar novo licenciamento para alterar o CRLV.

GABARITO: E.

---

279. **[FUNRIO - 2009 - PRF - POLICIAL RODOVIÁRIO FEDERAL]** O Certificado de Registro de Veículo (CRV) é documento obrigatório para proprietários de veículos automotores. A expedição de novo CRV deverá ser imediata quando:

a) ocorrer mudança de endereço no mesmo município.

b) se alterar qualquer característica do veículo.

c) houver transferência de propriedade.

d) se extraviar nota fiscal fornecida pelo fabricante.

e) da quitação de multas de trânsito.

Dentre todas as hipóteses do art. 123 do CTB, a única em que o prazo não é imediato é a hipótese de transferência de propriedade, que prevê prazo de 30 dias.

GABARITO: B.

(lateral: DOCUMENTOS VEICULARES (REGISTRO E LICENCIAMENTO))

280. [CESPE/CEBRASPE - 2002 - PRF - POLICIAL RODOVIÁRIO FEDERAL] Considere a seguinte situação hipotética.

Carlos e Júlio, cada qual pai de duas crianças, ajustaram revezar-se no transporte de seus filhos para a escola, no trajeto de ida e volta do município onde residem ao município onde está sediado o colégio. Atento às idas e vindas diárias daquelas crianças, um policial, em um posto da PRF, decidiu averiguar a documentação pessoal de Júlio e do automóvel, de propriedade deste, utilizado no transporte. Nessa situação, Júlio deverá apresentar ao policial autorização do órgão executivo de trânsito do estado da Federação em que reside para transportar escolares naquele veículo, além de comprovar que é habilitado na categoria D de condutores de veículos automotores.

Certo ( )   Errado ( )

Por não se tratar de uma hipótese de transporte escolar, não há necessidade de autorização para este transporte, e a categoria não precisa ser necessariamente D.

GABARITO: ERRADO.

---

281. [CESPE/CEBRASPE - 2002 - PRF - POLICIAL RODOVIÁRIO FEDERAL] Considere a seguinte situação hipotética. Carlos, proprietário de um veículo com onze lugares para passageiros, faz, semanalmente, o transporte de onze colegas para participarem da reunião da instituição religiosa na qual todos eles se congregam. Cada passageiro paga a Carlos tão somente um doze avos da despesa relativa ao combustível gasto no trajeto de ida e volta entre o município onde residem e aquele em que está sediada a igreja. Ademais, para a condução de veículos, Carlos é habilitado na categoria C. Nessa situação, Carlos comete apenas uma infração, a de não estar habilitado na categoria adequada para o transporte daquele grupo, já que a situação não requer licenciamento para transporte de pessoas.

Certo ( )   Errado ( )

Nesse caso, Carlos transporta mais de oito passageiros, excluindo o condutor, e deverá estar habilitado no mínimo na categoria D. Acerca da autorização para transporte remunerado, não se faz necessária, visto que não há lucro com o transporte.

GABARITO: CERTO.

---

282. [QUADRIX - 2020 - CRMV - MOTORISTA] Acerca das infrações no trânsito, das penalidades e das medidas administrativas, julgue o item.

O recolhimento do certificado de licenciamento anual ocorrerá se o prazo de licenciamento estiver vencido.

Certo ( )   Errado ( )

Apesar de ser uma questão de infrações, é interessante já ver como as infrações são aplicadas aos documentos do veículo. Literalidade do art. 274 do CTB:

***Art. 274** O recolhimento do Certificado de Licenciamento Anual dar-se-á mediante recibo, além dos casos previstos neste Código, quando:*

I – houver suspeita de inautenticidade ou adulteração;

II – se o prazo de licenciamento estiver vencido;

III – no caso de retenção do veículo, se a irregularidade não puder ser sanada no local.

GABARITO: CERTO.

---

283. [FCC - 2004 - TRT - TÉCNICO JUDICIÁRIO] O licenciamento anual de um veículo deve ser efetuado por seu proprietário perante:

a) a Secretaria da Fazenda do Estado.

b) a Prefeitura Municipal.

DOCUMENTOS VEICULARES (REGISTRO E LICENCIAMENTO)

c) o órgão municipal de trânsito.

d) o Comando de Policiamento de Trânsito.

e) o órgão executivo de trânsito do Estado.

Todo veículo automotor, elétrico, articulado, reboque ou semirreboque, para transitar na via, deverá ser licenciado anualmente pelo órgão executivo de trânsito do estado, ou do Distrito Federal, onde estiver registrado o veículo, diga-se, os Detrans.

GABARITO: E.

---

284. **(VUNESP - 2012 - PREFEITURA DE SERTÃOZINHO - MOTORISTA)** Assinale a alternativa que traz a afirmação correta sobre o art. 130 do Código de Trânsito Brasileiro: Todo veículo automotor, elétrico, articulado, reboque ou semirreboque, para transitar na via, deverá ser licenciado anualmente pelo órgão executivo de trânsito do Estado, ou do Distrito Federal, onde estiver registrado o veículo.

a) Os veículos do Poder Judiciário estão isentos desta obrigação em razão da independência dos Poderes da República.

b) Os veículos do Poder Judiciário estão isentos desta obrigação, mas devem ser registrados quando da sua aquisição.

c) Os veículos do Poder Judiciário estão obrigados a cumprir esta disposição legal, mas são isentos do porte obrigatório do Certificado de Licenciamento Anual.

d) Somente os veículos da esfera federal do Judiciário estão dispensados do cumprimento da obrigação, já os dos tribunais estaduais não.

e) Nenhum veículo do Poder Judiciário está isento desta obrigação.

Os veículos do Poder Judiciário têm algumas prerrogativas, como placas especiais. No entanto, a lei não prevê dispensa de registro e licenciamento de tais veículos.

Art. 130 *Todo veículo automotor, elétrico, articulado, reboque ou semirreboque, para transitar na via, deverá ser licenciado anualmente pelo órgão executivo de trânsito do estado, ou do Distrito Federal, onde estiver registrado o veículo.*

§ 1º O disposto neste artigo não se aplica a veículo de uso bélico.

§ 2º No caso de transferência de residência ou domicílio, é válido, durante o exercício, o licenciamento de origem.

GABARITO: E.

---

285. **(CESPE/CEBRASPE - 2008 - PRF - POLICIAL RODOVIÁRIO FEDERAL)** Resolução do Contran estabelece um calendário determinando os prazos finais em que os veículos devem renovar o licenciamento anual. A respeito desse assunto, assinale a opção correta.

a) O órgão executivo de trânsito de um município pode estabelecer um calendário diverso do definido pelo Contran, desde que não haja um calendário definido pelo órgão executivo estadual.

b) O órgão executivo de trânsito de um estado pode estabelecer um calendário diverso do definido pelo Contran para a renovação do licenciamento dos veículos registrados sob sua circunscrição, desde que o prazo final para a renovação seja anterior a 1º de julho.

c) Para efeito de autuação e aplicação de penalidades referentes a não renovação de licenciamento anual de veículos, quando o veículo se encontrar em unidade da Federação diferente daquela em que estiver registrado, serão adotados os prazos estabelecidos pela resolução pertinente do Contran.

d) De acordo com o referido calendário, o último dia de janeiro é o prazo final para a renovação do licenciamento dos veículos cujas placas de identificação terminem em 0 e 1.

PEDRO CANEZIN E LEONE MALTZ

DOCUMENTOS VEICULARES (REGISTRO E LICENCIAMENTO)

e) De acordo com o referido calendário, o último dia de junho é o prazo final para a renovação do licenciamento dos veículos cujas placas de identificação terminem em 6.

Previsão da Resolução nº 110/2000, em seu art. 2º:

Art. 2º As autoridades, órgãos, instituições e agentes de fiscalização de trânsito e rodoviário em todo o território nacional, para efeito de autuação e aplicação de penalidades, quando o veículo se encontrar fora da unidade da federação em que estiver registrado, deverão adotar os prazos estabelecidos nesta Resolução.

Algarismo final da placa	Prazo final para renovação
1 e 2	Até setembro
3, 4 e 5	Até outubro
6, 7 e 8	Até novembro
9 e 0	Até dezembro

GABARITO: C.

286. **(CESPE/CEBRASPE - 2008 - PRF - POLICIAL RODOVIÁRIO FEDERAL)** Josué perdeu o CLRV de seu veículo e dirigiu-se ao departamento de trânsito do seu estado em busca da emissão de um novo documento de registro e licenciamento. Diante dessa situação hipotética, assinale a opção correta.

a) O CRLV, juntamente com a CNH, é documento de porte obrigatório do condutor, razão pela qual Josué agiu corretamente ao procurar o departamento de trânsito estadual para resolver a situação.

b) Não será possível a expedição de uma via original do CRLV, diante da solicitação de Josué, o qual deverá utilizar uma cópia autenticada pelo departamento de trânsito.

c) A expedição de documento hábil, ainda que provisório, que permita a Josué dirigir o seu veículo deve ser efetivada pelo órgão de trânsito em 48 horas.

d) Se Josué vier a dirigir seu veículo sem o CRLV, cometerá uma infração de trânsito média.

e) Caso Josué dirija o veículo sem o CRLV, ficará sujeito ao pagamento da penalidade de multa, mas não estará sujeito à retenção do veículo.

São documentos de porte obrigatório, em regra, a CNH e CRLV. Em outras situações, como necessidade de AET (ou quando qualquer lei determinar como sendo obrigatório), também será obrigatório o porte. GABARITO: A.

287. **(FUNDEP - 2019 - PREFEITURA DE LAGOA SANTA - AGENTE MUNICIPAL DE TRÂNSITO)** São regras definidas pelo Código de Trânsito Brasileiro para o licenciamento de veículos, exceto:

a) Em caso de veículos novos, o primeiro licenciamento deve ser feito após a emissão do Certificado de Registro do Veículo.

b) Quando for possível ter acesso ao sistema informatizado para verificar se o veículo está licenciado, o porte do Certificado de Licenciamento Anual será dispensado no ato da fiscalização.

c) O veículo somente é considerado licenciado quando os débitos relativos a tributos, encargos e multas de trânsito e ambientais, vinculados ao veículo, estiverem quitados.

d) Para licenciar o veículo, o proprietário deve comprovar a aprovação nas inspeções de segurança veicular e de controle de emissões de gases poluentes e ruído.

DOCUMENTOS VEICULARES (REGISTRO E LICENCIAMENTO)

Vamos analisar:

A: gabarito.

B: quando for possível ter acesso ao sistema informatizado para verificar se o veículo está licenciado, o porte do Certificado de Licenciamento Anual será dispensado no ato da fiscalização.

Art. 133 [...]

Parágrafo único. O porte será dispensado quando, no momento da fiscalização, for possível ter acesso ao devido sistema informatizado para verificar se o veículo está licenciado.

C: o veículo somente é considerado licenciado quando os débitos relativos a tributos, encargos e multas de trânsito e ambientais, vinculados ao veículo, estiverem quitados.

Art. 131 [...]

*§ 2º O veículo somente será considerado **licenciado** estando quitados os débitos relativos a tributos, encargos e multas de trânsito e ambientais, vinculados ao veículo, **independentemente** da responsabilidade pelas infrações cometidas.*

D: para licenciar o veículo, o proprietário deve comprovar a aprovação nas inspeções de segurança veicular e de controle de emissões de gases poluentes e ruído.

Art. 131 [...]

§ 3º Ao licenciar o veículo, o proprietário deverá comprovar sua aprovação nas inspeções de segurança veicular e de controle de emissões de gases poluentes e de ruído, conforme disposto no art. 104.

GABARITO: A.

CONDUÇÃO DE ESCOLARES

11

288. **(CONSULPLAN - 2020 - PREFEITURA DE FORMIGA - AGENTE DE TRÂNSITO E TRANSPORTE)** Nos termos do Código de Trânsito Brasileiro, a idade mínima para conduzir veículo destinado a transporte escolar é de:

a) 18 anos.

b) 21 anos.

c) 25 anos.

d) 30 anos.

Segundo o art. 138, I, do CTB, dentre os requisitos para conduzir veículo de transporte de escolares está a idade mínima de 21 anos.

GABARITO: B.

---

289. **(CESPE/CEBRASPE - 2020 - PRF - POLICIAL RODOVIÁRIO FEDERAL)** Os condutores dos veículos destinados à condução de escolares devem ser habilitados, no mínimo, na categoria D, independentemente da lotação do veículo; é necessário também que tenham sido aprovados em curso especializado para o transporte de escolares, nos termos da regulamentação do Contran.

Certo ( )   Errado ( )

Repare o que dispõe o CTB:

Art. 138 O condutor de veículo destinado à condução de escolares deve satisfazer os seguintes requisitos:

I – ter idade superior a vinte e um anos;

II – ser habilitado na categoria D;

III – (Vetado);

IV – não ter cometido mais de uma infração gravíssima nos 12 (doze) últimos meses;

V – ser aprovado em curso especializado, nos termos da regulamentação do Contran.

GABARITO: CERTO.

---

290. **(FUNCAB - 2013 - DETRAN/PB - AGENTE DE TRÂNSITO)** Assinale a alternativa que preenche correta e respectivamente as lacunas da frase a seguir. Dentre os diferentes requisitos exigidos para um condutor de veículo destinado ao transporte de escolares, incluem-se os seguintes: ter idade superior a _____ anos e ser habilitado na categoria _____.

a) 18 – C.

b) 18 – D.

c) 18 – E.

d) 21 – C.

e) 21 – D.

Segundo o art. 145 do CTB, a idade mínima é de 21 anos e a categoria é, no mínimo, D.

Art. 145 Para habilitar-se nas categorias D e E ou para conduzir veículo de transporte coletivo de passageiros, de escolares, de emergência ou de produto perigoso, o candidato deverá preencher os seguintes requisitos:

I – ser maior de vinte e um anos;

II – estar habilitado:

a) no mínimo há dois anos na categoria B, ou no mínimo há um ano na categoria C, quando pretender habilitar-se na categoria D; e

b) no mínimo há um ano na categoria C, quando pretender habilitar-se na categoria E;

III – não ter cometido mais de uma infração gravíssima nos últimos 12 (doze) meses;

IV – ser aprovado em curso especializado e em curso de treinamento de prática veicular em situação de risco, nos termos da normatização do Contran.

Parágrafo único. *A participação em curso especializado previsto no inciso IV independe da observância do disposto no inciso III.*

GABARITO: E.

---

291. **(INCP - 2011 - PREFEITURA DE BELFORD ROXO - AGENTE DE TRÂNSITO)** Com relação aos veículos especialmente destinados à condução de escolares, é incorreto afirmar que será exigido para a circulação destes:

a) Registro como veículo de passageiros.

b) Inspeção anual para verificação dos equipamentos obrigatórios e de segurança.

c) Equipamento registrador instantâneo inalterável de velocidade e tempo.

d) Lanternas de luz branca, fosca ou amarela, dispostas nas extremidades da parte superior dianteira, e lanternas de luz vermelha dispostas na extremidade superior da parte traseira.

e) Cintos de segurança em número igual à lotação.

A inspeção é semestral e não anual, nos termos do art. 136 do CTB.

Art. 136 Os veículos especialmente destinados à condução coletiva de escolares somente poderão circular nas vias com autorização emitida pelo órgão ou entidade executivos de trânsito dos estados e do Distrito Federal, exigindo-se, para tanto: [...]

II – inspeção semestral para verificação dos equipamentos obrigatórios e de segurança.

GABARITO: B.

---

292. **(CESPE/CEBRASPE - 2006 - TSE - TÉCNICO JUDICIÁRIO)** A respeito do transporte de escolares, assinale a opção correta:

a) Nesse tipo de transporte, é exigida, no mínimo, a habilitação na categoria C.

b) É obrigatória a instalação, no veículo, de equipamento registrador instantâneo inalterável de velocidade e tempo.

c) É obrigatório o cinto de segurança para os que viajarem sentados, dispensando-se o uso dos que viajarem em pé.

d) Poderão ser conduzidos veículos sem identificação externa, desde que atendam aos requisitos de segurança para os passageiros.

De acordo com o CTB:

Art. 136 Os veículos especialmente destinados à condução coletiva de escolares somente poderão circular nas vias com autorização emitida pelo órgão ou entidade executivos de trânsito dos estados e do Distrito Federal, exigindo-se, para tanto: [...]

IV – equipamento registrador instantâneo inalterável de velocidade e tempo.

GABARITO: B.

---

293. **(IDIB - 2020 - PREFEITURA DE GOIANA - AGENTE DE FISCALIZAÇÃO)** Os veículos especialmente destinados à condução coletiva de escolares somente poderão circular nas vias com autorização emitida pelo órgão ou entidade executivos de trânsito dos estados e do Distrito Federal, exigindo-se, para tanto:

a) inspeção anual para verificação dos equipamentos obrigatórios e de segurança.

b) lanternas de luz vermelha, fosca ou amarela dispostas nas extremidades da parte superior dianteira e lanternas de luz amarela dispostas na extremidade superior da parte traseira.

c) lanternas de luz branca, fosca ou amarela dispostas nas extremidades da parte superior dianteira e lanternas de luz vermelha dispostas na extremidade superior da parte traseira.

d) pintura de faixa horizontal na cor amarela, com cinquenta centímetros de largura, à meia altura, em toda a extensão das partes laterais e traseira da carroçaria, com o dístico ESCOLAR, em vermelho, sendo que, em caso de veículo de carroçaria pintada na cor amarela, as cores aqui indicadas devem ser invertidas.

Vamos às assertivas:

A: a inspeção é semestral, não anual.

Art. 136 [...]

*II – inspeção **semestral** para verificação dos equipamentos obrigatórios e de segurança; [...].*

B: na extremidade dianteira não existe luz vermelha.

Art. 136 [...]

V – lanternas de luz branca, fosca ou amarela dispostas nas extremidades da parte superior dianteira e lanternas de luz vermelha dispostas na extremidade superior da parte traseira; [...].

C: gabarito. Agora sim, a disposição correta:

Art. 136 [...]

V – lanternas de luz branca, fosca ou amarela dispostas nas extremidades da parte superior dianteira e lanternas de luz vermelha dispostas na extremidade superior da parte traseira; [...].

D: a largura da faixa é de 40 cm, não 50 cm.

Art. 136 [...]

III – pintura de faixa horizontal na cor amarela, com 40 cm de largura, à meia altura, em toda a extensão das partes laterais e traseira da carroçaria, com o dístico ESCOLAR, em preto, sendo que, em caso de veículo de carroçaria pintada na cor amarela, as cores aqui indicadas devem ser invertidas; [...].

GABARITO: C.

---

294. **(CONTEMAX - 2019 - PREFEITURA DE CONCEIÇÃO - CONDUTOR DE VEÍCULO DE EMERGÊNCIA)** Não é exigência para os veículos destinados à condução coletiva de escolares circularem nas vias:

a) Registro como veículo de passageiros.

b) Equipamento registrador instantâneo inalterável de velocidade e tempo.

c) Inspeção anual para verificação dos equipamentos obrigatórios e de segurança.

d) Cintos de segurança em número igual à lotação.

e) Lanternas de luz branca, fosca ou amarela dispostas nas extremidades da parte superior dianteira e lanternas de luz vermelha dispostas na extremidade superior da parte traseira.

A questão cobrou qual não é um dos requisitos. De todas as assertivas, a única que não confere é a alternativa C, cuja inspeção é semestral.

GABARITO: C.

CONDUÇÃO DE ESCOLARES

CONDUÇÃO DE MOTO-FRETE

295. (FCC - 2019 - DETRAN/SP - OFICIAL ESTADUAL DE TRÂNSITO) As motocicletas e motonetas destinadas ao transporte remunerado de mercadorias – moto-frete – somente poderão circular nas vias com autorização emitida pelo órgão ou entidade executivo de trânsito dos estados e do Distrito Federal, exigindo-se, para tanto:

I.   Registro como veículo da categoria de carga.

II. Instalação de protetor de motor mata-cachorro, fixado no chassi do veículo, destinado a proteger o motor e a perna do condutor em caso de tombamento, nos termos de regulamentação do Conselho Nacional de Trânsito (Contran).

III. Instalação de aparador de linha antena corta-pipa, nos termos de regulamentação do Contran.

Está correto o que consta em:

a) I, apenas.

b) II e III, apenas.

c) II, apenas.

d) I e III, apenas.

e) I, II e III.

O veículo de moto-frete deve estar registrado como veículo de aluguel, não de carga. Portanto, apenas a assertiva I está errada.

GABARITO: B.

296. (IBFC - 2016 - EMDEC - CONTROLADOR DE TRÂNSITO E TRANSPORTE) O texto a seguir será a base para a questão e tem como base a lei que instituiu o Código de Trânsito Brasileiro.

As motocicletas e motonetas destinadas ao transporte remunerado de mercadorias conhecido como moto-frete somente poderão circular nas vias se cumpridas algumas exigências e com autorização emitida pelo órgão ou entidade executivo de trânsito dos estados e do Distrito Federal.

Assinale a alternativa correta. Para os efeitos deste tipo de transporte remunerado, considera-se proibido:

a) Registro como veículo da categoria de aluguel.

b) Instalação de aparador de linha antena corta-pipas, nos termos de regulamentação do Conselho Nacional de Trânsito – Contran.

c) Transporte de combustíveis, produtos inflamáveis ou tóxicos.

d) Transporte de gás de cozinha e de galões contendo água mineral, desde que com o auxílio de *sidecar*, nos termos de regulamentação do Conselho Nacional de Trânsito – Contran.

Os veículos utilizados para o transporte remunerado de mercadorias (moto-fretes) deverão estar registrados na categoria aluguel e possuir aparador de linha antena corta-pipas, protetor de motor mata-cachorro, além de inspeção semestral. É vedado o transporte de combustíveis, inflamáveis e tóxicos, salvo gás de cozinha e água mineral em *sidecar*.

GABARITO: C.

297. **(UFMT - 2015 - DETRAN/MT - MOTORISTA)** Ciro Pedrinhas comprou uma motocicleta com o propósito de realizar o transporte remunerado de mercadorias. De acordo com a Lei nº 9.503/1997, Código de Trânsito Brasileiro (CTB) e suas atualizações, é incorreto afirmar que Ciro poderá transportar água e gás depois que:

a) instalar protetor de motor mata-cachorro.

b) instalar recipiente cilíndrico para o transporte de produtos tóxicos.

c) instalar aparador de linha antena corta-pipas.

d) registrar o veículo como de categoria de aluguel.

O art. 139-A determina que tais veículos não poderão transportar produtos tóxicos.
GABARITO: B.

HABILITAÇÃO

298. (CESPE/CEBRASPE - 2020 - PRF - POLICIAL RODOVIÁRIO FEDERAL) A Carteira Nacional de Habilitação de categoria E se aplica aos condutores de combinações de veículos automotores e elétricos com mais de uma unidade tracionada, desde que o PBTC da unidade acoplada, reboque, semirreboque, trailer ou articulada seja menor que 10.000 kg.

Certo ( )   Errado ( )

O art. 143 afirma que deve possuir categoria E o condutor de combinação de veículos em que a unidade tratora se enquadre nas categorias B, C ou D e cuja unidade acoplada, reboque, semirreboque, trailer ou articulada tenha 6.000 kg ou mais de peso bruto total, ou cuja lotação exceda a oito lugares.

GABARITO: ERRADO.

---

299. (VUNESP - 2018 - PC/SP - AGENTE) Assinale a alternativa que corretamente define a categoria de habilitação.

a) Categoria C – condutor de veículo motorizado utilizado em transporte de carga, cujo peso bruto total exceda a três mil e quinhentos quilogramas.

b) Categoria B – condutor de veículo motorizado de duas ou três rodas, com ou sem carro lateral.

c) Categoria E – condutor de veículo motorizado utilizado no transporte de passageiros, cuja lotação exceda a oito lugares, excluído o do motorista.

d) Categoria A – condutor de veículo motorizado cujo peso bruto total não exceda a três mil e quinhentos quilogramas e cuja lotação não exceda a oito lugares, excluído o do motorista.

e) Categoria D – condutor de combinação de veículos em que a unidade tratora se enquadre nas categorias B e C e cuja unidade acoplada, reboque, semirreboque, trailer ou articulada tenha 6.000 kg ou mais de peso bruto total, ou cuja lotação exceda a 8 lugares.

A questão cobrou a literalidade do art. 143 do CTB.

Art. 143 Os candidatos poderão habilitar-se nas categorias de A a E, obedecida a seguinte gradação:

I – Categoria A – condutor de veículo motorizado de duas ou três rodas, com ou sem carro lateral;

II – Categoria B – condutor de veículo motorizado, não abrangido pela categoria A, cujo peso bruto total não exceda a três mil e quinhentos quilogramas e cuja lotação não exceda a oito lugares, excluído o do motorista;

*III – Categoria C – condutor de veículo **abrangido pela categoria B** e de veículo motorizado utilizado em transporte de carga cujo peso bruto total exceda a 3.500 kg (três mil e quinhentos quilogramas); (Redação dada pela Lei nº 14.440/2022)*

*IV – Categoria D – condutor de veículo **abrangido pelas categorias B e C** e de veículo motorizado utilizado no transporte de passageiros cuja lotação exceda a 8 (oito) lugares, excluído o do motorista; (Redação dada pela Lei nº 14.440/2022)*

V – Categoria E – condutor de combinação de veículos em que a unidade tratora se enquadre nas categorias B, C ou D e cuja unidade acoplada, reboque, semirreboque, trailer ou articulada tenha 6.000 kg (seis mil quilogramas) ou mais de peso bruto total, ou cuja lotação exceda a 8 (oito) lugares.

§ 1º Para habilitar-se na categoria C, o condutor deverá estar habilitado no mínimo há 1 (um) ano na categoria B e não ter cometido mais de uma infração gravíssima nos últimos 12 (doze) meses. (Redação dada pela Lei nº 14.440/2022)

GABARITO: A.

---

300. (UFMT - 2015 - DETRAN/MT - AGENTE DE TRÂNSITO) A habilitação para conduzir veículo automotor e elétrico será apurada por meio de exames que deverão ser realizados junto ao órgão ou entidade executivos do estado ou do Distrito Federal, do domicílio ou residência do candidato, ou na sede estadual ou distrital do próprio órgão. Assinale a opção que não corresponde a um dos requisitos obrigatórios a serem preenchidos pelo condutor:

a) Ser penalmente imputável.

b) Saber ler e escrever.

c) Possuir Carteira de Identidade ou equivalente.

d) Possuir Carteira de Habilitação categoria A.

O art. 140 do CTB estabelece que o condutor, para se tornar habilitado, deve ser penalmente imputável, ter documento de identidade ou equivalente e ser alfabetizado. A Resolução nº 789/2020 ainda complementa inserindo o CPF como requisito de habilitação.

GABARITO: D.

---

301. (UECE - 2018 - DETRAN/CE - AGENTE DE TRÂNSITO E TRANSPORTE) O candidato à habilitação deverá submeter-se a exames realizados pelo órgão executivo de trânsito, na seguinte ordem:

a) De aptidão física e mental; escrito, sobre legislação de trânsito; de noções de primeiros socorros, conforme regulamentação do Contran; de direção veicular, realizado na via pública, em veículo da categoria para a qual estiver habilitando-se.

b) Escrito, sobre legislação de trânsito; de aptidão física e mental; noções de primeiros socorros, conforme regulamentação do Contran; de direção veicular, realizado na via pública, em veículo da categoria para a qual estiver habilitando-se.

c) De aptidão física e mental; noções de primeiros socorros, conforme regulamentação do Contran; escrito, sobre legislação de trânsito; de direção veicular, realizado na via pública, em veículo da categoria para a qual estiver habilitando-se.

d) De direção veicular, realizado na via pública, em veículo da categoria para a qual estiver habilitando-se; de aptidão física e mental; escrito, sobre legislação de trânsito; e de noções de primeiros socorros.

Para ficar mais claro, de acordo com a Resolução nº 789/2020, fica mais fácil organizar os exames da seguinte forma:

- **Exames médicos (aptidão física e mental);**
- **Curso teórico e técnico de formação de condutores;**
- **Exame teórico;**
- **Curso prático;**
- **Exame prático.**

HABILITAÇÃO

No entanto, veja como o CTB aborda o tema:

Art. 147 O candidato à habilitação deverá submeter-se a exames realizados pelo órgão executivo de trânsito, na seguinte ordem:

I – de aptidão física e mental;

II – (Vetado);

III – escrito, sobre legislação de trânsito;

IV – de noções de primeiros socorros, conforme regulamentação do Contran;

V – de direção veicular, realizado na via pública, em veículo da categoria para a qual estiver habilitando-se.

GABARITO: A.

---

302. (FCC - 2018 - DETRAN/MA - ASSISTENTE DE TRÂNSITO) A Carteira Nacional de Habilitação será conferida ao condutor portador de Permissão para Dirigir ao término de:

a) doze meses, desde que ele não tenha cometido nenhuma infração de natureza grave ou gravíssima ou seja reincidente em infração média.

b) vinte e quatro meses, desde que ele não tenha cometido nenhuma infração de natureza grave ou gravíssima ou seja reincidente em infração média.

c) dezoito meses, desde que ele não tenha cometido nenhuma infração de natureza grave ou gravíssima ou seja reincidente em infração média.

d) dezoito meses, desde que ele não tenha cometido nenhuma infração de natureza gravíssima, grave ou média.

e) seis meses, desde que ele não tenha cometido nenhuma infração de natureza média ou seja reincidente em infração média por uma única vez.

A questão aborda o prazo da Permissão para Dirigir (PPD) e as condições para que o indivíduo adquira a habilitação definitiva. Nos termos do art. 148, § 3º, do CTB, a Carteira Nacional de Habilitação será conferida ao condutor no término de um ano, desde que ele não tenha cometido nenhuma infração de natureza grave ou gravíssima ou seja reincidente em infração média.

GABARITO: A.

---

303. (CESPE/CEBRASPE - 2020 - PRF - POLICIAL RODOVIÁRIO FEDERAL) É necessário realizar curso especializado para a condução de veículos de transporte de carga indivisível.

Certo ( )   Errado ( )

A Resolução nº 789/2020 apregoa que os cursos especializados serão destinados a condutores habilitados que pretendam conduzir veículo de transporte coletivo de passageiros, de escolares, de produtos perigosos e de carga indivisível, de emergência e motocicletas e motonetas destinadas ao transporte remunerado de mercadorias (moto-frete) e de passageiros (mototáxi).

GABARITO: CERTO.

---

304. (UECE - 2018 - DETRAN/CE - AGENTE DE TRÂNSITO E TRANSPORTE) Considerando que os candidatos à habilitação para dirigir veículos podem habilitar-se nas categorias de A a E, atente ao que se diz a seguir sobre as categorias C e D, e assinale a opção que corresponde à correta descrição da categoria indicada:

a) Categoria C – condutor de veículo motorizado utilizado no transporte de passageiros, cuja lotação exceda a oito lugares, excluído o do motorista.

HABILITAÇÃO

b) Categoria D – condutor de veículo motorizado utilizado em transporte de carga, cujo peso bruto total exceda a três mil e quinhentos quilogramas.

c) Categoria D – condutor de veículo motorizado não abrangido pela categoria A cujo peso bruto total não exceda a três mil e quinhentos quilogramas e cuja lotação não exceda a oito lugares, excluído o do motorista.

d) Categoria C – condutor de veículo motorizado utilizado em transporte de carga, cujo peso bruto total exceda a três mil e quinhentos quilogramas.

Questão de definição. Perceba como o CTB aborda o assunto:

Art. 143 Os candidatos poderão habilitar-se nas categorias de A a E, obedecida a seguinte gradação:

I – Categoria A – condutor de veículo motorizado de duas ou três rodas, com ou sem carro lateral;

II – Categoria B – condutor de veículo motorizado, não abrangido pela categoria A, cujo peso bruto total não exceda a três mil e quinhentos quilogramas e cuja lotação não exceda a oito lugares, excluído o do motorista;

*III - Categoria C - condutor de veículo **abrangido pela categoria B** e de veículo motorizado utilizado em transporte de carga cujo peso bruto total exceda a 3.500 kg (três mil e quinhentos quilogramas); **(Redação dada pela Lei nº 14.440/2022)***

*IV - Categoria D - condutor de veículo **abrangido pelas categorias B e C** e de veículo motorizado utilizado no transporte de passageiros cuja lotação exceda a 8 (oito) lugares, excluído o do motorista; **(Redação dada pela Lei nº 14.440/2022)***

V – Categoria E – condutor de combinação de veículos em que a unidade tratora se enquadre nas categorias B, C ou D e cuja unidade acoplada, reboque, semirreboque, trailer ou articulada tenha 6.000 kg (seis mil quilogramas) ou mais de peso bruto total, ou cuja lotação exceda a 8 (oito) lugares.

*§ 1º Para habilitar-se na categoria C, o condutor deverá estar habilitado no mínimo há 1 (um) ano na categoria B e **não ter cometido mais de uma infração gravíssima nos últimos 12 (doze) meses. (Redação dada pela Lei nº 14.440/2022).***

GABARITO: D.

---

305. **(UECE - 2018 - DETRAN/CE - VISTORIADOR)** Considerando os requisitos exigidos para habilitação de condutores de veículos, é correto afirmar que:

a) para habilitar-se na categoria D, o condutor deverá estar habilitado, no mínimo, há um ano na categoria B e não ter cometido nenhuma infração grave ou gravíssima, ou ser reincidente em infrações médias, durante os últimos doze meses.

b) os condutores da categoria B são autorizados a conduzir veículo automotor da espécie motor-casa, cujo peso não exceda a 6.000 kg (seis mil quilogramas), ou cuja lotação não exceda a 8 (oito) lugares, excluído o do motorista.

c) a autorização para conduzir veículos de propulsão humana e de tração animal ficará a cargo dos estados.

d) as informações do candidato à habilitação serão cadastradas no Renavam.

A: na verdade, o condutor deverá estar habilitado no mínimo há dois anos na categoria B para habilitar-se na D. Além disso, a Lei nº 14.071/2020 ainda adicionou que o condutor não pode ter cometido mais de uma infração gravíssima nos últimos 12 meses.

B: gabarito.

C: tal atribuição é dada aos municípios, e não aos estados.

D: as informações do condutor serão cadastradas no Renach.

GABARITO: B.

306. **(SERCTAM - 2016 - PREFEITURA DE QUIXADÁ - MOTORISTA)** Os candidatos poderão habilitar-se nas categorias de A a E. Marque a alternativa errada:

a) Categoria A – condutor de veículo motorizado de duas rodas, com ou sem carro lateral.

b) Categoria B – condutor de veículo motorizado, não abrangido pela categoria A, cujo peso bruto total não exceda a três mil e quinhentos quilogramas e cuja lotação não exceda a oito lugares, excluído o do motorista.

c) Categoria C – condutor de veículo motorizado utilizado em transporte de carga, cujo peso bruto total exceda a três mil e quinhentos quilogramas.

d) Categoria D – condutor de veículo motorizado utilizado no transporte de passageiros, cuja lotação exceda a oito lugares, excluído o do motorista;

e) Categoria E – condutor de combinação de veículos em que a unidade tratora se enquadre nas Categorias B, C ou D e cuja unidade acoplada, reboque, semirreboque ou articulada, tenha seis mil quilogramas ou mais de peso bruto total, ou cuja lotação exceda a oito lugares, ou, ainda, seja enquadrado na categoria trailer.

Questão da definição das categorias. Vale lembrar que o Anexo I da Resolução nº 789/2020 detalha ainda mais o previsto no CTB.

Art. 143 Os candidatos poderão habilitar-se nas categorias de A a E, obedecida a seguinte gradação:

I – Categoria A – condutor de veículo motorizado de duas ou três rodas, com ou sem carro lateral;

II – Categoria B – condutor de veículo motorizado, não abrangido pela categoria A, cujo peso bruto total não exceda a três mil e quinhentos quilogramas e cuja lotação não exceda a oito lugares, excluído o do motorista;

III – Categoria C – condutor de veículo motorizado utilizado em transporte de carga, cujo peso bruto total exceda a três mil e quinhentos quilogramas;

IV – Categoria D – condutor de veículo motorizado utilizado no transporte de passageiros, cuja lotação exceda a oito lugares, excluído o do motorista;

V – Categoria E – condutor de combinação de veículos em que a unidade tratora se enquadre nas categorias B, C ou D e cuja unidade acoplada, reboque, semirreboque, trailer ou articulada tenha 6.000 kg (seis mil quilogramas) ou mais de peso bruto total, ou cuja lotação exceda a 8 (oito) lugares.

GABARITO: A.

307. **(QUADRIX - 2016 - CRO - AGENTE OPERACIONAL)** São requisitos obrigatórios para se candidatar à carteira de habilitação de condução de veículos, exceto:

a) Ser penalmente imputável.

b) Saber ler e escrever.

c) Possuir documento de identidade ou equivalente.

d) Apresentar certidão de quitação eleitoral.

e) Possuir Cadastro de Pessoa Física.

Os requisitos para o candidato habilitar-se estão previstos no art. 140, sendo complementado pela Resolução nº 789/2020 (CPF).

Art. 140 A habilitação para conduzir veículo automotor e elétrico será apurada por meio de exames que deverão ser realizados junto ao órgão ou entidade executivos do estado ou do Distrito Federal, do domicílio ou residência do candidato, ou na sede estadual ou distrital do próprio órgão, devendo o condutor preencher os seguintes requisitos:

I – ser penalmente imputável;

II – saber ler e escrever;

III – possuir Carteira de Identidade ou equivalente.

***Parágrafo único.** As informações do candidato à habilitação serão cadastradas no Renach.*

GABARITO: D.

---

308. **(REIS & REIS - 2016 - PREFEITURA DE CIPOTÂNIA - OPERADOR DE MÁQUINAS)** De acordo com a Lei nº 9.503/1997, os candidatos poderão habilitar-se nas categorias de A a E, obedecida a seguinte gradação:

I. Categoria E – condutor de veículo motorizado utilizado no transporte de passageiros, cuja lotação exceda a oito lugares, excluído o do motorista;

II. Categoria A – condutor de veículo motorizado de duas ou três rodas, com ou sem carro lateral;

III. Categoria C – condutor de veículo motorizado utilizado em transporte de carga, cujo peso bruto total exceda a três mil e quinhentos quilogramas;

IV. Categoria B – condutor de veículo motorizado, não abrangido pela categoria A, cujo peso bruto total não exceda a três mil e quinhentos quilogramas e cuja lotação não exceda a oito lugares, excluído o do motorista.

Marque a alternativa correta:

a) Apenas as afirmativas I, II e III estão corretas.

b) Apenas as afirmativas II, III e IV estão corretas.

c) Apenas as afirmativas I, III e IV estão corretas.

d) Apenas as afirmativas I, II e IV estão corretas.

As definições trazidas pela questão estão elencadas no art. 143 do CTB, o que já foi trabalhado em outras questões, sendo necessário a memorização de cada categoria. Frise-se que houve uma atualização importante quanto aos requisitos para a categoria C.

§ 1º Para habilitar-se na categoria C, o condutor deverá estar habilitado no mínimo há 1 (um) ano na categoria B e não ter cometido mais de uma infração gravíssima nos últimos 12 (doze) meses. (Redação dada pela Lei nº 14.440/2022)

GABARITO: B.

---

309. **(CGGT - 2016 - PREFEITURA DO RIO DE JANEIRO - FISCAL DE TRANSPORTES URBANOS)** A habilitação para conduzir veículo automotor e elétrico será apurada por meio de exames. O candidato que se habilitar na categoria C pode conduzir:

a) combinação de veículos em que a unidade tratora se enquadre nas categorias B ou C e cuja unidade acoplada, reboque, semirreboque, trailer ou articulada tenha 6.000 kg ou mais de peso bruto total, ou cuja lotação exceda a oito lugares.

b) veículo motorizado utilizado no transporte de passageiros, cuja lotação exceda a oito lugares, excluído o do motorista.

c) veículo motorizado utilizado em transporte de carga, cujo peso bruto total exceda a 3.500 kg.

d) veículo motorizado de duas ou três rodas, com ou sem carro lateral.

O candidato habilitado na categoria C, segundo o CTB e a Resolução nº 925/2022, é condutor de veículo motorizado utilizado em transporte de carga, cujo peso bruto total exceda a 3.500 kg, e também:

• Todos os veículos automotores e elétricos utilizados em transporte de carga, cujo PBT exceda a 3.500 kg.

HABILITAÇÃO

• Tratores, máquinas agrícolas e de movimentação de cargas, motor-casa, combinação de veículos em que a unidade acoplada, reboque, semirreboque ou articulada, não exceda a 6.000 kg de PBT/PBTC.

• Todos os veículos abrangidos pela categoria B.

GABARITO: C.

---

310. **(IESAP - 2015 - EPT - FISCAL DE TRANSPORTES)** Com base no Código de Trânsito Brasileiro, responda à questão.

Prescreve o art. 148-A que deverão submeter-se a exames toxicológicos para a habilitação e renovação da Carteira Nacional de Habilitação os condutores das categorias:

a) A, B e C.

b) C, D e E.

c) B, C, D e E.

d) A, B, C, D e E.

A lei estabelece que os candidatos habilitados nas categorias C, D e E deverão submeter-se ao teste.

Art. 148-A Os condutores das categorias C, D e E deverão comprovar resultado negativo em exame toxicológico para a obtenção e a renovação da Carteira Nacional de Habilitação.

Lembrando que a Lei nº 14.071/2020 modificou o prazo para a renovação da CNH, da seguinte forma:

Art. 147 [...]

§ 2º O exame de aptidão física e mental, a ser realizado no local de residência ou domicílio do examinado, será preliminar e renovável com a seguinte periodicidade:

I – a cada 10 (dez) anos, para condutores com idade inferior a 50 (cinquenta) anos;

II – a cada 5 (cinco) anos, para condutores com idade igual ou superior a 50 (cinquenta) anos e inferior a 70 (setenta) anos;

III – a cada 3 (três) anos, para condutores com idade igual ou superior a 70 (setenta) anos.

§ 3º O exame previsto no § 2º incluirá avaliação psicológica preliminar e complementar sempre que a ele se submeter o condutor que exerce atividade remunerada ao veículo, incluindo-se esta avaliação para os demais candidatos apenas no exame referente à primeira habilitação.

Havendo qualquer indício de doença ou incapacidade física ou mental, poderá o perito que realizar o exame indicar prazos de renovação dos exames diversos daqueles previstos acima.

§ 4º Quando houver indícios de deficiência física ou mental, ou de progressividade de doença que possa diminuir a capacidade para conduzir o veículo, os prazos previstos nos incisos I, II e III do § 2º deste artigo poderão ser diminuídos por proposta do perito examinador.

§ 5º O condutor que exerce atividade remunerada ao veículo terá essa informação incluída na sua Carteira Nacional de Habilitação, conforme especificações do Conselho Nacional de Trânsito – Contran.

Tendo em vista o alto índice de reprovação no exame psicológico e a forma de realizar tal exame, a Lei nº 14.071/2020 criou alguns critérios importantes no art. 147 do CTB, visando à impessoalidade do serviço público:

• As avaliações física e psíquica deverão observar critérios objetivos.

• Os profissionais de Medicina e Psicologia deverão ser fiscalizados pelos respectivos conselhos, ao menos uma vez ao ano.

§ 6º Os exames de aptidão física e mental e a avaliação psicológica deverão ser analisados **objetivamente** pelos examinados, limitados aos aspectos técnicos dos procedimentos realizados, conforme regulamentação do Contran, e subsidiarão a fiscalização prevista no § 7º deste artigo.

§ 7º Os órgãos ou entidades executivos de trânsito dos Estados e do Distrito Federal, com a colaboração dos conselhos profissionais de Medicina e Psicologia, deverão fiscalizar as entidades e os profissionais responsáveis pelos exames de aptidão física e mental e pela avaliação psicológica no mínimo 1 (uma) vez por ano.

GABARITO: B.

---

311.   (EXATUS - 2016 - CODAR - OPERADOR DE RETROESCAVADEIRA) A aprendizagem não poderá realizar-se:

a)   Acompanhado o aprendiz por instrutor habilitado.

b)   Nos horários estabelecidos pelo órgão executivo de trânsito.

c)   Nos locais estabelecidos pelo órgão executivo de trânsito.

d)   Nos termos estabelecidos pelo órgão executivo de trânsito.

A aprendizagem deve ser feita com instrutor autorizado pelo Detran, sendo também necessariamente habilitado. A questão "queimou" aquilo que o próprio CTB afirma, percebendo-se que foi cobrado apenas a literalidade. Veja:

Art. 158 A aprendizagem só poderá realizar-se:

I – nos termos, horários e locais estabelecidos pelo órgão executivo de trânsito;

II – acompanhado o aprendiz por instrutor autorizado.

GABARITO: A.

---

312.   (FUNCAB - 2015 - FACELI - MOTORISTA) Após a data de vencimento da CNH, o condutor tem que solicitar a sua renovação junto ao Detran em até:

a)   10 dias.

b)   15 dias.

c)   20 dias.

d)   30 dias.

e)   60 dias.

A renovação da Carteira de Habilitação deverá se dar no prazo de 30 dias após a data de vencimento, sob pena de infração gravíssima.

Art. 162 Dirigir veículo: [...]

V – com validade da Carteira Nacional de Habilitação vencida há mais de trinta dias:

Infração – gravíssima;

Penalidade – multa;

Medida administrativa – recolhimento da Carteira Nacional de Habilitação e retenção do veículo até a apresentação de condutor habilitado; [...].

GABARITO: D.

HABILITAÇÃO

313. (UFMT - 2015 - DETRAN/MT - AUXILIAR DE SERVIÇO DE TRÂNSITO) A habilitação para conduzir veículo automotor e elétrico será apurada por meio de exames que deverão ser realizados junto ao órgão ou entidade executivos do estado ou do Distrito Federal, do domicílio ou residência do candidato, ou na sede estadual ou distrital do próprio órgão, devendo o condutor preencher os seguintes requisitos:

a) Ser penalmente imputável, saber ler e escrever, comprovar que votou na última eleição.

b) Ser penalmente imputável, saber ler e escrever, possuir Carteira de Identidade ou equivalente.

c) Saber ler e escrever, possuir Carteira de Identidade ou equivalente, comprovar que votou na última eleição.

d) Saber ler e escrever, possuir Carteira de Identidade ou equivalente e, para as pessoas do sexo masculino, apresentar o Certificado de Reservista.

Mais uma vez, foram cobrados os requisitos para se habilitar, que são: ser penalmente imputável (não apenas maior de 18 anos), saber ler e escrever, possuir Carteira de Identidade ou equivalente e CPF.

GABARITO: B.

---

314. (UFMT - 2015 - DETRAN/MT - AUXILIAR DE SERVIÇO DE TRÂNSITO) Considerando a Lei nº 9.503/1997, Código de Trânsito Brasileiro (CTB), analise as afirmativas.

I. Será obrigatória a expedição de novo Certificado de Registro de Veículo quando houver mudança de categoria.

II. Não é requisito exigido do condutor para conduzir veículo elétrico ser penalmente imputável.

III. A autorização para conduzir bicicletas ficará a cargo do município.

IV. Ao candidato aprovado no exame de habilitação, será conferida Permissão para Dirigir, com validade de 2 (dois) anos.

V. O condutor condenado por delito de trânsito deverá ser submetido a novos exames para que possa voltar a dirigir.

Estão corretas as afirmativas:

a) I, III e V, apenas.

b) II, III e IV, apenas.

c) I e IV, apenas.

d) II e V, apenas.

Vamos às assertivas:

I: trata-se de uma das hipóteses de nova emissão do CRV (entenda que a questão aborda categoria do veículo, não da carteira do condutor).

II: na verdade, trata-se sim de um requisito.

III: tanto veículos de propulsão humana quanto de tração animal serão regulamentados pelos municípios.

IV: a validade da PPD é de 1 ano.

V: de fato, previsão do art. 160 do CTB.

GABARITO: A.

---

315. (UFMT - 2015 - DETRAN/MT - AUXILIAR DE SERVIÇO DE TRÂNSITO) De acordo com a Lei nº 9.503/1997, Código de Trânsito Brasileiro (CTB), os veículos destinados à formação de condutores serão identificados por:

a) uma faixa amarela, de vinte centímetros de largura, pintada ao longo da carroceria, à meia altura, com a inscrição AUTOESCOLA na cor preta.

b) uma faixa vermelha, de vinte centímetros de largura, pintada ao longo da carroceria, à meia altura, com a inscrição AUTOESCOLA na cor amarela.

c) uma faixa verde, de vinte centímetros de largura, pintada ao longo da carroceria, à meia altura, com a inscrição AUTOESCOLA na cor azul.

d) uma faixa preta, de vinte centímetros de largura, pintada ao longo da carroceria, à meia altura, com a inscrição AUTOESCOLA na cor branca.

Os veículos destinados à formação de condutores serão identificados por uma faixa amarela, de 20 cm de largura, pintada ao longo da carroceria, à meia altura, com a inscrição Autoescola na cor preta, nos termos do art. 154 do CTB.

GABARITO: A.

---

316. (UFMT - 2015 - DETRAN/MT - AUXILIAR DE SERVIÇO DE TRÂNSITO) Em relação às normas do Código de Trânsito Brasileiro (CTB) para apuração e concessão de habilitação para conduzir veículos, marque V para as afirmativas verdadeiras e F para as falsas.

( ) A autorização para conduzir veículos de propulsão humana e de tração animal ficará a cargo dos municípios.

( ) O trator de roda e os equipamentos automotores destinados a executar trabalhos agrícolas poderão ser conduzidos em via pública também por condutor habilitado na categoria B.

( ) O reconhecimento de habilitação obtida em outro país está subordinado às condições estabelecidas em normas do Conselho Nacional de Trânsito e em convenções e acordos internacionais.

( ) Para se habilitar na categoria C, o condutor deverá estar habilitado no mínimo há um ano na categoria B e não ter cometido nenhuma infração grave ou gravíssima ou ser reincidente em infrações médias, nos últimos doze meses.

Assinale a sequência correta:

a) V, V, V, F.

b) F, F, V, F.

c) F, V, F, F.

d) V, F, F, V.

Atualizada pelo professor conforme a Lei nº 14.440/2022.

I: perfeitamente colocado, à luz do art. 141 do CTB.

Art. 141 O processo de habilitação, as normas relativas à aprendizagem para conduzir veículos automotores e elétricos e à autorização para conduzir ciclomotores serão regulamentados pelo Contran.

§ 1º A autorização para conduzir veículos de propulsão humana e de tração animal ficará a cargo dos municípios.

II: cuidado com o que determina o CTB. Veja:

Art. 144 O trator de roda, o trator de esteira, o trator misto ou o equipamento automotor destinado à movimentação de cargas ou execução de trabalho agrícola, de terraplenagem, de construção ou de pavimentação só podem ser conduzidos na via pública por condutor habilitado nas categorias C, D ou E.

Parágrafo único. O trator de roda e os equipamentos automotores destinados a executar trabalhos agrícolas poderão ser conduzidos em via pública também por condutor habilitado na categoria B.

III: também colocação correta, nos termos do art. 142 do CTB.

Art. 142 O reconhecimento de habilitação obtida em outro país está subordinado às condições estabelecidas em convenções e acordos internacionais e às normas do Contran.

IV: afirmativa de acordo com o CTB. Note:

HABILITAÇÃO

Art. 143 [...]

§ 1º Para habilitar-se na categoria C, o condutor deverá estar habilitado no mínimo há 1 (um) ano na categoria B e não ter cometido mais de uma infração gravíssima nos últimos 12 (doze) meses. (Redação dada pela Lei nº 14.440/2022).

GABARITO: A.

---

317. **(IADES - 2015 - ELETROBRAS - LEITURISTA)** Acerca da habilitação para conduzir veículo automotor e elétrico, assinale a alternativa correta.

a) Saber ler e escrever não é um dos requisitos para requerimento de habilitação para conduzir veículo automotor e elétrico.

b) O candidato à habilitação deve submeter-se a exames realizados pelo órgão executivo de trânsito. O exame de aptidão física e mental é, necessariamente, o último a ser realizado.

c) A categoria B de habilitação refere-se a condutor de veículo motorizado, não abrangido pela categoria A, cujo peso bruto total não exceda a três mil e quinhentos quilogramas e cuja lotação não exceda a oito lugares, excluído o do motorista.

d) Um dos requisitos para requerer qualquer das categorias de habilitação é possuir um veículo automotor ou elétrico registrado no próprio nome.

e) Para preservar o sigilo, o condutor que exerce atividade remunerada ao veículo não terá essa informação incluída na sua Carteira Nacional de Habilitação em nenhuma hipótese.

A categoria A é individualizada e única, não abarcada por qualquer outra categoria. Na categoria B, o CTB usa dois critérios para habilitação: (1) peso não superior a 3,5 t e (2) lotação não superior a oito passageiros, excluído o condutor.

GABARITO: C.

---

318. **(FGV - 2015 - DPE/RO - MOTORISTA)** José, habilitado na categoria B, é demandado por seu chefe, que lhe pede para conduzir veículo com lotação superior a nove lugares. Nesse caso, José:

a) poderá conduzir veículo motorizado de duas ou três rodas, com ou sem carro lateral.

b) não poderá conduzir o veículo, pois motoristas habilitados na categoria B podem conduzir veículos com no máximo oito passageiros, excluído o condutor.

c) poderá conduzir veículo motorizado, de duas rodas, com carro lateral.

d) poderá conduzir veículo motorizado com unidade acoplada.

e) poderá conduzir veículo motorizado, cuja função seja de transporte de carga.

Quem é habilitado na categoria B não pode transitar com veículos que possuam mais de oito lugares para passageiros. Isso se encontra previsto no CTB (art. 143, II) e no Manual Brasileiro de Fiscalização de Trânsito.

GABARITO: B.

---

319. **(CESPE/CEBRASPE - 2021 - PRF - POLICIAL RODOVIÁRIO FEDERAL)** Cursos especializados em transporte de produtos perigosos têm validade de três anos, havendo a necessidade de atualização ao término desse prazo.

Certo ( )   Errado ( )

Cursos especializados em transporte de produtos perigosos apresentam validade de no máximo cinco anos, havendo a necessidade de atualização ao término desse prazo.

Art. 145-A Além do disposto no art. 145, para conduzir ambulâncias, o candidato deverá comprovar treinamento especializado e reciclagem em cursos específicos a cada 5 (cinco) anos, nos termos da normatização do Contran.

GABARITO: ERRADO.

INFRAÇÕES ADMINISTRATIVAS

14

320. (CESPE/CEBRASPE - 2021 - PRF - POLICIAL RODOVIÁRIO FEDERAL - CURSO DE FORMAÇÃO) Acerca de veículos de emergência e prestadores de serviço de utilidade pública, julgue o item seguinte.

Deixar de dar passagem a veículos de emergência, sem que estejam em serviço de urgência, mesmo que devidamente equipados, constitui infringência às normas de trânsito.

Certo ( )   Errado ( )

A infração administrativa, de natureza objetiva, segue os elementos tratados no dispositivo pertinente. Tudo isso para dizer que não haverá, em tese, juízo de valor/reprovação quanto ao praticado, bastando a conduta se amoldar ao que está escrito no CTB.

Nesse contexto, a questão está errada, porque determinado veículo especial tem de estar em serviço de urgência e devidamente identificado para que se constitua infração de natureza gravíssima com multa.

Apesar de mínima, a alteração promovida pela Lei nº 14.440/2022 retirou o termo "iluminação vermelha". Veja-se:

Art. 189. Deixar de dar passagem aos veículos precedidos de batedores, de socorro de incêndio e salvamento, de polícia, de operação e fiscalização de trânsito e às ambulâncias, quando em serviço de urgência e devidamente identificados por dispositivos regulamentados de alarme sonoro e iluminação intermitente: (Redação dada pela Lei nº 14.440/2022)

Infração - gravíssima;

Penalidade – multa.

GABARITO: ERRADO.

---

321. (CESPE/CEBRASPE - 2021 - PRF - POLICIAL RODOVIÁRIO FEDERAL) No que se refere à legislação de trânsito brasileira, julgue o item a seguir.

Considere que, em determinada rodovia federal, tenha havido um acidente, sem vítimas, em que um veículo colidira com outro, do que resultara, para os dois veículos, em avaria e em dano patrimonial. Nessa situação hipotética, o causador do acidente deverá preservar o local, a fim de facilitar os trabalhos da polícia e da perícia, sob pena de responder por grave infração administrativa de trânsito.

Certo ( )   Errado ( )

No caso em questão, o causador do acidente com vítima que se omite ou deixa de preservar o local comete infração de natureza gravíssima com multa ×5 e suspensão do direito de dirigir (SDD), cuja medida administrativa tipificada é o recolhimento da habilitação.

Art. 176 Deixar o condutor envolvido em acidente com vítima:

I – de prestar ou providenciar socorro à vítima, podendo fazê-lo;

II – de adotar providências, podendo fazê-lo, no sentido de evitar perigo para o trânsito no local;

III – de preservar o local, de forma a facilitar os trabalhos da polícia e da perícia;

IV – de adotar providências para remover o veículo do local, quando determinadas por policial ou agente da autoridade de trânsito;

V – de identificar-se ao policial e de lhe prestar informações necessárias à confecção do boletim de ocorrência:

Infração – gravíssima;

Penalidade – multa (cinco vezes) e suspensão do direito de dirigir;

Medida administrativa – recolhimento do documento de habilitação.

Por outro lado, a infração será de natureza média com multa no caso de acidente sem vítima e o infrator deixar de adotar as providências necessárias para remover o veículo.

*Art. 178 Deixar o condutor, envolvido em **acidente sem vítima**, de adotar providências para remover o veículo do local, quando necessária tal medida para assegurar a segurança e a fluidez do trânsito:*

Infração – média;

Penalidade – multa.

GABARITO: ERRADO.

322. [CESPE/CEBRASPE - 2020 - PRF - POLICIAL RODOVIÁRIO FEDERAL - CURSO DE FORMAÇÃO] Acerca das medidas administrativas de trânsito, julgue o item seguinte.

A remoção do veículo decorre, normalmente, de infrações de estacionamento irregular, ou ainda, da falta de combustível ou do reparo do veículo na via pública.

Certo ( )   Errado ( )

O art. 180 do CTB tipifica a infração de **"pane seca"**, sendo punida com multa e classificada como de natureza média. Para além da penalidade, há de se falar na aplicação da medida administrativa, que nesse caso específico é de remoção. É importante destacar que todas as infrações de estacionamento irregular têm como medida administrativa a remoção, exceto uma, que é estacionar na contramão.

Art. 180 Ter seu veículo imobilizado na via por falta de combustível:

Infração – média;

Penalidade – multa;

Medida administrativa – remoção do veículo.

As infrações associadas à conduta de estacionamento irregular estão tipificadas no art. 181 do CTB. Lembrando que **estacionar** é diferente de **parar**. Neste último caso, trata-se de tempo necessário para embarque/desembarque. Por outro lado, equipara-se à manobra de estacionamento a operação de carga/descarga.

GABARITO: CERTO.

323. [CESPE/CEBRASPE - 2015 - PRF - POLICIAL RODOVIÁRIO FEDERAL CURSO DE FORMAÇÃO] Com referência às medidas administrativas, providências de caráter complementar exigidas para a regularização de situações infracionais, julgue o item subsequente.

Relatos de testemunhas, imagens e vídeos poderão ser utilizados subsidiariamente como meios de prova para caracterizar a infração de dirigir sob influência de álcool e de substância entorpecente psicoativa.

Certo ( )   Errado ( )

A questão foi cobrada em curso de formação, sendo aproveitada para tratar o conteúdo. Nesse sentido, é importante destacar que a Resolução nº 432/2013 estabelece que o uso do etilômetro é prioritário, conforme art. 3º, § 2º. Por esse motivo, preceitua-se que as demais formas são subsidiárias.

Todavia, é importante destacar que a infração do art. 165 e também o crime do art. 306, ambos do CTB, podem ser constatados por outros meios admitidos em direito: exame de sangue, verificação de sinais, filmagens, testemunhas etc.

GABARITO: CERTO.

---

324. [CESPE/CEBRASPE - 2007 - IPC - MOTORISTA] Acerca das normas gerais de circulação e conduta previstas no CTB, à sinalização e às infrações de trânsito, julgue o item subsequente. Considere a seguinte situação hipotética.

Luciano é proprietário de um veículo automotor cuja tampa do tanque encontra-se danificada. Por esse motivo, frequentemente, o veículo de Luciano derrama combustível sobre a via. Nessa situação, sempre que seu veículo derrama combustível sobre a via, Luciano comete uma infração de trânsito gravíssima, passível de punição com multa e da imposição da medida administrativa de retenção do veículo para regularização do problema.

Certo ( )   Errado ( )

De acordo com o art. 231, II, "b", do CTB, constitui-se infração de natureza gravíssima com retenção para sanar a irregularidade. Vale lembrar que não há juízo de valor a ser feito, bastando a adequação da conduta ao que está escrito para lavratura da autuação e, posteriormente, aplicação de penalidade.

Art. 231 Transitar com o veículo: [...]

II - derramando, lançando ou arrastando sobre a via:

a) carga que esteja transportando;

b) combustível ou lubrificante que esteja utilizando;

c) qualquer objeto que possa acarretar risco de acidente:

Infração – gravíssima;

Penalidade – multa;

*Medida administrativa – **retenção do veículo para regularização**.*

GABARITO: CERTO.

---

325. [CESPE/CEBRASPE - 2004 - PF - PERITO CRIMINAL FEDERAL/ÁREA 12 - ADAPTADA] Um motorista foi barrado pela polícia rodoviária por dirigir em excesso de velocidade. Mesmo apresentando indícios de estar alcoolizado, recusou-se a realizar teste em aparelho medidor de ar alveolar (bafômetro). Julgue o item a seguir a partir da situação hipotética descrita.

A atitude do motorista citado de se recusar a realizar o exame de determinação de embriaguez não pode ser considerada ilegal.

Certo ( )   Errado ( )

Questão atualizada pelo professor.

É importante destacar que a questão foi cobrada em 2004, tempo em que não vigia a Lei nº 13.281/2016, que introduziu ao CTB o art. 165-A, tipificando a infração denominada recusa administrativa, cujas penalidades administrativas são as mesmas em relação à infração da embriaguez.

Art. 165-A Recusar-se a ser submetido a teste, exame clínico, perícia ou outro procedimento que permita certificar influência de álcool ou outra substância psicoativa, na forma estabelecida pelo art. 277:

Infração – gravíssima;

Penalidade – multa (dez vezes) e suspensão do direito de dirigir por 12 (doze) meses;

INFRAÇÕES ADMINISTRATIVAS

Medida administrativa – recolhimento do documento de habilitação e retenção do veículo, observado o disposto no § 4º do art. 270.

Parágrafo único. *Aplica-se em dobro a multa prevista no* caput *em caso de reincidência no período de até 12 (doze) meses.*

Portanto, a recusa ao teste do bafômetro, por si só, já constitui infração de natureza gravíssima, ainda que o condutor alegue não ter consumido bebida alcoólica e que não apresente sinais de alteração da capacidade psicomotora.

GABARITO: ERRADO.

---

326. (CESPE/CEBRASPE - 2020 - PREFEITURA DE BARRA DOS COQUEIROS - AGENTE DE TRÂNSITO) Marcos, que acabara de mudar de endereço dentro do mesmo município, saiu rapidamente de casa com a sua camioneta (veículo A, com peso bruto total de 3.500 kg), acessando uma via pavimentada, pista de trânsito rápido, sem sinalização regulamentadora, dividida por duas linhas longitudinais na cor amarela. Estava a 105 km/h quando passou a trocar de luz baixa para alta, por curto período de tempo, com o veículo B, à sua frente, na mesma faixa de tráfego, em um trecho onde a faixa do seu lado da via era seccionada. Ao tentar ultrapassar o veículo B, viu que este indicava o propósito de ultrapassar o veículo C, à frente. Por saber que o seu veículo era mais veloz, Marcos ultrapassou os veículos B e C, porém colidiu com o veículo D, conduzido por João, que saía de uma via com imóveis ao longo de sua extensão. João foi projetado para fora do carro e caiu desacordado. Marcos não se feriu; manteve a calma, pediu socorro, verificou o estado da vítima e prestou-lhe pronto e integral socorro. João teve fratura em seu membro inferior. Ainda a respeito da situação hipotética apresentada no texto, assinale a opção correta.

a) Marcos teria cometido infração gravíssima caso tivesse realizado a ultrapassagem na marcação viária longitudinal de linha dupla contínua.

b) Entre as primeiras providências tomadas no local do acidente, Marcos deveria ter garantido a segurança, posicionando a sinalização a noventa passos longos de distância do acidente, a fim de garantir o aumento do tempo de reação dos outros motoristas que trafegavam na pista.

c) Embora Marcos tenha-se envolvido em acidente grave, ele só poderá ser submetido a curso de reciclagem se for condenado judicialmente.

d) Se a carteira nacional de habilitação (CNH) de Marcos for de categoria B, ele deverá ser multado por dirigir com CNH de categoria diferente da necessária para a condução de seu veículo, a camioneta.

e) Marcos deverá ser preso em flagrante por ter-se envolvido em acidente de trânsito do qual resultou uma vítima.

A: o art. 203 do CTB tipifica as infrações de trânsito atinentes à ultrapassagem de outro veículo pela contramão. Além disso, é importante trazer à tona que a linha amarela, além de outras circunstâncias, regula o sentido do fluxo (fluxos opostos). A forma de demarcação regula, além de outras circunstâncias, a permissão ou não de deslocamentos laterais de maneira geral e de ultrapassagem. A marcação tracejada permite esses tipos de manobras, mas a marcação contínua não permite.

Diante disso, a ultrapassagem em faixa contínua e amarela determina que a pista é dividida por fluxos opostos de direção (amarela) e que não são permitidas as manobras de deslocamento lateral e ultrapassagem, incorrendo em infração de natureza gravíssima com multa ×5 (art. 203, V, do CTB).

B: não há disposição regulamentar para fins de prova.

C: entre as hipóteses (plural, que já torna a questão errada) de imposição da penalidade de curso de reciclagem, encontra-se a de ter contribuído para acidente de trânsito grave, independente de processo judicial.

D: as categorias de habilitação são pertinentes às características dos veículos e não quanto à tração, espécie ou categoria.

E: não se imporá prisão em flagrante e nem se exigirá fiança se o causador prestar pronto e integral socorro à vítima, conforme art. 301 do CTB.

GABARITO: A.

---

327. **(CESPE/CEBRASPE - 2020 - PREFEITURA DE BARRA DOS COQUEIROS - CONDUTOR DE AMBULÂNCIA)** O motorista de uma ambulância passou sobre uma poça de lama e, propositalmente, arremessou água com detritos sobre pedestres que estavam em um ponto de ônibus. Segundo o Código Brasileiro de Trânsito, essa conduta do motorista da ambulância é considerada infração:

a) grave, sujeita a multa e apreensão do veículo.

b) média, sujeita a multa.

c) leve, sem previsão de multa.

d) gravíssima, sujeita a multa e apreensão do veículo.

e) média, sujeita a multa e recolhimento da habilitação.

Sabendo que não há mais penalidade de apreensão, eliminam-se as alternativas A e D. Para a conduta descrita, não há previsão de medida administrativa, eliminando-se a alternativa E.

Direto ao ponto, a conduta descrita está tipificada no art. 171 do CTB, punindo o infrator com multa, cuja infração é classificada com natureza **média**.

*Art. 171 Usar o veículo para arremessar, sobre os pedestres ou veículos, água ou **detritos**:*

*Infração – **média**;*

Penalidade – multa.

GABARITO: B.

---

328. **(CESPE/CEBRASPE - 2020 - PREFEITURA DE BARRA DOS COQUEIROS - MOTORISTA DE TRANSPORTE ESCOLAR)** A conduta do pedestre de atravessar pistas de rolamento em viadutos, pontes ou túneis onde não existe permissão para tanto caracteriza infração de trânsito:

a) leve, com pena de repreensão.

b) leve, com pena de multa no mesmo valor atribuído à infração de natureza leve.

c) leve, com pena de multa em 50% do valor da infração de natureza leve.

d) média, com pena de multa em 50% do valor da infração de natureza média.

e) grave, com pena de multa em 50% do valor da infração de natureza grave.

A penalidade imposta ao pedestre é de natureza leve, sendo a multa no valor de 50% da infração dessa natureza.

Art. 254 É proibido ao pedestre:

I – permanecer ou andar nas pistas de rolamento, exceto para cruzá-las onde for permitido;

II – cruzar pistas de rolamento nos viadutos, pontes, ou túneis, salvo onde exista permissão;

III – atravessar a via dentro das áreas de cruzamento, salvo quando houver sinalização para esse fim;

IV – utilizar-se da via em agrupamentos capazes de perturbar o trânsito, ou para a prática de qualquer folguedo, esporte, desfiles e similares, salvo em casos especiais e com a devida licença da autoridade competente;

V – andar fora da faixa própria, passarela, passagem aérea ou subterrânea;

VI – desobedecer à sinalização de trânsito específica;

INFRAÇÕES ADMINISTRATIVAS

Infração – leve;

Penalidade – multa, em 50% (cinquenta por cento) do valor da infração de natureza leve.

GABARITO: C.

---

329. (CESPE/CEBRASPE - 2019 - PRF - POLICIAL RODOVIÁRIO FEDERAL) No item que se segue, é apresentada uma situação hipotética relativa a infrações previstas no Código de Trânsito Brasileiro, seguida de uma assertiva a ser julgada.

Dirigindo seu veículo automotor, Caio foi abordado por policial rodoviário federal, que constatou que a validade de sua carteira nacional de habilitação estava vencida havia mais de trinta dias. Nessa situação, Caio será multado, sua carteira de habilitação será recolhida e seu veículo será removido.

Certo ( )   Errado ( )

A infração de trânsito respectiva à conduta de **conduzir veículo automotor com a habilitação vencida há mais de 30 dias é de natureza gravíssima** com medida administrativa de **retenção**, e não remoção como traz a questão.

Outro ponto importante é que o policial rodoviário federal, como agente da autoridade de trânsito, não multa. Tecnicamente, ele autua.

Portanto, a questão está duplamente errada.

Frise-se ainda que a **Lei nº 14.440/2022 retirou a medida administrativa de recolhimento da habilitação dessa infração.**

Art. 162 Dirigir veículo: [...]

V – com Carteira Nacional de Habilitação vencida há mais de 30 (trinta) dias: (Redação dada pela Lei nº 14.440/2022)

Infração - gravíssima; (Redação dada pela Lei nº 14.440/2022)

Penalidade - multa; (Redação dada pela Lei nº 14.440/2022)

Medida administrativa - retenção do veículo até a apresentação de condutor habilitado; (Redação dada pela Lei nº 14.440, de 2022)

GABARITO: ERRADO.

---

330. (CESPE/CEBRASPE - 2019 - PRF - POLICIAL RODOVIÁRIO FEDERAL) No item que se segue, é apresentada uma situação hipotética relativa a infrações previstas no Código de Trânsito Brasileiro, seguida de uma assertiva a ser julgada.

O condutor estacionou o seu veículo sem observar a distância máxima permitida de afastamento da guia da calçada. Nessa situação, o condutor poderá ser multado e seu veículo, removido.

Certo ( )   Errado ( )

O termo "multado" não torna a questão errada. Senão, vejamos: as infrações quanto ao estacionamento irregular associado à guia da calçada podem ser de natureza leve, média ou grave, todas com medida administrativa de remoção.

Art. 181 Estacionar o veículo: [...].

Infrações:

• Leve – afastado da guia da calçada (meio-fio) de 50 cm a 1 m;

• Média – nas esquinas e a menos de 5 m do bordo do alinhamento da via transversal;

• Grave – afastado da guia da calçada (meio-fio) a mais de 1 m.

O condutor poderá ser multado?

Sim, poderá, porque ainda haverá um processo administrativo no qual o recurso administrativo poderá ser deferido, situação em que ele não será multado.

Para além desse apontamento, outro destaque importante é que a aplicação da multa será feita pelo órgão com circunscrição sobre a via por meio da autoridade de trânsito.

Lembrando que se a questão trouxesse o agente da autoridade de trânsito como o competente para a aplicação de multa, ela estaria errada.

GABARITO: CERTO.

---

331. **[CESPE/CEBRASPE - 2019 - PRF - POLICIAL RODOVIÁRIO FEDERAL]** No dia 3/1/2019, às 21 horas, um policial rodoviário federal, em rodovia federal de pista simples, abordou um veículo do tipo cegonha – combinação de um caminhão-trator e um semirreboque –, com 22 metros de comprimento e distância entre eixos extremos de 18 metros, que transportava veículos nas plataformas inferior e superior. O disco-diagrama do registra-dor instantâneo e inalterável de velocidade e tempo do veículo mostrava superposição de registros, o que impossibilitava a leitura do tempo de movimentação do veículo e de suas interrupções. Na ficha de trabalho de autônomo do condutor constavam: data de saída = 3/1/2019 e hora de saída = 17 horas. Além disso, a autorização especial de trânsito de posse do condutor não permitia o tráfego em local e horário distintos do que prevê a norma aplicável. Considerando essa situação hipotética, julgue o próximo item, à luz do CTB e das resoluções do Contran.

Nessa situação, apesar de o disco-diagrama não se prestar para exame, não cabe a aplicação de penalidade decorrente do defeito no aparelho registrador, já que foi possível a fiscalização do tempo de direção do motorista por meio da verificação da ficha de trabalho do autônomo.

Certo ( )   Errado ( )

A fiscalização do tempo de direção do motorista profissional é importante para fins de não incorrer na infração de trânsito de natureza média, do art. 230, XXIII, do CTB. De forma autônoma, deve-se avaliar também o equipamento obrigatório cronotacógrafo (registrador instantâneo e inalterável de tempo e velocidade).

Nesse sentido, quando há defeito do equipamento específico, deve-se lavrar o auto de infração do art. 230, XIV, do CTB – conduzir o veículo com registrador instantâneo inalterável de velocidade e tempo viciado ou defeituoso, quando houver exigência desse aparelho.

Destaca-se que a Resolução nº 92/1999 foi revogada. Atualmente, vigora a Resolução nº 938/2022, que dispõe sobre requisitos técnicos mínimos do registrador instantâneo e inalterável de velocidade e tempo (cronotacógrafo).

GABARITO: ERRADO.

---

332. **[CESPE/CEBRASPE - 2018 - PF - PERITO CRIMINAL FEDERAL]** Dois motoristas, Pedro e José, foram levados à central de flagrantes da polícia civil após terem sido parados em uma blitz no trânsito. Segundo a polícia civil, Pedro, de trinta e dois anos de idade, foi submetido ao teste do bafômetro, durante a blitz, e o resultado mostrou 0,68 miligramas de álcool por litro de ar expelido. Ele pagou fiança e deverá responder em liberdade por crime de trânsito. Conforme os policiais, José, de vinte e dois anos de idade, se recusou a submeter-se ao teste do bafômetro, mas o médico-legista do Instituto Médico Legal (IML) que o examinou comprovou alteração da capacidade psicomotora em razão do consumo de substância psicoativa que determina dependência. José também pagou fiança para ser liberado. Com relação a essa situação hipotética, julgue o item a seguir.

José cometeu infração administrativa, mas não crime, ao se recusar a fazer o teste do bafômetro.

Certo ( )   Errado ( )

INFRAÇÕES ADMINISTRATIVAS

A questão, infelizmente, saiu do contexto apresentado para fins de "ludibriar" o candidato. Portanto, é importante sempre se atentar ao comando dela, o que ela pede.

Nesse sentido, perceba que José apresentou sinais de alteração da capacidade psicomotora. Essa situação configura crime do art. 306 do CTB e, em tese, infração de trânsito do art. 165 do mesmo códex. Todavia, a questão foi específica quanto à conduta, estritamente, da recusa.

De acordo com o Manual Brasileiro de Fiscalização de Trânsito (MBFT), o condutor seria responsabilizado pelo art. 165 do CTB. Entretanto, só considerando a conduta da recusa, isto não configuraria crime, e sim infração administrativa.

Lembrando, tecnicamente, que:

Condutor abordado:

1. Se recusou e apresentou um sinal ou nenhum sinal: art. 165-A do CTB.

2. Se recusou e apresentou dois ou mais sinais: art. 165 do CTB.

GABARITO: CERTO.

---

333. [CESPE/CEBRASPE - 2019 - PRF - POLICIAL RODOVIÁRIO FEDERAL] Com base no disposto no Código de Trânsito Brasileiro, julgue o item.

Se um policial rodoviário federal autuar, por infração de trânsito, um condutor de veículo em circulação no Brasil, mas licenciado no exterior, o infrator deverá pagar a multa no país de origem do licenciamento do automóvel, na forma estabelecida pelo Contran.

Certo ( )   Errado ( )

A máxima "aqui se faz, aqui se paga" é uma excelente representação do art. 119, § 1º, do CTB. Ele deverá pagar antes de sair do Brasil, sob pena de ter seu veículo recolhido caso retorne ao Brasil e não tenha pagado o valor respectivo à multa.

Art. 119 As repartições aduaneiras e os órgãos de controle de fronteira comunicarão diretamente ao Renavam a entrada e saída temporária ou definitiva de veículos.

§ 1º Os veículos licenciados no exterior não poderão sair do território nacional sem o prévio pagamento ou o depósito, judicial ou administrativo, dos valores correspondentes às infrações de trânsito cometidas e ao ressarcimento de danos que tiverem causado ao patrimônio público ou de particulares, independentemente da fase do processo administrativo ou judicial envolvendo a questão.

§ 2º Os veículos que saírem do território nacional sem o cumprimento do disposto no § 1º e que posteriormente forem flagrados tentando ingressar ou já em circulação no território nacional serão retidos até a regularização da situação.

GABARITO: ERRADO.

---

334. [CESPE/CEBRASPE - 2019 - PRF - POLICIAL RODOVIÁRIO FEDERAL - CURSO DE FORMAÇÃO] Em determinada operação de fiscalização de trânsito, o policial rodoviário federal deparou-se com uma situação em que o proprietário do veículo confiou a direção a um condutor com a CNH cassada. Com base nessa situação hipotética, julgue o item seguinte.

Em caso de recusa do condutor, sem sinais de consumo de álcool, em realizar o teste com etilômetro, o policial deverá caracterizar a infração de recusa a fazer o teste.

Certo ( )   Errado ( )

Inclusive é o que preceitua e reforça o MBFT 2022, reiterando que o conjunto de sinais é caracterizado a partir de dois sinais.

Condutor abordado:

1. Se recusou e apresentou um sinal ou nenhum sinal: art. 165-A do CTB.

2. Se recusou e apresentou dois ou mais sinais: art. 165 do CTB.
GABARITO: CERTO.

335. **(CESPE/CEBRASPE - 2017 - TRF/1ª REGIÃO - TÉCNICO JUDICIÁRIO - ADMINISTRATIVA/SEGURANÇA/TRANSPORTE)** De acordo com o Código de Trânsito Brasileiro (CTB) e as resoluções do Contran sobre a condução de veículos automotores, julgue o item a seguir.

Não parar o veículo antes de transpor linha férrea caracteriza infração gravíssima passível de multa.

Certo ( )   Errado ( )

Literalidade do art. 212 do CTB.

Art. 212 Deixar de parar o veículo antes de transpor linha férrea:

Infração – gravíssima;

Penalidade – multa.

GABARITO: CERTO.

336. **(CESPE/CEBRASPE - 2016 -PRF - POLICIAL RODOVIÁRIO FEDERAL - CURSO DE FORMAÇÃO)** A respeito de penalidades, medidas administrativas e processo administrativo relacionados a infrações de trânsito, julgue o item que se segue.

Durante uma fiscalização de trânsito, o veículo que apresentar irregularidades que possam comprometer a segurança ou a fluidez do trânsito deverá ser removido para um depósito escolhido pelo órgão ou entidade competente, ainda que haja a possibilidade de o condutor providenciar a reparação da irregularidade no local onde foi lavrado o auto de infração.

Certo ( )   Errado ( )

Houve atualização recentemente do CTB por meio da Lei nº 14.071/2020 e da Lei nº 14.229/2021.

No caso de infração com medida administrativa de retenção, o prazo dado para sanar a irregularidade e apresentação do veículo será não superior a 30 dias (até 30 dias).

Nos casos de remoção, o prazo será não superior a 15 dias (até 15 dias). Não se aplica às infrações de licenciamento vencido ou transporte irregular de bens/pessoas.

GABARITO: ERRADO.

337. **(CESPE/CEBRASPE - 2015 - PRF - POLICIAL RODOVIÁRIO FEDERAL - CURSO DE FORMAÇÃO)** A respeito das infrações e dos crimes de trânsito, julgue o item subsecutivo.

A condução de veículo com lâmpadas queimadas caracteriza infração de trânsito sujeita a medida administrativa de retenção do veículo.

Certo ( )   Errado ( )

Normalmente, infrações associadas a equipamentos obrigatórios têm medida administrativa para sanar a irregularidade (retenção). Todavia, a infração de trânsito conduzir veículo com defeito no sistema de iluminação, de sinalização ou com lâmpadas queimadas não tem medida administrativa de retenção. Em tempo, frise-se que é de natureza média (art. 230, XXII, do CTB).

Por outro lado, a infração de trânsito associada à alteração do sistema de iluminação tem medida administrativa de retenção com multa de natureza grave.

GABARITO: ERRADO.

INFRAÇÕES ADMINISTRATIVAS

338. (CESPE/CEBRASPE - 2015 - PRF - POLICIAL RODOVIÁRIO FEDERAL - CURSO DE FORMAÇÃO) A respeito das infrações e dos crimes de trânsito, julgue o item subsecutivo.

Caso a medição de alcoolemia apresente qualquer concentração de álcool por litro de sangue, descontando-se o erro máximo admissível, estarão caracterizados infração administrativa e crime de trânsito.

Certo ( )   Errado ( )

Art. 276 Qualquer concentração de álcool por litro de sangue ou por litro de ar alveolar sujeita o condutor às penalidades previstas no art. 165. (Não menciona o termo medição.)

Agora vamos ao caso da medição:

O erro máximo é um índice utilizado no cálculo da concentração de álcool por ar alveolar expelido dos pulmões, tratado na Resolução nº 432/2013 do Contran. Como se trabalha com máquina, há de se considerar um erro que é inerente ao aferido pela *máquina* (erro máximo). Nesse sentido, o valor considerado é igual à medição realizada subtraída do erro da máquina.

Assim, o valor exposto no CTB para fins do crime de trânsito ou até mesmo da infração administrativa é o valor considerado, calculado da seguinte maneira: VC = MR – EM.

VC – valor considerado;

MR – medição realizada;

EM – erro máximo.

Desse modo, qualquer concentração seria infração administrativa. No caso de crime, seria a partir de 0,3 mg/L de ar alveolar. Sendo sangue, 6 dg/L.

GABARITO: ERRADO.

339. (CESPE/CEBRASPE - 2015 - PRF - POLICIAL RODOVIÁRIO FEDERAL - CURSO DE FORMAÇÃO) Com referência às medidas administrativas, providências de caráter complementar exigidas para a regularização de situações infracionais, julgue o item subsequente. Para a confirmação da alteração da capacidade psicomotora, em razão da influência de álcool ou de outras substâncias psicoativas, a realização de exame clínico é insuficiente para a emissão da notificação do auto de infração de trânsito, sendo indispensável o teste com etilômetro.

Certo ( )   Errado ( )

Reforçando que o art. 277, § 2º, do CTB positivou a seguinte redação: *A infração prevista no art. 165 também poderá ser caracterizada mediante imagem, vídeo, constatação de sinais que indiquem, na forma disciplinada pelo Contran, alteração da capacidade psicomotora ou produção de quaisquer outras provas em direito admitidas.*

Ademais, a Resolução nº 432/2013 fixa o etilômetro como teste prioritário, o que é diferente de exclusivo. Prioritário é aquilo que vem primeiro. Todavia, na impossibilidade de realizar o etilômetro, pode ser constatada a infração por outros meios admitidos em direito.

GABARITO: ERRADO.

340. (CESPE/CEBRASPE - 2015 - PRF - POLICIAL RODOVIÁRIO FEDERAL - CURSO DE FORMAÇÃO - ADAPTADA) A respeito das infrações e dos crimes de trânsito, julgue o item subsecutivo.

Disputar corrida por espírito de competição em via pública configura tanto infração de trânsito quanto crime.

Certo ( )   Errado ( )

Questão atualizada pelo professor.

A referida questão trata da conduta tipificada nos arts. 173 e 308 do CTB. Nesse sentido, frise-se que a infração administrativa ocorrerá ainda que não haja perigo de dano, punida com multa ×10 + SDD (infração gravíssima).

Por outro lado, o crime do art. 308, *caput*, do CTB, somente será imputado se gerar perigo de dano, considerando que se trata de um delito de perigo concreto, exigindo-se a prova do perigo.

GABARITO: ERRADO.

---

341. (CESPE/CEBRASPE - 2015 - STJ - ANALISTA JUDICIÁRIO - ADMINISTRATIVA/SEGURANÇA) Tendo em vista que constitui infração de trânsito a inobservância de qualquer preceito do CTB, estando o infrator sujeito às penalidades e às medidas administrativas pertinentes, julgue o item que se segue, acerca das infrações e dos crimes previstos no CTB.

O condutor de veículo envolvido em acidente que deixar de prestar ou de providenciar socorro à vítima, podendo fazê-lo, praticará infração de trânsito gravíssima, estando, ainda, sujeito à pena de detenção pela conduta omissiva.

Certo ( )   Errado ( )

Trata-se de infração gravíssima, com multa ×5 e SDD (art. 176, I, do CTB), bem como de crime tipificado no art. 304, desde que o fato não constitua crime mais grave (tipo penal subsidiário).

GABARITO: CERTO.

---

342. (CESPE/CEBRASPE - 2015 - STJ - ANALISTA JUDICIÁRIO - ADMINISTRATIVA/SEGURANÇA) Tendo em vista que constitui infração de trânsito a inobservância de qualquer preceito do CTB, estando o infrator sujeito às penalidades e às medidas administrativas pertinentes, julgue o item que se segue, acerca das infrações e dos crimes previstos no CTB.

Situação hipotética: Na situação mostrada na figura seguinte, o condutor do veículo 1 sinalizou com o braço a intenção de ultrapassar o veículo 2, em um trecho em curva, de duplo sentido de circulação (mão e contramão) e sem visibilidade suficiente.

Assertiva: Nessa situação, tão logo realize a ultrapassagem, o condutor do veículo 1 cometerá infrações de trânsito referentes à manobra de ultrapassagem e, ainda, por dirigir com o braço para fora do veículo.

Certo ( )   Errado ( )

 INFRAÇÕES ADMINISTRATIVAS

Por se tratar de uma curva sem visibilidade para ultrapassagem em uma pista simples de fluxos opostos, o condutor do veículo 1 cometerá infração de natureza gravíssima ×5 (se primário), conforme art. 203, I, do CTB.

Por outro lado, não cometerá infração pelo gesto convencional de braço, uma vez que também é considerado um meio de sinalização de trânsito.

Anexo I

GESTOS DE CONDUTORES – movimentos convencionais de braço, adotados exclusivamente pelos condutores, para orientar ou indicar que vão efetuar uma manobra de mudança de direção, redução brusca de velocidade ou parada.

GABARITO: ERRADO.

343. (CESPE/CEBRASPE - 2015 - MPU - TÉCNICO) Com base nas disposições do CTB e nas resoluções do Contran, julgue o item subsequente, relativo a carteira nacional de habilitação (CNH) para a condução de veículos e a condições de tráfego dos veículos. O condutor portador de CNH categoria D cometerá infração de trânsito gravíssima ao conduzir um veículo motorizado utilizado no transporte de passageiros cuja lotação exceda a oito lugares, excluído o motorista, uma vez que somente o portador de CNH categoria E está habilitado para conduzir esse tipo de veículo.

Certo ( )   Errado ( )

O condutor portador da CNH categoria D tem competência formal para conduzir os seguintes veículos:

- Todos B e C;
- Veículos automotores e elétricos utilizados no transporte de passageiros (lotação exceda a oito lugares, excluído o do condutor);
- Transporte de escolares;
- Veículos automotores da espécie motor-casa (lotação exceda a oito lugares, excluído o do motorista);
- Ônibus articulado.

Entendimento fundamentado com base no CTB e Resolução nº 789/2020.

Nesse caso, o condutor não cometerá infração.

GABARITO: ERRADO.

344. (CESPE/CEBRASPE - 2015 - STJ - ANALISTA JUDICIÁRIO - ADMINISTRATIVA/SEGURANÇA) Tendo em vista que constitui infração de trânsito a inobservância de qualquer preceito do CTB, estando o infrator sujeito às penalidades e às medidas administrativas pertinentes, julgue o item que se segue, acerca das infrações e dos crimes previstos no CTB.

É permitido ao servidor do STJ ocupante do cargo de analista judiciário na especialidade segurança conduzir veículo oficial sem portar a carteira nacional de habilitação, uma vez que ser habilitado é requisito para a investidura nesse cargo.

Certo ( )   Errado ( )

O porte do documento de habilitação continua a ser obrigatório, assim como o porte do certificado de licenciamento anual (CLA).

Contudo, pode ser dispensado quando o agente de fiscalização tiver acesso às informações por meios, por exemplo, informatizados. Todavia, os respectivos documentos são de porte obrigatório.

GABARITO: ERRADO.

INFRAÇÕES ADMINISTRATIVAS

345. (CESPE/CEBRASPE - 2015 - STJ - ANALISTA JUDICIÁRIO - ADMINISTRATIVA/SEGURANÇA) Acerca de noções de direção defensiva e de meio ambiente, bem como do que dispõe o CTB, julgue o item subsecutivo.

Com a finalidade de diminuir o consumo de combustível e, consequentemente, reduzir a emissão de gases poluentes, bem como garantir a segurança e fluidez do trânsito, recomenda-se que o condutor de veículos automotores evite reduções constantes de marchas, acelerações bruscas e freadas excessivas e que, em trechos de declive, transite com o veículo desligado ou desengrenado.

Certo ( )   Errado ( )

Apesar de uma questão puxada muito mais para a mecânica em si, é plenamente possível falsear por meio dos conhecimentos técnicos do Código de Trânsito Brasileiro, isso porque constitui infração de trânsito de natureza média transitar com o veículo desligado ou desengrenado em declive (art. 231, IX, do CTB), punido com multa.

Portanto, a questão está errada, uma vez que constitui infração de trânsito.

GABARITO: ERRADO.

---

346. (CESPE/CEBRASPE - 2013 - PRF - POLICIAL RODOVIÁRIO FEDERAL) Com base na legislação da PRF, julgue o item que se segue.

Comete infração de trânsito gravíssima, punível com multa, o condutor que não reduz a velocidade do veículo de forma compatível com a segurança do trânsito, quando se aproxima de passeatas, manifestações populares e aglomerações.

Certo ( )   Errado ( )

Trata-se de infração de trânsito de natureza gravíssima trafegar com velocidade incompatível com a segurança quando se aproximar de passeatas, aglomerações, cortejos, préstitos e desfiles (art. 220, I, do CTB).

Pode incorrer no crime do art. 311 se o indivíduo com essa conduta gerar perigo de dano, já que se trata de um delito de perigo concreto.

GABARITO: CERTO.

---

347. (CESPE/CEBRASPE - 2011 - CBM/DF - SOLDADO BOMBEIRO MILITAR) Considerando que um caminhão do CBM/DF, em serviço de urgência e devidamente identificado por alarme sonoro e iluminação vermelha intermitente, esteja transitando por uma pista de quatro faixas bastante congestionada, julgue o item seguinte.

Constituiria infração gravíssima o fato de um condutor deixar de dar passagem ao referido caminhão.

Certo ( )   Errado ( )

O art. 189 determina que é infração de trânsito de natureza gravíssima deixar de dar passagem aos veículos precedidos de batedores, de socorro de incêndio e salvamento, de polícia, de operação e fiscalização de trânsito e às ambulâncias, quando em serviço de urgência e devidamente identificados por dispositivos regulamentados de alarme sonoro e iluminação intermitentes (a atualização da Lei nº 14.440/2022, retirou o termo "iluminação vermelha"), isto é, os veículos listados no art. 29, VI e VII, do CTB.

É importante destacar que o condutor desses veículos oficiais especiais também pode ser punido com multa decorrente de infração de trânsito (natureza média) desde que não mantenha ligado o sistema de iluminação quando em situação de emergência.

Art. 222. Deixar de manter ligado, nas situações de atendimento de emergência, o sistema de iluminação intermitente dos veículos de polícia, de socorro de incêndio e salvamento, de fiscalização de trânsito e das ambulâncias, ainda que parados: (Redação dada pela Lei nº 14.440/2022) – retirada do termo "vermelha".

Infração - média.

INFRAÇÕES ADMINISTRATIVAS

Outra infração relacionada consiste no fato de que um condutor "aproveite" que determinado veículo está em situação de emergência e "pegue o vácuo" desse veículo, isto é, acompanha-o aproveitando que os demais veículos irão abrir caminho (art. 190 do CTB).

Art. 190 Seguir veículo em serviço de urgência, estando este com prioridade de passagem devidamente identificada por dispositivos regulamentares de alarme sonoro e iluminação intermitente: (Redação dada pela Lei nº 14.440/2022):

Infração – grave;

Penalidade – multa.

GABARITO: CERTO.

---

348. **(CESPE/CEBRASPE - 2011 - CBM/DF - SOLDADO BOMBEIRO MILITAR)** Considerando que um caminhão do CBM/DF, em serviço de urgência e devidamente identificado por alarme sonoro e iluminação vermelha intermitente, esteja transitando por uma pista de quatro faixas bastante congestionada, julgue o item seguinte.

Cometeria infração de trânsito o condutor de um automóvel que seguisse o referido caminhão, aproveitando-se da facilidade de tráfego gerada pelos espaços deixados pelos demais motoristas ao cederem passagem ao veículo em serviço de urgência.

Certo ( )   Errado ( )

Trata-se da conduta de "pegar vácuo" de um veículo oficial em serviço de urgência (veículo policial, por exemplo). Conforme tratamos na questão anterior, é infração de trânsito de natureza grave (art. 190 do CTB).

- **Gravíssima (art. 189 do CTB) – não dar passagem quando devidamente sinalizado;**
- **Grave (art. 190 do CTB) – "Pegar vácuo", aproveitando-se da prioridade;**
- **Média (art. 222 do CTB) – veículo especial/oficial deixa de acionar o sistema de iluminação intermitente (conforme tratado no art. 29, VII).**

GABARITO: CERTO.

---

349. **(CESPE/CEBRASPE - 2011 - CBM/DF - SOLDADO BOMBEIRO MILITAR)** Acerca da legislação de trânsito, julgue o próximo item.

Se um condutor estacionar uma caminhonete junto a um hidrante de incêndio devidamente sinalizado, esse fato configurará infração de natureza leve, que não justifica remoção do veículo, exceto se a caminhonete efetivamente vier a dificultar uma operação do corpo de bombeiros, situação na qual a infração será gravíssima e justificará medida administrativa de apreensão do veículo.

Certo ( )   Errado ( )

Trata-se da infração tipificada no art. 181, VI, do CTB. É infração de natureza média. Além disso, outro ponto importante é saber que as infrações relacionadas à conduta de estacionamento irregular têm como medida administrativa a remoção, exceto estacionar na contramão (que não tem medida administrativa).

Portanto, questão errada.

GABARITO: ERRADO.

---

350. **(CESPE/CEBRASPE - 2011 - STM - TÉCNICO JUDICIÁRIO - ADMINISTRATIVA/SEGURANÇA)** Com base na legislação de trânsito, julgue o item.

Considere que um motorista tenha se envolvido em acidente que acarretou a fratura da perna de um pedestre e que, em vez de prestar socorro à vítima, ele se evadiu do local. Nesse caso, a conduta do motorista caracteriza infração gravíssima e pode acarretar a perda definitiva do direito de dirigir.

Certo ( )   Errado ( )

Em relação à parte administrativa, trata-se da infração de trânsito de natureza gravíssima, conforme art. 176, I, do CTB: *deixar o condutor envolvido em acidente com vítima de prestar ou providenciar socorro, podendo fazê-lo.*

Quanto à penalidade de natureza administrativa, há de se falar em penalidade de suspensão do direito de dirigir e multa ×5. Por isso a questão está errada, ao trazer perda definitiva do direito de dirigir.

GABARITO: ERRADO.

---

351. (CESPE/CEBRASPE - 2011 - STM - TÉCNICO JUDICIÁRIO - ADMINISTRATIVA/SEGURANÇA) Com base na legislação de trânsito, julgue o item.

Considere que, depois de ter seu aparelho de som automotivo furtado por duas vezes, Rodrigo decidiu adquirir um aparelho sonoro portátil e passou a conduzir seu veículo ouvindo música nos fones de ouvido do aparelho. Nessa situação, Rodrigo comete infração de trânsito ao dirigir ouvindo música mediante a utilização de fones nos ouvidos.

Certo ( )   Errado (·)

O art. 252 do CTB tipifica as infrações anatômicas, isto é, que envolvem partes do corpo. Nesse sentido, configura infração de trânsito dirigir o veículo utilizando-se de fones nos ouvidos conectados à aparelhagem sonora ou de telefone celular (média).

GABARITO: CERTO.

---

352. (CESPE/CEBRASPE - 2010 - MPU - TÉCNICO - APOIO ESPECIALIZADO/TRANSPORTES) Julgue o item subsequente, acerca do uso da buzina e das luzes do veículo, de acordo com as disposições do CTB. Considere que um motorista, às seis horas da manhã, acione repetidamente e de forma prolongada a buzina de seu automóvel para chamar a atenção de um pedestre em situação de perigo. Nessa situação, dada a situação de emergência, o motorista não comete infração de trânsito.

Certo ( )   Errado ( )

O uso indevido da buzina, em regra, configura infração de natureza leve, conforme art. 227 do CTB.

*Art. 41 O condutor de veículo só poderá fazer uso de buzina, **desde que em toque breve**, nas seguintes situações:*

I – para fazer as advertências necessárias a fim de evitar acidentes;

II – fora das áreas urbanas, quando for conveniente advertir a um condutor que se tem o propósito de ultrapassá-lo. [...]

Art. 227 Usar buzina:

I – em situação que não a de simples toque breve como advertência ao pedestre ou a condutores de outros veículos;

II – prolongada e sucessivamente a qualquer pretexto;

III – entre as vinte e duas e as seis horas;

IV – em locais e horários proibidos pela sinalização;

V – em desacordo com os padrões e frequências estabelecidas pelo Contran:

Infração – leve;

Penalidade – multa.

GABARITO: ERRADO.

353. (CESPE/CEBRASPE - 2010 - MPU - TÉCNICO - APOIO ESPECIALIZADO/TRANSPORTES) Com relação a infrações e crimes de trânsito, julgue o item a seguir, de acordo com o CTB. Comete infração média o condutor que deixa de deslocar, com antecedência, o veículo para a faixa mais à esquerda ou mais à direita, dentro da respectiva mão de direção, na situação em que pretenda manobrar para um desses lados.

Certo ( )   Errado ( )

Trata-se da conduta do indivíduo que, por exemplo, quer convergir à direita (em três faixas), mas fica na faixa do meio. O condutor deve indicar com antecedência a intenção de realizar manobras, em obediência às normas de circulação e conduta, sobretudo quando envolve deslocamentos laterais (art. 35 do CTB).

Dessa forma, constitui infração de natureza média (art. 197 do CTB).

GABARITO: CERTO.

354. (CESPE/CEBRASPE - 2010 - MPU - TÉCNICO - APOIO ESPECIALIZADO/TRANSPORTES) Com relação a infrações e crimes de trânsito, julgue o item a seguir, de acordo com o CTB. Considera-se infração média o fato de dirigir sem atenção ou sem os cuidados indispensáveis à segurança.

Certo ( )   Errado ( )

Trata-se de infração de natureza leve, conforme preceitua o art. 169 do CTB, sendo uma infração de natureza subsidiária. Essa infração está associada à norma positivada no art. 28 do CTB: *o condutor deverá, a todo momento, ter domínio de seu veículo, dirigindo-o com atenção e cuidados indispensáveis à segurança do trânsito.*

Não é demais reacender que a infração de trânsito se constitui em qualquer inobservância às normas do CTB, assim determina o art. 161 desse código.

GABARITO: ERRADO.

355. (CESPE/CEBRASPE - 2010 - MPU - TÉCNICO - APOIO ESPECIALIZADO/TRANSPORTES) Com relação a infrações e crimes de trânsito, julgue o item a seguir, de acordo com o CTB. O fato de confiar a direção de veículo automotor a pessoa embriagada, sem condições de conduzi-lo com segurança, constitui infração classificada como grave.

Certo ( )   Errado ( )

É infração de natureza gravíssima com multa, sem suspensão do direito de dirigir.

Art. 166 *Confiar ou entregar a direção de veículo a pessoa que, mesmo habilitada, por seu estado físico ou psíquico, não estiver em condições de dirigi-lo com segurança:*

Infração – gravíssima;

Penalidade – multa.

Além disso, o art. 310 do CTB, parte criminal, tipifica um delito de perigo abstrato, isto é, o mero ato de entregar/permitir/confiar a direção de veículo automotor a condutor nas circunstâncias determinadas pelo respectivo artigo já constitui crime de trânsito, uma vez que não se exige a prova efetiva do perigo, já que ele é presumido para essa modalidade de infração penal.

Art. 310 *Permitir, confiar ou entregar a direção de veículo automotor a pessoa não habilitada, com habilitação cassada ou com o direito de dirigir suspenso, ou, ainda, a quem, por seu estado de saúde, física ou mental, ou por embriaguez, não esteja em condições de conduzi-lo com segurança:*

Penas – detenção, de seis meses a um ano, ou multa.

GABARITO: ERRADO.

356. **(CESPE/CEBRASPE - 2010 - MPU - TÉCNICO - APOIO ESPECIALIZADO/TRANSPORTES)** Com relação a infrações e crimes de trânsito, julgue o item a seguir, de acordo com o CTB.

Considera-se infração gravíssima o ato de dirigir ameaçando pedestres durante a travessia de via pública, ou os demais veículos, estando o infrator sujeito a multa e suspensão do direito de dirigir.

Certo ( )   Errado ( )

O capítulo das normas de circulação e conduta inicia-se com um dever imposto a todos os usuários da via (pedestres, condutores, proprietários etc.), qual seja, abster-se, por exemplo, de todo ato que possa constituir um perigo (art. 28, I, do CTB).

Ressalta-se que a inobservância a essa norma pode refletir em mais de uma infração de trânsito. Especificamente, o ato de dirigir ameaçando pedestres ou demais veículos configura infração de natureza gravíssima com multa e SDD (art. 170 do CTB).

Vai uma dica: em regra, quando uma conduta trouxer um risco de vida de fato, a infração será de natureza gravíssima.

***Art. 170** Dirigir ameaçando os pedestres que estejam atravessando a via pública, ou os demais veículos:*

Infração – gravíssima;

Penalidade – multa e suspensão do direito de dirigir;

Medida administrativa – retenção do veículo e recolhimento do documento de habilitação.

GABARITO: CERTO.

---

357. **(CESPE/CEBRASPE - 2010 - DETRAN/ES - TÉCNICO SUPERIOR/ADMINISTRADOR)** De acordo com a legislação de trânsito vigente, notadamente a chamada lei seca, julgue o próximo item.

Entregar a direção de veículo a alguém que, mesmo habilitado, não esteja em condições de dirigi-lo com segurança constitui infração gravíssima, punível com multa.

Certo ( )   Errado ( )

Falamos a respeito dessa infração, que é de natureza gravíssima.

***Art. 166** Confiar ou entregar a direção de veículo a pessoa que, mesmo habilitada, por seu estado físico ou psíquico, não estiver em condições de dirigi-lo com segurança: [...].*

GABARITO: CERTO.

INFRAÇÕES ADMINISTRATIVAS

15

358. (QUADRIX - 2022 - CRECI - PROFISSIONAL DE FISCALIZAÇÃO) Quanto às disposições do Código de Trânsito Brasileiro, julgue o item.

Quando ocorrer a suspensão do direito de dirigir, a carteira nacional de habilitação será devolvida a seu titular imediatamente após cumprida a penalidade e o curso de reciclagem.

Certo ( )   Errado ( )

A penalidade de suspensão pode ser determinada por uma autoridade administrativa ou judicial. Neste último caso, há de se falar dos aspectos criminais do CTB, sanção ou medida cautelar.

Todavia, em sua natureza administrativa, essa penalidade pode ser aplicada pela regra do acúmulo de pontos (competência do Detran) ou quando tipificada expressamente na infração de trânsito, a exemplo do art. 165, embriaguez ao volante.

Nesse sentido, preceitua o art. 261, § 2º, do CTB que a CNH será devolvida após cumprida a penalidade de suspensão e realizado o curso de reciclagem, uma vez que uma das exigências para o curso de reciclagem (obrigatório) é a suspensão do direito de dirigir (art. 268, II, do CTB).

GABARITO: CERTO.

---

359. (QUADRIX - 2021 - CRF/AP - MOTORISTA) Quanto ao registro, ao licenciamento de veículos e a penalidades, julgue o item.

A aplicação das penalidades administrativas impede a punição penal por crimes de trânsito.

Certo ( )   Errado ( )

A interdisciplinaridade é fundamental. Diante disso, é de conhecimento de todos que as esferas civil, administrativa e criminal são independentes entre si. Nesse contexto, é importante destacar que a punição administrativa não impede a punição de natureza criminal.

Um condutor que é flagrado conduzindo um veículo automotor e está sob influência de álcool, constatando-se por meio do etilômetro uma concentração de 0,40 mg/L de ar alveolar, por exemplo, será punido por infração de trânsito do art. 165 do CTB, bem como pelo crime do art. 306 do mesmo código, isto é, embriaguez ao volante.

Lembrando que o crime, em se tratando de álcool/ar alveolar, será caracterizado a partir de 0,30 mg/L (valor considerado).

GABARITO: ERRADO.

---

360. (QUADRIX - 2021 - CRTR - AGENTE FISCAL) A cada infração de trânsito cometida, são computados os seguintes pontos:

a) gravíssima – 7; grave – 5; média – 4; e leve – 3.

b) gravíssima – 8; grave – 5; média – 4; e leve – 3.

c) gravíssima – 9; grave – 7; média – 5; e leve – 2.

d) gravíssima – 7; grave – 6; média – 5; e leve – 2.

e) gravíssima – 9; grave – 6; média – 3; e leve – 1.

Questão que trata da literalidade do texto legal, conforme art. 259 do CTB. Veja, ainda, a complementação com o gabarito adequado!

L	R$ 88,38	3 pontos
M	R$ 130,16	4 pontos
G	R$ 195,23	5 pontos
GG	R$ 293,47	7 pontos

GABARITO: A.

361. **(QUADRIX - 2020 - CRMV/AM - MOTORISTA)** Em relação à Lei nº 9.503/1997, julgue o item.

Cabe ao município arrecadar as multas impostas por infrações de trânsito e remoção de veículos, independentemente de a rodovia ser local ou federal.

Certo ( )   Errado ( )

A regra imposta pelo Código de Trânsito Brasileiro, bem como pela Resolução nº 918/2022 do Contran, é que o órgão arrecadador será aquele responsável pela aplicação da penalidade de multa. Em outros termos, se uma penalidade é aplicada pelo Detran, então o Detran será responsável pela arrecadação.

Art. 260 As multas serão impostas e arrecadadas pelo órgão ou entidade de trânsito com circunscrição sobre a via onde haja ocorrido a infração, de acordo com a competência estabelecida neste Código.

Lembrando que a multa deverá ser paga antes da saída do país quando a infração for cometida por um veículo licenciado no exterior.

GABARITO: ERRADO.

362. **(FCC - 2020 - AL/AP - AUXILIAR LEGISLATIVO - ATIVIDADE ADMINISTRATIVA E OPERACIONAL/AUXILIAR DE TRANSPORTES)** Considere:

I. Advertência por escrito.

II. Multa.

III. Retenção do veículo.

IV. Transbordo de carga.

A autoridade de trânsito, na esfera das competências estabelecidas pelo Código de Trânsito Brasileiro (CTB) e dentro de sua circunscrição, aplicará, às infrações de trânsito, dentre outras, as seguintes penalidades:

a) I, II, III e IV.

b) II e III, apenas.

c) I e IV, apenas.

d) I e II, apenas.

e) III e IV, apenas.

Ao se falar sobre aplicações posteriores à autuação de trânsito, é preciso diferenciar penalidades (art. 256 do CTB) × medidas administrativas (art. 269 do CTB). A penalidade é sanção administrativa proveniente de uma infração de trânsito. Além disso, é aplicada somente pela autoridade de trânsito.

Por outro lado, as medidas administrativas podem ser aplicadas pela autoridade de trânsito e seus agentes, e não se trata de penalidade, sendo aplicadas de maneira suplementar para fins de manutenção da segurança viária, além de não excluir a aplicação da respectiva penalidade quando for o caso.

Essas medidas são fundamentadas prioritariamente na proteção da vida e da incolumidade física das pessoas. Em regra, são associadas a irregularidades de infrações, mas não se limitam a essa circunstância.

Desse modo, advertência por escrito e multa são espécies de penalidades, assim como a suspensão do direito de dirigir (SDD), a cassação e a frequência obrigatória em curso de reciclagem.

A retenção (ou retenções de maneira geral, assim como recolhimentos) e o transbordo de carga são medidas administrativas (art. 269 do CTB), assim como o teste de dosagem de álcool ou drogas.

GABARITO: D.

---

363. (CESPE/CEBRASPE - 2020 - PRF - POLICIAL RODOVIÁRIO FEDERAL - CURSO DE FORMAÇÃO) Com relação à fiscalização de peso e dimensões, julgue o item seguinte.

O embarcador será responsável pela infração relativa ao transporte de carga com excesso de peso nos eixos ou no peso bruto total do veículo caso, simultaneamlte, ele seja o único remetente da carga e o peso declarado em nota fiscal, fatura ou manifesto seja inferior ao aferido.

Certo ( )　　　　Errado ( )

Trata-se das responsabilidades quanto às penalidades provenientes das infrações de trânsito, estabelecidas no art. 257 do CTB. Nesse contexto, são responsáveis: proprietário; condutor; embarcador (objetivamente, para entender, seria aquele responsável que emite o documento sobre a carga, pode ser pessoa física ou jurídica); transportador.

Todavia, essa responsabilidade vai depender da natureza da infração, a fim de não transcender a figura do autor da infração. Nesse sentido, frise-que:

1. Proprietário: responsável pelas infrações de trânsito referentes às condições do veículo (segurança + documentação), bem como em relação à documentação do condutor.

2. Condutor: responsável por infrações referentes à condução do veículo, como ultrapassagem proibida.

3. Embarcador: quando único remetente + declarou o peso inferior ao aferido (pesado). Por exemplo, declarou 50 toneladas, mas na pesagem deu 35 t (mentiu).

4. Transportador: excesso de peso nos eixos ou quando mais de um remetente (embarcador) e superar o peso bruto total (PBT).

Existem as responsabilidades solidárias (vão responder juntos) – art. 257, § 1º (condutor + proprietário – cada um de per si) e § 6º do CTB (embarcador + transportador).

GABARITO: CERTO.

---

364. (CESPE/CEBRASPE - 2020 - PRF - POLICIAL RODOVIÁRIO FEDERAL - CURSO DE FORMAÇÃO) Acerca das penalidades de trânsito, julgue o item a seguir.

Somente em caso de infração de natureza leve é permitida a substituição da multa pela advertência por escrito, exigindo-se, ainda, que o infrator não seja reincidente, na mesma infração, nos últimos doze meses.

Certo ( )　　　　Errado ( )

O art. 267 do CTB foi atualizado pela Lei nº 14.071/2020, sendo agora um ato vinculado nos casos de infrações de natureza leve ou média, desde que não tenha cometido nenhuma outra nos últimos 12 meses.

Art. 267 Deverá ser imposta a penalidade de advertência por escrito à infração de natureza leve ou média, passível de ser punida com multa, caso o infrator não tenha cometido nenhuma outra infração nos últimos 12 (doze) meses.

GABARITO: ERRADO.

PENALIDADES

365. (CESPE/CEBRASPE - 2020 - PRF - POLICIAL RODOVIÁRIO FEDERAL - CURSO DE FORMAÇÃO) Acerca das penalidades de trânsito, julgue o item a seguir.

A frequência obrigatória em curso de reciclagem se aplica quando o direito de dirigir do condutor for suspenso, mas não quando for verificado que o condutor coloca em risco a segurança do trânsito.

Certo ( )   Errado ( )

O art. 268 do CTB fixa as hipóteses para aplicação da penalidade de frequência obrigatória a curso de reciclagem. Dentre as hipóteses, encontra-se a que está no inciso V: *a qualquer tempo, se for constatado que o condutor está colocando em risco a segurança do trânsito.*

São hipóteses também:

- Hipótese de SDD (suspensão do direito de dirigir);
- Se envolver em acidente grave para qual tenha contribuído;
- Condenado judicialmente por delito de trânsito.

GABARITO: ERRADO.

---

366. (CESPE/CEBRASPE - 2019 - PRF - POLICIAL RODOVIÁRIO FEDERAL) Com base no disposto no Código de Trânsito Brasileiro, julgue o item.

Para que uma concessionária de serviço público de transporte de passageiros conheça a pontuação de infrações atribuída a um motorista de seu quadro funcional, que, no exercício da atividade remunerada ao volante, tenha tido seu direito de dirigir suspenso, ela deve ter autorização do respectivo empregado, uma vez que essa informação é personalíssima.

Certo ( )   Errado ( )

Ora, se o cidadão integrará uma instituição, então esta terá o direito de ter acesso a informações pertinentes quanto ao exercício do cargo, por exemplo, para conduzir um veículo automotor, sob pena de responder por determinadas irregularidades.

A propósito, a Lei nº 14.229/2021 introduziu no CTB que a pessoa jurídica poderá responder pela omissão quanto a não identificação do real infrator no prazo de 30 dias. Nesse contexto, além da penalidade de multa em relação à infração de trânsito, responderá também por uma multa derivada da primeira, sendo que neste último caso com fator multiplicativo ×2 (art. 257, §§ 7º e 8º do CTB).

Por fim, o art. 261, § 8º, determina que a pessoa jurídica concessionária ou permissionária de serviço público tem o direito de ser informada dos pontos atribuídos aos motoristas que integrem seu quadro funcional, exercendo atividade remunerada ao volante.

GABARITO: ERRADO.

---

367. (CESPE/CEBRASPE - 2019 - PRF - POLICIAL RODOVIÁRIO FEDERAL - ADAPTADA) No que se refere aos procedimentos para aplicação de penalidades previstos no CTB e nas resoluções do Contran, julgue o item subsecutivo.

Situação hipotética: Policial rodoviário federal, ao flagrar o condutor de um veículo dirigindo alcoolizado, o que ficou comprovado pelo teste de etilômetro, lavrou o competente auto de infração de trânsito.

Assertiva: Nessa situação, a própria PRF aplicará ao condutor infrator a penalidade de suspensão do direito de dirigir, assegurando-lhe a ampla defesa, o contraditório e o devido processo legal.

Certo ( )   Errado ( )

Gabarito atualizado pelo professor, de acordo com a Lei nº 14.071/2020.

Antes da Lei nº 14.071/2020, a PRF não possuía a competência para aplicação de penalidade de suspensão do direito de dirigir, assim como outros órgãos.

PENALIDADES

Teoricamente, a Lei nº 14.071/2020 conferiu essa competência à Polícia Rodoviária Federal, desde que a SDD esteja expressamente prevista na infração de trânsito, como é o caso da infração tipificada no art. 165 do CTB: multa + suspensão do direito de dirigir por 12 meses.

Desse modo, hoje, a questão estaria correta (art. 20, XII, do CTB).

GABARITO: CERTO.

---

368. (CESPE/CEBRASPE - 2019 - PRF - POLICIAL RODOVIÁRIO FEDERAL - CURSO DE FORMAÇÃO) Acerca de penalidades e medidas administrativas aplicadas pela autoridade de trânsito, julgue o item que se segue.

A frequência obrigatória em curso de reciclagem é penalidade aplicável ao condutor condenado por delito de trânsito.

Certo ( )   Errado ( )

São situações que exigem a realização da frequência **obrigatória** em curso de reciclagem, que é uma penalidade, em regra, acessória.

1. Quando houver a suspensão do direito de dirigir.

2. Acidente grave para qual tenha contribuído.

3. Condenado por delito de trânsito.

4. Necessidade por situação de risco à segurança.

Não há que se falar mais em contumácia ou situações definidas pelo Contran, uma vez que essas circunstâncias foram revogadas.

Nos casos 2, 3 e 4, será necessária a submissão à avaliação psicológica.

GABARITO: CERTO.

---

369. (CESPE/CEBRASPE - 2019 - PRF - POLICIAL RODOVIÁRIO FEDERAL - CURSO DE FORMAÇÃO) Acerca de penalidades e medidas administrativas aplicadas pela autoridade de trânsito, julgue o item que se segue.

A advertência por escrito é uma penalidade aplicada a infratores que têm um bom comportamento no trânsito ao longo de sua vida.

Certo ( )   Errado ( )

Apesar de ser uma questão trabalhada em cursos de formação, é importante destacar que o art. 267 foi reformulado pela Lei nº 14.071/2020, que definiu a aplicação da penalidade de advertência de forma vinculada, desde que a infração de natureza leve ou média seja passível de ser punida com multa e que o infrator não tenha cometido nenhuma outra infração nos últimos 12 meses.

Frise-se que o tempo para fins de aplicação de reincidência, além de outras circunstâncias temporais, é de 12 meses. Nesse sentido, percebe-se, portanto, que se o condutor não cometeu infração de trânsito nos últimos 12 meses, considera-se que ele contribui para a segurança viária.

Advertência por escrito → dever → leve ou média → sem infração nos últimos 12 meses.

GABARITO: CERTO.

---

370. (CESPE/CEBRASPE - 2019 - PRF - POLICIAL RODOVIÁRIO FEDERAL - CURSO DE FORMAÇÃO) Acerca de penalidades e medidas administrativas aplicadas pela autoridade de trânsito, julgue o item que se segue.

A penalidade de cassação da CNH será aplicada, no caso de reincidência, no prazo de 18 meses, da infração de embriaguez ao volante.

Certo ( )   Errado ( )

A cassação é a penalidade de natureza mais grave dentre todas as demais tipificadas no CTB, isso porque, de uma maneira mais simples, retira desse indivíduo a licença para dirigir nos casos previstos no art. 263 do CTB.

Além disso, já foi trabalhado que se considera o prazo de 12 meses para fins de reincidência em relação às infrações administrativas. Assim, já é possível constatar que a questão está errada.

Para além do gabarito, destacam-se os casos de penalidade de cassação previstos no art. 263 do CTB:

- Quando estiver com a suspensão do direito de dirigir (SDD), o infrator conduzir veículo automotor. Neste caso, é importante destacar que ele deve ser flagrado conduzindo.

- Reincidência em relação às infrações de trânsito: categoria diferente; entregar ou permitir a direção de veículo automotor a pessoa nas condições do art. 162 do CTB; embriaguez ao volante (geral); e racha, demonstração de perícia perigosa.

- Condenado judicialmente, observado o art. 160 do CTB, que trata sobre o dever de realização de novos exames para que possa voltar a dirigir.

- Condenação transitada em julgado: receptação, descaminho e contrabando (condutor se utilizou do veículo para isso) – hipótese introduzida em 2019 (art. 278-A do CTB).

É importante destacar que a Resolução nº 723/2018, que dispõe sobre a uniformização do procedimento administrativo para imposição das penalidades de suspensão do direito de dirigir e de cassação do documento de habilitação, trouxe as duas primeiras hipóteses do CTB.

Posteriormente, em 2021, reforçou o art. 278-A do CTB e editou a Resolução nº 844/2021, que alterou alguns dispositivos da resolução originária.

GABARITO: ERRADO.

371. (QUADRIX - 2018 - COREN/RS - ANALISTA - COMUNICAÇÃO SOCIAL/JORNALISMO) A autoridade de trânsito, na esfera de suas competências e dentro de sua circunscrição, não pode aplicar a penalidade de:

a) advertência por escrito.

b) reclusão ou detenção.

c) suspensão do direito de dirigir.

d) cassação da Permissão para Dirigir.

e) frequência obrigatória em curso de reciclagem.

A autoridade de trânsito tem competência para aplicação de penalidades administrativas. Nesse sentido, a decisão quanto ao aspecto de restrição de liberdade proveniente de uma sentença criminal é cláusula de reserva jurisdicional, cabendo apenas ao juiz de direito.

Nesse caso, reclusão ou detenção são sanções penais.

GABARITO: B.

372. (QUADRIX - 2018 - CREF - MOTORISTA) Motociclista fica ferido em acidente no Eixo Monumental.

Um acidente envolvendo carro e motocicleta deixou o motociclista ferido na manhã do dia 19/9/2018. A colisão ocorreu no Eixo Monumental, em frente ao Centro de Convenções Ulysses Guimarães, sentido Rodoviária do Plano Piloto.

Ele teve suspeita de fratura no braço direito e foi transportado pelo Corpo de Bombeiros ao Instituto Hospital de Base (IHB). O motorista do carro não se feriu.

Segundo o Detran, o motorista não era habilitado e não portava o certificado de licenciamento anual do veículo.

Disponível em: www.metropoles.com (adaptado).

PENALIDADES

Com base nos fatos narrados no texto anterior, julgue o seguinte item. Caso, ao fim da investigação do acidente, fique comprovado que o motociclista estava sem capacete no momento do acidente, sua carteira nacional de habilitação (CNH) será cassada definitivamente.

Certo ( )   Errado ( )

A penalidade de cassação, mais grave de natureza administrativa no CTB, será aplicada em casos específicos, conforme os arts. 263 e 278-A, ambos do CTB.

Art. 263:

* **Quando estiver com a suspensão do direito de dirigir (SDD), o infrator conduzir veículo automotor. Neste caso, é importante destacar que ele deve ser flagrado conduzindo.**

* **Reincidência em relação às infrações de trânsito: categoria diferente; entregar ou permitir a direção de veículo automotor a pessoa nas condições do art. 162 do CTB; embriaguez ao volante (geral); e racha, demonstração de perícia perigosa.**

* **Condenado judicialmente, observado o art. 160, que trata sobre o dever de realização de novos exames para que possa voltar a dirigir.**

Art. 278-A:

* **Condenação transitada em julgado: receptação, descaminho e contrabando (condutor se utilizou do veículo para isso).**

Por outro lado, haverá penalidade de SDD se o indivíduo estiver conduzindo uma motocicleta, motoneta ou ciclomotor e não estiver utilizando o capacete, com medida administrativa de retenção para sanar a irregularidade, bem como recolhimento do documento de habilitação, conforme art. 244, I, do CTB.

GABARITO: ERRADO.

---

373. (QUADRIX - 2018 - SESC/DF - MOTORISTA) Segundo o CTB, é uma medida administrativa o(a):

a) prisão do condutor.

b) multa.

c) apreensão do veículo.

d) recolhimento da carteira nacional de habilitação.

e) suspensão do direito de dirigir por doze meses.

Não que seja determinante, mas as medidas administrativas, com exceção do transbordo de carga e dosagem de álcool/drogas, começam com R: retenção, recolhimentos em geral, remoção de animais da pista.

Reitera-se ainda que a medida administrativa não é penalidade, podendo, portanto, ser aplicada pela autoridade de trânsito e por seus agentes.

Por outro lado, a multa (alternativa B) e a SDD (alternativa E) são penalidades administrativas. A prisão do condutor não terá natureza administrativa. A apreensão, por sua vez, não é mais nem penalidade e nem medida administrativa no CTB.

Portanto, será medida administrativa o recolhimento da CNH.

GABARITO: D.

---

374. (AOCP - 2016 - VALENÇA/BA - AGENTE DE TRÂNSITO) Assinale a alternativa que respectivamente apresenta uma penalidade e uma medida administrativa.

a) Multa e remoção do veículo.

b) Recolhimento da Permissão para Dirigir e suspensão do direito de dirigir.

PENALIDADES

c) Retenção do veículo e multa.

d) Suspensão do direito de dirigir e multa.

e) Cassação da Permissão para Dirigir e apreensão do veículo.

B: medida administrativa e penalidade.

C: medida administrativa e penalidade.

D: penalidade e penalidade.

E: penalidade (não existe apreensão como penalidade ou medida administrativa).

Como a banca pediu para assinalar respectivamente, considera-se, portanto, penalidade e medida administrativa, sendo o gabarito a alternativa A, multa e remoção.

GABARITO: A.

---

375. **(AOCP - 2016 - PREFEITURA DE JUIZ DE FORA/MG - MOTORISTA)** João, habilitado e com CNH em dia, estava dirigindo o carro de Pedro. Ao avistar uma viatura do trânsito, João rapidamente fez um retorno sobre a faixa destinada a pedestres, pois Pedro lhe havia dito que o carro estava com o licenciamento pendente (do ano anterior). Mesmo assim, João foi abordado pela viatura, nesse caso:

a) João receberá multa pelo retorno sobre a faixa destinada para pedestres, e Pedro por permitir João transitar com o veículo não licenciado.

b) João sofrerá a penalidade das duas multas, pelo retorno sobre a faixa destinada para pedestres e por transitar com veículo não licenciado.

c) João não será multado, mas Pedro por ser proprietário, sofrerá as duas penalidades: pelo veículo não ser licenciado e por permitir a manobra perigosa de João.

d) João somente será penalizado pelo retorno. Não poderão multar Pedro, pois ele cometeu o ato de permitir e não de entregar o veículo não licenciado para João.

e) Pedro não será multado, pois não era ele que estava transitando com o veículo não licenciado. João não será multado, pois o veículo de Pedro, estando com o licenciamento vencido, não possui registro, tornando impossível de ser multado.

Considerando o que já foi falado sobre responsabilidades, atente-se às responsabilidades do proprietário e do condutor.

1. Proprietário: responsável pelas infrações de trânsito referentes às condições do veículo (segurança + documentação), bem como em relação à documentação do condutor.

2. Condutor: responsável por infrações referentes à condução do veículo, como ultrapassagem proibida.

Nesse contexto, como João era o condutor e praticou uma infração referente à condução do veículo automotor; assim como Pedro era o proprietário do veículo, sendo responsável pelas condições do veículo e do documento, então João será responsabilizado pela infração de retorno sobre faixa de pedestres.

Pedro, por sua vez, quanto ao licenciamento vencido, já que é uma formalidade quanto ao veículo, que está sob sua propriedade.

GABARITO: A.

---

376. **(AOCP - 2016 - PREFEITURA DE JUIZ DE FORA - MOTORISTA)** Dentre as alternativas a seguir, qual corresponde a uma medida administrativa imposta pelo agente de trânsito no local da infração?

a) Suspensão do direito de dirigir.

b) Multas.

c) Remoção do veículo.

d) Advertências por escrito.

e) Curso de reciclagem.

A: penalidade.

B: penalidade.

C: medida administrativa – pátio.

D: penalidade.

E: penalidade (regra).

GABARITO: C.

---

377. (AOCP - 2016 - PREFEITURA DE JUIZ DE FORA/MG - MOTORISTA - ADAPTADA) Terá o direito de dirigir suspenso o condutor habilitado que, durante 12 meses, acumular quantos pontos em sua CNH?

a) 20 pontos + 2 gravíssimas.

b) 21 pontos + 1 gravíssima.

c) 22 pontos + nenhuma gravíssima.

d) 23 pontos + 1 grave.

e) 24 pontos + 3 graves.

Questão atualizada de acordo com a Lei nº 14.071/2020.

A referida questão foi escrita antes da Lei nº 14.071/2020, que alterou substancialmente o art. 261, que trata sobre a suspensão do direito de dirigir como penalidade de natureza administrativa.

Antes dessa lei, a suspensão era dada ao atingir 20 pontos. Todavia, essa regra mudou. Senão, vejamos:

Sempre que atingir no período de 12 meses:

a) 20 pontos + 2 ou mais infrações GG;

b) 30 pontos + 1 infração GG;

c) 40 pontos sem infração GG;

d) condição especial: condutor EAR (exerce atividade remunerada ao veículo) – 40 pontos independentemente da natureza das infrações cometidas.

Pode, ainda, o condutor EAR optar pelo curso preventivo de reciclagem quando atingir 30 pontos no prazo de 12 meses, zerando sua pontuação, mas não poderá fazer nova opção do curso preventivo durante um período de 12 meses.

Prazo:

- 6 meses a 1 ano (primário);
- 8 meses a 2 anos (reincidente).

Competência: Detran.

GABARITO: A.

---

378. (CESPE/CEBRASPE - 2016 - PRF - POLICIAL RODOVIÁRIO FEDERAL - CURSO DE FORMAÇÃO) A respeito de penalidades, medidas administrativas e processo administrativo relacionados a infrações de trânsito, julgue o item que se segue.

Caso um condutor seja flagrado dirigindo sob o efeito de álcool, a autoridade de trânsito deve aplicar as penalidades e as medidas administrativas previstas no Código de Trânsito Brasileiro (CTB), mesmo que o condutor se recuse a realizar teste, exame clínico, perícia ou outro procedimento que permita caracterizar a infração.

Certo ( )   Errado ( )

É o que preceitua o Código de Trânsito Brasileiro, mas não somente em seu aspecto administrativo. Limitando-se ao tema da questão, é importante destacar o conteúdo do art. 277 do CTB:

PENALIDADES

Art. 277 O condutor de veículo automotor envolvido em acidente de trânsito ou que for alvo de fiscalização de trânsito poderá ser submetido a teste, exame clínico, perícia ou outro procedimento que, por meios técnicos ou científicos, na forma disciplinada pelo Contran, permita certificar influência de álcool ou outra substância psicoativa que determine dependência. [...]

§ 3º Serão aplicadas as penalidades e medidas administrativas estabelecidas no art. 165-A deste Código ao condutor que se recusar a se submeter a qualquer dos procedimentos previstos no caput *deste artigo.*

Dessa forma, pode-se imputar as devidas tipificações se for possível provar por outros meios admitidos em direito, ainda que haja recusa, a exemplo da constatação do conjunto de sinais.

Além disso, o art. 165-A do CTB fixa a infração de trânsito doutrinariamente chamada de recusa administrativa, que ensejará nas mesmas penas do art. 165 do CTB, isto é, embriaguez ao volante ou qualquer outra substância psicoativa que determine dependência. Esse dispositivo é, inclusive, constitucional e não fere o princípio da não autoincriminação.

GABARITO: CERTO.

---

379. **(FCC - 2015 - MPE/PB - TÉCNICO MINISTERIAL)** Atenção: responda à questão de acordo com o Código de Trânsito Brasileiro.

A penalidade de cassação do documento de habilitação será aplicada por decisão fundamentada da autoridade de trânsito competente, em processo administrativo, assegurando-se ao infrator amplo direito de defesa. O infrator poderá requerer sua reabilitação, submetendo-se a todos os exames necessários à habilitação, na forma estabelecida pelo Conselho Nacional de Trânsito decorridos:

a) 2 anos da cassação da carteira nacional de habilitação.

b) 6 meses da cassação da carteira nacional de habilitação.

c) 3 anos da cassação da carteira nacional de habilitação.

d) 4 anos da cassação da carteira nacional de habilitação.

e) 5 anos da cassação da carteira nacional de habilitação.

A regra para o prazo de cassação é de dois anos. A exceção é fundamentada por meio dos casos específicos do art. 278-A do CTB, isto é, utilização de veículo para a prática de receptação, contrabando e descaminho, desde que condenado judicialmente por meio de uma sentença penal condenatória transitada em julgado.

Regra: 2 anos.

Exceção: 5 anos (art. 278-A do CTB).

GABARITO: A.

---

380. **(FCC - 2014 - TRT - TÉCNICO - ADMINISTRATIVA/SEGURANÇA)** O motorista que, em via pública, utilizar veículo para demonstrar manobras perigosas, arrancadas bruscas e derrapagem ou frenagem com deslizamento ou arrastamento de pneus poderá, em caso de reincidência, no prazo de 12 meses, ser penalizado com:

a) cassação da carteira nacional de habilitação, multa.

b) suspensão do direito de dirigir, multa e apreensão do veículo.

c) multa de cinco vezes o valor estabelecido no artigo 258, inciso I do Código de Trânsito Brasileiro (CTB), suspensão do direito de dirigir e apreensão do veículo.

d) multa de três vezes o valor estabelecido no artigo 258, inciso I do Código de Trânsito Brasileiro (CTB), suspensão do direito de dirigir e apreensão do veículo.

e) apreensão do veículo e multa, apenas.

Questão atualizada pelo professor.

A conduta descrita na questão pode refletir penalmente, a exemplo do tipo penal incriminador que está no art. 308 do CTB.

Art. 175 (*vide* questão).

Gravíssima com multa ×10 + suspensão do direito de dirigir.

Nesse primeiro momento, poderia se tratar de uma suspensão do direito de dirigir. Todavia, o art. 263 do CTB preceitua que uma das medidas que traz a hipótese de cassação por cometimento direto à infração é a reincidência em relação às infrações de trânsito, seja por categoria diferente; entregar ou permitir a direção de veículo automotor a pessoa nas condições do art. 162 do CTB; embriaguez ao volante (geral); e racha, demonstração de perícia perigosa.

Reitera-se que a apreensão não é mais medida administrativa e nem multa apesar de se encontrar na alternativa (questão cobrada antes da atualização).

GABARITO: A.

---

381. (FCC - 2014 - TRT - TÉCNICO - ADMINISTRATIVA/SEGURANÇA) O motorista infrator, ao ser punido com a penalidade de cassação da carteira nacional de habilitação (CNH), poderá requerer sua reabilitação, submetendo-se a todos os exames necessários à habilitação, na forma estabelecida pelo Contran, decorridos:

a) 48 meses da cassação da CNH.

b) 36 meses da cassação da CNH.

c) 18 meses da cassação da CNH.

d) 12 meses da cassação da CNH.

e) 24 meses da cassação da CNH.

A regra estabelecida para o prazo de cassação é de dois anos (24 meses). A partir daí, o infrator poderá requerer sua reabilitação, submetendo-se a todos os exames necessários à habilitação, na forma estabelecida pelo Contran.

Lembrando que ele perde a habilitação por um ato de cassação.

GABARITO: E.

---

382. (FGV - 2014 - PREFEITURA DE OSASCO/SP - AGENTE DE TRÂNSITO) Pedro cometeu três infrações de trânsito no presente ano, computando, em sua totalidade, 15 (quinze) pontos. Portanto Pedro cometeu infrações de natureza:

a) leve, gravíssima e gravíssima.

b) média, grave e gravíssima.

c) média, grave e grave.

d) média, média e grave.

e) leve, grave e gravíssima.

L	R$ 88,38	3 pontos
M	R$ 130,16	4 pontos
G	R$ 195,23	5 pontos
GG	R$ 293,47	7 pontos

Parece questão de raciocínio lógico-matemático (RLM). Vamos lá:

15 pontos:

Pode: G + G + G = 15 ou L + G + GG = 15 (3 + 5 + 7).

Nesse caso, a alternativa E é o nosso gabarito.

GABARITO: E.

---

383. **(FGV - 2014 - PREFEITURA DE OSASCO/SP - AGENTE DE TRÂNSITO)** Vinícius e Paulo sofreram, respectivamente, as penalidades de advertência por escrito e frequência obrigatória em curso de reciclagem. Em seus recursos, alegaram que advertência por escrito e frequência obrigatória em curso de reciclagem não são penalidades previstas pela legislação de trânsito, e, por isso, não deveriam ter sido aplicadas. A decisão manteve a aplicação das duas penalidades. A manutenção das penalidades está:

a) incorreta, porque advertência por escrito e frequência obrigatória em curso de reciclagem não são penalidades previstas pela legislação de trânsito.

b) correta, porque advertência por escrito e frequência obrigatória em curso de reciclagem são penalidades previstas pela legislação de trânsito.

c) incorreta, porque advertência por escrito é penalidade, mas frequência obrigatória em curso de reciclagem não é penalidade, nos termos da legislação de trânsito.

d) incorreta, porque frequência obrigatória em curso de reciclagem é penalidade, mas advertência por escrito não é considerada penalidade.

e) correta, porque advertência por escrito e frequência obrigatória em curso de reciclagem são penalidades, mas cassação da Permissão para Dirigir não é penalidade.

Sem dúvida alguma, a advertência por escrito e a frequência obrigatória em curso de reciclagem são espécies do gênero penalidades administrativas, tipificadas nos arts. 267 e 268, respectivamente.

É importante destacar que existe a frequência em curso de reciclagem na modalidade preventiva, por exemplo: condutor que exerce atividade remunerada ao veículo, ao atingir 30 pontos, pode optar por realizar esse curso de reciclagem, que vai zerar os pontos desse condutor. Todavia, não poderá fazer novamente dentro de um prazo de 12 meses.

A advertência por escrito será aplicada quando a infração previr penalidade de multa, desde que seja de natureza leve ou média e não tenha cometido nenhuma outra infração nos últimos 12 meses.

GABARITO: B.

---

384. **(CESPE/CEBRASPE - 2013 - PRF - POLICIAL RODOVIÁRIO FEDERAL)** Com base na legislação da PRF, julgue o item que se segue.

A autoridade de trânsito, na esfera de suas atribuições, poderá aplicar, quando cabível, penalidade consistente na frequência obrigatória em curso de reciclagem, sem prejuízo das punições originárias de ilícitos penais decorrentes de crimes de trânsito.

Certo ( )   Errado ( )

A aplicação de penalidade administrativa não impede a punição no Direito Penal, fundado na intervenção mínima.

GABARITO: CERTO.

PENALIDADES

385. (FCC - 2013 - DPE/RS - TÉCNICO - APOIO ESPECIALIZADO) Na forma estabelecida pelo Contran, o infrator terá que fazer o curso de reciclagem, quando:

a) dirigir sem habilitação.

b) houver uma remoção de seu veículo.

c) constatada uma infração grave em sua pontuação.

d) vencido o prazo de renovação da licença para conduzir.

e) suspenso do direito de dirigir.

O art. 263 do CTB foi atualizado pela Lei nº 14.071/2020, que revogou duas circunstâncias. Após isso, passa a ser obrigatório o curso de reciclagem nas seguintes situações:

1. Quando houver a suspensão do direito de dirigir.

2. Acidente grave para qual tenha contribuído.

3. Condenado por delito de trânsito (questão).

4. Necessidade por situação de risco à segurança.

Desse modo, a alternativa correta é a alternativa E, quando houver a suspensão do direito de dirigir (SDD). É importante destacar que a carteira nacional de habilitação será devolvida a seu titular imediatamente após cumprida a penalidade e o curso de reciclagem, no caso de penalidade de SDD.

GABARITO: E.

PENALIDADES

386. (FCC - 2013 - DPE/RS - TÉCNICO - APOIO ESPECIALIZADO - ADAPTADA) A penalidade de multa, por não identificação do infrator na condução de veículo de propriedade de pessoa jurídica prevista no Código de Trânsito Brasileiro – CTB, será aplicada ao proprietário do veículo pela autoridade de trânsito com competência e circunscrição pela fiscalização da infração autuada que não teve o condutor identificado. O valor da penalidade de multa será obtido multiplicando-se o valor previsto para a multa originária:

a) pelo número de infrações cometidas no período de doze meses.

b) por dois.

c) por três.

d) pelo número de infrações iguais cometidas no período de doze meses.

e) pelo número de infrações cometidas no período de seis meses.

Questão atualizada conforme a Lei nº 14.229/2021.

A referida questão foi cobrada em 2013, momento em que não vigia a Lei nº 14.229/2021, que promoveu alterações substanciais no CTB.

O prazo para a identificação do real infrator condutor é de 30 dias, conforme atualização promovida pela lei supracitada. Por uma omissão, a responsabilidade recai sobre o condutor principal ou, na ausência deste, sobre o proprietário.

Ademais, sendo o proprietário uma pessoa jurídica, essa omissão enseja uma penalidade derivada da originária, isto é, além da penalidade de multa originária, se o proprietário for uma pessoa jurídica e esta não identificar o real infrator, a pessoa jurídica será responsabilizada também por uma multa derivada que será multiplicada por 2 ao valor da multa originária.

Art. 257 [...]

§ 8º Após o prazo previsto no § 7º deste artigo, se o infrator não tiver sido identificado, e o veículo for de propriedade de pessoa jurídica, será lavrada nova multa ao proprietário do veículo, mantida a originada

pela infração, cujo valor será igual a 2 (duas) vezes o da multa originária, garantidos o direito de defesa prévia e de interposição de recursos previstos neste Código, na forma estabelecida pelo Contran.

GABARITO: B.

---

387. (FCC - 2013 - DPE/RS - TÉCNICO - APOIO ESPECIALIZADO) A autoridade de trânsito, na esfera das competências estabelecidas no Código de Trânsito Brasileiro – CTB e dentro de sua circunscrição, deverá aplicar, às infrações nele previstas, as seguintes penalidades: advertência por escrito; multa; suspensão do direito de dirigir; apreensão do veículo; cassação da carteira nacional de habilitação; cassação da Permissão para Dirigir; e:

a) frequência obrigatória em curso de reciclagem.

b) recolhimento do certificado de licenciamento anual.

c) remoção do veículo.

d) recolhimento da Permissão para Dirigir.

e) recolhimento do certificado de registro.

O art. 256 do CTB elenca as penalidades administrativas em espécie:

- **Advertência por escrito;**
- **Multa;**
- **Suspensão do direito de dirigir;**
- **Cassação da CNH e Permissão para Dirigir (PPD);**
- **Frequência obrigatória em curso de reciclagem.**

Nesse caso, apenas a alternativa A está correta. As demais alternativas são **medidas administrativas.**

É importante reiterar que **as medidas administrativas podem ser aplicadas pela autoridade de trânsito e seus agentes.** Por outro lado, **a penalidade somente será aplicada pela autoridade de trânsito.**

- **Medida administrativa: autoridade de trânsito e seus agentes.**
- **Penalidades: autoridade de trânsito.**

GABARITO: A.

---

388. (FCC - 2013 - TRT - TÉCNICO JUDICIÁRIO - ADAPTADA) Uma das situações em que o condutor terá suspenso o seu direito de dirigir ocorre quando ele atinge, no período de doze meses, a contagem de 20 pontos. Excetuando as infrações que por si só podem suspender o direito de dirigir e considerando a natureza e gravidade das infrações de trânsito, bem como as respectivas pontuações a elas atribuídas, o condutor, terá suspenso o direito de dirigir se cometer, no período de um ano, a combinação das seguintes infrações:

a) Duas infrações gravíssimas.

b) Uma infração gravíssima, duas infrações médias e uma infração leve.

c) Uma infração gravíssima e três infrações médias.

d) Uma infração gravíssima e quatro infrações leves.

e) Uma infração grave, uma infração média e quatro infrações leves.

Questão atualizada pelo professor.

A referida questão foi aplicada em 2013, por esse motivo foi necessária e importante a atualização para garantir o conteúdo.

Atualmente, com o advento da Lei nº 14.071/2020, a suspensão do direito de dirigir (SDD) por pontuação foi substancialmente alterada. Por esse motivo, segue o esquema abaixo, que não segue mais a regra somente de 20 pontos.

PENALIDADES

Sempre que atingir no período de 12 meses:

- 20 pontos + 2 ou mais infrações GG (caso da questão);
- 30 pontos + 1 infração GG;
- 40 pontos sem infração GG;
- Condição especial: condutor EAR (exerce atividade remunerada ao veículo) – 40 pontos independente da natureza das infrações cometidas.

Pode, ainda, o condutor EAR optar pelo curso preventivo de reciclagem quando atingir 30 pontos no prazo de 12 meses, zerando sua pontuação, mas não poderá fazer nova opção do curso preventivo durante um período de 12 meses.

Prazo:

- 6 meses a 1 ano (primário);
- 8 meses a 2 anos (reincidente – consideram-se os últimos 12 meses).

Competência: Detran.

GABARITO: A.

---

389. (FCC - 2013 - TRT - TÉCNICO JUDICIÁRIO) De acordo com o previsto no Código de Trânsito Brasileiro, a cada infração cometida são computados os seguintes números de pontos:

I.   gravíssima – sete pontos.

II. grave – cinco pontos.

III. média – três pontos.

IV. leve – dois pontos.

Está correto o que se afirma em:

a) I e II, apenas.

b) II e III, apenas.

c) I, II e III, apenas.

d) I, II, III e IV.

e) IV, apenas.

Baseado nos arts. 258 e 259 do CTB:

L	3 pontos
M	4 pontos
G	5 pontos
GG	7 pontos

Lembrando que existem infrações em que não serão atribuídas pontuações ao condutor, conforme traz o art. 259, § 4º, do CTB.

Art. 259 [...]

§ 4º Ao condutor identificado será atribuída pontuação pelas infrações de sua responsabilidade, nos termos previstos no § 3º do art. 257 deste Código, exceto aquelas:

I – praticadas por passageiros usuários do serviço de transporte rodoviário de passageiros em viagens de longa distância transitando em rodovias com a utilização de ônibus, em linhas regulares intermunicipal, interestadual, internacional e aquelas em viagem de longa distância por fretamento e turismo ou de qualquer modalidade, excluídas as situações regulamentadas pelo Contran conforme disposto no art. 65 deste Código;

II – previstas no art. 221, nos incisos VII e XXI do art. 230 e nos arts. 232, 233, 233-A, 240 e 241 deste Código, sem prejuízo da aplicação das penalidades e medidas administrativas cabíveis;

III – puníveis de forma específica com suspensão do direito de dirigir.

GABARITO: A.

---

390. (FGV - 2013 - AL/MT - MOTORISTA) Um motorista cometeu as seguintes infrações:

I. Ultrapassou outro veículo pelo acostamento (grave).

II. Parou o veículo sobre faixa destinada a pedestres (leve).

III. Teve o veículo imobilizado na via por falta de combustível (média).

Esse motorista acumulou um total de:

a) 12 pontos.

b) 13 pontos.

c) 15 pontos.

d) 19 pontos.

e) 21 pontos.

Essa questão é importante para estudar os aspectos definidos como infrações simultâneas.

Infrações concorrentes: são aquelas em que o cometimento de uma infração tem como pressuposto/consequência o cometimento de outra, a exemplo da relação entre a infração de ultrapassar pelo acostamento (art. 202 do CTB) e transitar com o veículo pelo acostamento (art. 193 do CTB).

• Única autuação

Infrações concomitantes: são aquelas em que o cometimento de uma infração não implica o cometimento de outra, na forma do art. 266 do CTB, a exemplo da infração de deixar de reduzir a velocidade do veículo de forma compatível com a segurança do trânsito ao ultrapassar ciclista (art. 220, XIII, do CTB) e não manter a distância de 1,50 m ao ultrapassar bicicleta (art. 201 do CTB).

• Mais de uma autuação

Feita essa consideração fundamental, destaca-se que o condutor cometeu três infrações independentes, sendo responsabilizado sob a forma do art. 266 do CTB:

I. 5 pontos (grave);

II. 3 pontos (leve);

III. 4 pontos (média).

Totalizando, portanto, 12 pontos.

GABARITO: A.

---

391. (QUADRIX - 2013 - CRF/SP - MOTORISTA) As multas serão impostas e arrecadadas pelo órgão ou entidade de trânsito com circunscrição sobre a via onde haja ocorrido a infração. Sobre o assunto, leia as afirmativas a seguir:

I. As multas decorrentes de infração cometida em unidade da Federação diversa da do licenciamento do veículo serão arrecadadas e compensadas na forma estabelecida pelo Contran.

II. As multas decorrentes de infração cometida em unidade da Federação diversa daquela do licenciamento do veículo poderão ser comunicadas ao órgão ou entidade responsável pelo seu licenciamento, que providenciará a notificação.

III. Quando a infração for cometida com veículo licenciado no exterior, em trânsito no território nacional, a multa respectiva deverá ser paga antes de sua saída do país, respeitado o princípio de reciprocidade.

Está correto o que se afirma em:

a) apenas I.

b) apenas I e II.

c) apenas I e III.

d) nenhuma.

e) I, II e III.

O art. 260 do CTB traz consigo a regra geral sobre imposição e arrecadação quanto aos valores da penalidade de multa. Nesse contexto, a assertiva I traz a literalidade do § 1º desse artigo.

A assertiva II também copiou e colou o texto de lei, conforme § 2º do mesmo artigo (art. 260 do CTB).

A assertiva III acompanha as demais assertivas, uma vez que se trata da literalidade do art. 260, § 4º, do CTB.

As assertivas I, II e III estão corretas.

GABARITO: E.

392. **(QUADRIX - 2013 - CRF/SP - MOTORISTA - ADAPTADA)** Segundo critérios estabelecidos pelo Contran e nos casos previstos no Código de Trânsito Brasileiro, a penalidade de suspensão do direito de dirigir por pontuação será aplicada pelo prazo mínimo de seis meses até o máximo de um ano e, no caso de reincidência, no período de doze meses:

a) Pelo prazo mínimo de oito meses até o máximo de dois anos.

b) Pelo prazo mínimo de três meses até o máximo de dois anos.

c) Pelo prazo mínimo de seis meses até o máximo de três anos.

d) Pelo prazo mínimo de três meses até o máximo de três anos.

e) Pelo prazo mínimo de dois meses até o máximo de dois anos.

Questão atualizada pelo professor.

Mais uma questão sobre a suspensão do direito de dirigir (SDD).

1. Sempre que atingir no período de 12 meses:

• **20 pontos + 2 ou mais infrações GG;**

• **30 pontos + 1 infração GG;**

• **40 pontos sem infração GG;**

• **Condição especial: condutor EAR (exerce atividade remunerada ao veículo) – 40 pontos independente da natureza das infrações cometidas.**

Pode, ainda, o condutor EAR optar pelo curso preventivo de reciclagem quando atingir 30 pontos no prazo de 12 meses, zerando sua pontuação, mas não poderá fazer nova opção do curso preventivo durante um período de 12 meses.

Prazo:

• **6 meses a 1 ano (primário);**

• **8 meses a 2 anos (reincidente) (caso da questão);**

PEDRO CANEZIN E LEONE MALTZ

Competência: Detran.

2. Sempre que cometer uma infração que determina como penalidade a SDD:

Prazo:

- 2 meses a 8 meses (primário);
- 8 meses a 18 meses (reincidente).

Ou quando expressamente determinada na infração.

Competência (Lei nº 14.071/2020): órgão/entidade responsável pela aplicação da multa.

GABARITO: A.

---

393. **(QUADRIX - 2013 - CRF/SP - MOTORISTA)** Ter o veículo imobilizado na via por falta de combustível é uma infração média e acarreta ao motorista a perda de quantos pontos na carteira nacional de habilitação?

a) Seis pontos.

b) Cinco pontos.

c) Quatro pontos.

d) Três pontos.

e) Dois pontos.

Objetivamente:

- GG: 7 pontos;
- G: 5 pontos;
- M: 4 pontos;
- L: 3 pontos.

Gabarito é, portanto, a alternativa C (infração de natureza média).

GABARITO: C.

---

394. **(QUADRIX - 2013 - IMASF - MOTORISTA - ADAPTADA)** O infrator será submetido a curso de reciclagem, na forma estabelecida pelo Contran:

I. quando, sendo contumaz, for necessário à sua reeducação.

II. quando suspenso do direito de dirigir.

III. quando se envolver em acidente grave para o qual haja contribuído e se houver processo judicial.

IV. quando condenado judicialmente por delito de trânsito.

V. a qualquer tempo, se for constatado que o condutor está colocando em risco a segurança do trânsito.

Está correto o que se afirma em:

a) I, II e III, somente.

b) II, III e IV, somente.

c) I e II, somente.

d) II, IV e V, somente.

e) todas.

Questão atualizada pelo professor.

Conforme preceitua o art. 268 do CTB, são situações que exigem a realização da frequência obrigatória em curso de reciclagem, que é uma penalidade, em regra, acessória tipificada no CTB:

PENALIDADES

1. Quando houver a SDD.

2. Acidente grave para qual tenha contribuído.

3. Condenado por delito de trânsito (questão).

4. Necessidade por situação de risco à segurança.

Desse modo, estão corretas as assertivas II, IV e V.

A questão é de 2013, mas foi atualizada rigorosamente quanto aos aspectos técnicos e atuais. Vejamos.

O inciso I não é mais circunstância que exige a imposição do curso obrigatório de reciclagem, isso porque houve revogação por parte da Lei nº 14.071/2020. A assertiva III, por sua vez, falhou quando trouxe "se houver processo judicial", sendo que independente de processo nesse caso.

GABARITO: D.

395. **(QUADRIX - 2013 - CRC/AM - MOTORISTA)** A cada infração cometida são computados os seguintes números de pontos:

a) Grave – sete pontos.

   Média – cinco pontos.

   Leve – quatro pontos.

b) Grave – sete pontos.

   Média – cinco pontos.

   Leve – três pontos.

c) Gravíssima – sete pontos.

   Grave – cinco pontos.

   Média – quatro pontos.

   Leve – três pontos.

d) Gravíssima – sete pontos.

   Grave – seis pontos.

   Média – cinco pontos.

   Leve – quatro pontos.

e) Gravíssima – seis pontos.

   Grave – cinco pontos.

   Média – quatro pontos.

   Leve – três pontos.

Objetivamente:

- **GG: 7 pontos;**
- **G: 5 pontos;**
- **M: 4 pontos;**
- **L: 3 pontos.**

Dessa forma, fica correta a alternativa C.

GABARITO: C.

PENALIDADES

396. (QUADRIX - 2013 - CRF/RS - AGENTE - ADAPTADA) Assinale a penalidade incorreta, de acordo com o Código Nacional de Trânsito – Lei nº 9.503/1997.

a) Advertência, oral ou por escrito.

b) Multa e suspensão do direito de dirigir.

c) Cassação da carteira nacional de habilitação (CNH).

d) Cassação da carteira nacional de habilitação (CNH) e cassação da Permissão para Dirigir.

e) Frequência obrigatória em curso de reciclagem.

Questão atualizada pelo professor.

Na questão de 2013, havia penalidade de apreensão. Todavia, não existe penalidade de apreensão no CTB desde 2016.

Atualmente, são penalidades: advertência por escrito (não tem penalidade oral), suspensão da CNH, cassação da CNH ou PPD, multa e frequência obrigatória em curso de reciclagem.

A alternativa A está errada, porque traz como penalidade advertência oral, que não existe no art. 256 do CTB.

GABARITO: A.

---

397. (QUADRIX - 2013 - CRF/RS - AGENTE) Assinale a alternativa que preencha correta e respectivamente a lacuna a seguir.

Decorrido(s)_____ da cassação da carteira nacional de habilitação, o infrator poderá requerer sua reabilitação, submetendo-se a todos os exames necessários à habilitação, na forma estabelecida pelo Contran.

a) três anos.

b) dois anos.

c) um ano.

d) seis meses.

e) três meses.

Atualmente, a regra nesse caso de cassação é de dois anos. É importante destacar que ele será considerado inabilitado após o prazo cumprido, tendo que realizar todos os exames necessários à habilitação novamente.

Inclusive, majoritariamente, entende-se que ele poderá retornar já da categoria anterior à penalidade.

GABARITO: B.

---

398. (CESPE/CEBRASPE - 2015 - PRF - POLICIAL RODOVIÁRIO FEDERAL - CURSO DE FORMAÇÃO) Em relação ao processo administrativo da infração de trânsito, julgue o item a seguir.

Sendo a infração de trânsito de responsabilidade do condutor do veículo, se este não for identificado no momento da autuação, aplica-se o prazo de quinze dias, a contar da data do cometimento da infração, para apresentação do condutor infrator.

Certo ( )   Errado ( )

No tempo, a questão estava errada por causa do marco temporal para identificação do condutor, qual seja contado da notificação da autuação (marco correto).

Atualmente, a questão continua errada, mas por causa do prazo, que hoje é de 30 dias para identificação do infrator, conforme preceitua o art. 257 do CTB (atualização da Lei nº 14.071/2020).

GABARITO: ERRADO.

---

399. **(CESPE/CEBRASPE - 2014 - PRF - POLICIAL RODOVIÁRIO FEDERAL - CURSO DE FORMAÇÃO)** Julgue o item seguinte, a respeito das penalidades e medidas administrativas, documentos de porte obrigatório e equipamentos obrigatórios.

Cabe ao agente da autoridade de trânsito realizar a devida avaliação quanto à aplicação da advertência por escrito.

Certo ( )   Errado ( )

A questão está duplamente errada, ainda que trocasse o termo "agente da autoridade" por "autoridade de trânsito". Primeiro, o agente da autoridade de trânsito não tem competência para aplicar quaisquer penalidades.

Essa competência é atribuída à autoridade de trânsito. Todavia, a Lei nº 14.071/2020 alterou o art. 267 do CTB, tornando a aplicação da penalidade de advertência por escrito um ato administrativo vinculado.

Art. 267 *Deverá ser imposta a penalidade de advertência por escrito à infração de natureza leve ou média, passível de ser punida com multa, caso o infrator não tenha cometido nenhuma outra infração nos últimos 12 (doze) meses.*

GABARITO: ERRADO.

MEDIAS ADMINISTRATIVAS

16

400. (CESPE/CEBRASPE - 2020 - PRF - POLICIAL RODOVIÁRIO FEDERAL - CURSO DE FORMAÇÃO) A respeito do cronotacógrafo e do etilômetro, bem como do uso desses instrumentos inerentes às atividades cotidianas do policial rodoviário federal, julgue o item subsecutivo.

Conforme regramento do Código de Trânsito Brasileiro, o policial rodoviário deverá submeter ao teste de etilômetro somente o condutor que apresentar um conjunto de sinais de alteração da capacidade psicomotora.

Certo ( )   Errado ( )

A medida administrativa de dosagem da concentração de álcool, por exemplo, etilômetro, é uma medida utilizada rotineiramente na abordagem, inclusive sendo prioridade o etilômetro, considerando as disposições da Resolução nº 432/2013 do Contran.

Nesse caso, será oferecida a qualquer pessoa, ainda que não haja sinais de alteração da capacidade psicomotora. Reitera-se que a recusa ao teste sujeita o infrator à infração de natureza gravíssima com multa ×10 + SDD por 12 meses, quando primário.

GABARITO: ERRADO.

401. (CESPE/CEBRASPE - 2020 - PRF - POLICIAL RODOVIÁRIO FEDERAL - CURSO DE FORMAÇÃO) Acerca das medidas administrativas de trânsito, julgue o item seguinte.

Condutor de veículo automotor que for alvo de fiscalização de trânsito poderá ser submetido a teste com etilômetro mesmo que não apresente conjunto de sinais de alteração da capacidade psicomotora.

Certo ( )   Errado ( )

O condutor que for alvo de fiscalização de trânsito poderá ser submetido a teste com etilômetro, mesmo que não apresente sinais de alteração da capacidade psicomotora.

Havendo infração de natureza gravíssima no caso da recusa (art. 165-A), o infrator é sujeito à infração de natureza gravíssima com multa ×10 + SDD por 12 meses, quando primário.

GABARITO: CERTO.

402. (CESPE/CEBRASPE - 2020 - PRF - POLICIAL RODOVIÁRIO FEDERAL - CURSO DE FORMAÇÃO) Acerca das medidas administrativas de trânsito, julgue o item seguinte.

Nem sempre as medidas administrativas de trânsito serão executadas de imediato à autuação, visto que algumas delas dependem da aplicação da penalidade.

Certo ( )   Errado ( )

A aplicação de medida administrativa tem como prioridade a proteção da vida e da incolumidade física das pessoas. Além disso, reforça-se que não está associada necessariamente a uma infração de trânsito e nem com a penalidade de fato, a exemplo da dosagem de concentração de álcool, utilizadas de forma complementar. Importa ressaltar que, apesar da não associação, é o mais frequente.

Todavia, existem situações específicas em que as medidas administrativas serão aplicadas quando da aplicação da penalidade, a exemplo da penalidade de suspensão do direito de dirigir ou até mesmo da cassação da habilitação, ao final do processo administrativo.

GABARITO: CERTO.

MEDIDAS ADMINISTRATIVAS

403. (CESPE/CEBRASPE - 2020 - PRF - POLICIAL RODOVIÁRIO FEDERAL - CURSO DE FORMAÇÃO) Acerca das medidas administrativas de trânsito, julgue o item seguinte.

A ordem, o consentimento, a fiscalização e as medidas administrativas e coercitivas adotadas pelas autoridades de trânsito e seus agentes terão por objetivo prioritário a proteção ao meio ambiente e ao patrimônio público.

Certo ( )   Errado ( )

A finalidade prioritária das medidas administrativas é a proteção da vida e da incolumidade pública, conforme preceitua o art. 269, § 1º, do CTB.

Art. 269 A autoridade de trânsito ou seus agentes, na esfera das competências estabelecidas neste Código e dentro de sua circunscrição, deverá adotar as seguintes medidas administrativas: [...]

§ 1º A ordem, o consentimento, a fiscalização, as medidas administrativas e coercitivas adotadas pelas autoridades de trânsito e seus agentes terão por objetivo prioritário a proteção à vida e à incolumidade física da pessoa.

Por outro lado, os órgãos e entidades que compõem o Sistema Nacional de Trânsito darão prioridade em suas ações à defesa da vida, nela incluída a preservação da saúde e do meio ambiente.

GABARITO: ERRADO.

---

404. (CESPE/CEBRASPE - 2020 - PRF - POLICIAL RODOVIÁRIO FEDERAL - CURSO DE FORMAÇÃO) Acerca das medidas administrativas de trânsito, julgue o item seguinte.

Em se tratando de veículo com excesso de peso, o transbordo ocorrerá às expensas do embarcador da carga, sem prejuízo das autuações cabíveis.

Certo ( )   Errado ( )

O transbordo de carga, medida administrativa aplicada aos casos de excesso de peso e tração máxima, ocorrerá às expensas do proprietário do veículo, conforme determina o art. 275 do CTB.

Art. 275 O transbordo da carga com peso excedente é condição para que o veículo possa prosseguir viagem e será efetuado às expensas do proprietário do veículo, sem prejuízo da multa aplicável.

Parágrafo único. Não sendo possível desde logo atender ao disposto neste artigo, o veículo será recolhido ao depósito, sendo liberado após sanada a irregularidade e pagas as despesas de remoção e estada.

O mesmo dispositivo preceitua que o transbordo de carga é condição para que o veículo possa prosseguir viagem. Frise-se, entretanto, que a Resolução nº 882/2021 flexibiliza no caso de peso bruto por eixo, desde que: os excessos aferidos em cada eixo ou conjunto de eixos sejam simultaneamente inferiores a 12,5% do menor valor entre os pesos e capacidades máximos estabelecidos pelo Contran e os pesos e capacidades indicados pelo fabricante ou importador, nos termos do art. 100 do CTB.

GABARITO: ERRADO.

---

405. (CESPE/CEBRASPE - 2019 - PRF - POLICIAL RODOVIÁRIO FEDERAL) O item a seguir apresenta uma situação hipotética relativa a operações de fiscalização em rodovias federais seguida de uma assertiva a ser julgada à luz do Código de Trânsito Brasileiro (CTB) e das resoluções do Conselho Nacional de Trânsito (Contran).

Em uma operação de fiscalização, na abordagem de um veículo automotor, o policial rodoviário federal, ao notar que o condutor do veículo apresentava vermelhidão nos olhos, odor de álcool no hálito, desordem nas vestes e fala alterada, solicitou que o motorista se submetesse ao competente teste, mas o etilômetro apresentou súbita pane, tornando-se inservível para o teste. Nessa situação, diante da impossibilidade de confirmar alteração da capacidade psicomotora do condutor, o policial ficou impedido de lavrar o auto de infração pela conduta de direção sob a influência de álcool prevista no CTB.

Certo ( )   Errado ( )

O teste do etilômetro é prioritário, mas não é exclusivo. Nesse sentido, de forma subsidiária, pode-se constatar a alteração da capacidade psicomotora por meio do termo de constatação de sinais (conjunto de sinais – plural – a partir de dois, MBFT 2022).

Pode, portanto, o PRF lavrar o auto de infração de trânsito pelo art. 165 do CTB. Na recusa ao teste, aplicar-se-á o art. 165-A. Frise-que o Manual Brasileiro de Fiscalização de Trânsito (MBFT), atualizado em 2022, recomenda que a infração do art. 165-A do CTB será pertinente quando o condutor se recusar e não apresentar dois ou mais sinais.

Neste último caso, o condutor será responsabilizado pelo art. 165, uma vez que apresentou dois ou mais sinais, apesar da recusa.

GABARITO: ERRADO.

---

406. (CESPE/CEBRASPE - 2019 - PRF - POLICIAL RODOVIÁRIO FEDERAL/CURSO DE FORMAÇÃO) Acerca de penalidades e medidas administrativas aplicadas pela autoridade de trânsito, julgue o item que se segue.

Não sendo possível sanar a falha no local da infração, o veículo, desde que ofereça condições de segurança para circulação, poderá ser liberado e entregue a condutor regularmente habilitado, mediante recolhimento do CSV.

Certo ( )   Errado ( )

O erro da questão está no final, isto é, recolhimento do CSV, quando na verdade será feito o recolhimento do CLA. É importante destacar que a Lei nº 14.071/2020 e a Lei nº 14.229/2021 fixaram a possibilidade de liberação do veículo nos casos de retenção ou remoção, desde que ofereça condições de segurança para circulação.

No caso de infração com medida administrativa de retenção, o prazo dado para sanar a irregularidade e apresentação do veículo será não superior a 30 dias (até 30 dias).

Nos casos de remoção, o prazo será não superior a 15 dias (até 15 dias). Não se aplica às infrações de licenciamento vencido ou transporte irregular de bens/pessoas.

GABARITO: ERRADO.

---

407. (CESPE/CEBRASPE - 2019 - PRF - POLICIAL RODOVIÁRIO FEDERAL - CURSO DE FORMAÇÃO) Em determinada operação de fiscalização de trânsito, o policial rodoviário federal deparou-se com uma situação em que o proprietário do veículo confiou a direção a um condutor com a CNH cassada. Com base nessa situação hipotética, julgue o item seguinte.

Em caso de não apresentação de condutor habilitado, o policial, em regra, deverá providenciar o recolhimento do veículo junto à polícia militar local.

Certo ( )   Errado ( )

A abordagem foi realizada pela Polícia Rodoviária Federal por meio do PRF. Nessa situação, em caso de não apresentação de condutor habilitado, o veículo será recolhido ao pátio da PRF ou ao depósito contratado/conveniado por meio de licitação.

GABARITO: ERRADO.

---

408. (CESPE/CEBRASPE - 2019 - PRF - POLICIAL RODOVIÁRIO FEDERAL - CURSO DE FORMAÇÃO) Em determinada operação de fiscalização de trânsito, o policial rodoviário federal deparou-se com uma situação em que o proprietário do veículo confiou a direção a um condutor com a CNH cassada. Com base nessa situação hipotética, julgue o item seguinte.

O policial deverá recolher o CRV.

Certo ( )   Errado ( )

MEDIDAS ADMINISTRATIVAS

O recolhimento do certificado de registro do veículo (CRV) será realizado nos casos determinados pela lei: suspeita de inautenticidade ou adulteração; veículo alienado e não for transferida a propriedade em 30 dias ou quando não dado baixa nos casos determinados pela lei.

No caso da questão, não há que se falar em recolhimento do CRV. Poder-se-ia comentar sobre o recolhimento do documento de habilitação, uma vez que a infração está associada ao habilitado e não ao veículo.

GABARITO: ERRADO.

---

409. [CESPE/CEBRASPE - 2016 - PRF - POLICIAL RODOVIÁRIO FEDERAL - CURSO DE FORMAÇÃO] A respeito de penalidades, medidas administrativas e processo administrativo relacionados a infrações de trânsito, julgue o item que se segue.

Não obstante a competência do policial rodoviário federal para lavrar auto de infração de trânsito, a autoridade de trânsito analisará a consistência do referido auto e aplicará a penalidade cabível.

Certo ( )   Errado ( )

Trata-se da literalidade do art. 281 do CTB.

Em outros termos, a autoridade de trânsito tem competência para autuar, aplicar penalidade e medidas administrativas.

Por outro lado, o agente da autoridade de trânsito não tem competência para aplicar penalidade. Na verdade, o agente pode autuar e aplicar medida administrativa.

Da lavratura do auto de infração de trânsito (AIT), a autoridade de trânsito analisará a consistência do auto lavrado (art. 281 do CTB), já que se trata da pessoa com a devida competência para aplicação de penalidade.

Além disso, o auto de infração será arquivado se julgado inconsistente, irregular ou se não houver sido expedida a notificação da autuação no prazo de 30 dias.

GABARITO: CERTO.

---

410. [CESPE/CEBRASPE - 2016 - PRF - POLICIAL RODOVIÁRIO FEDERAL - CURSO DE FORMAÇÃO] De acordo com o CTB e as resoluções do Contran, julgue o item seguinte.

Se, em rodovia federal, ocorrer acidente que envolva veículo de transporte escolar e que resulte em vítima, a retirada do disco do equipamento obrigatório registrador de velocidade e tempo será de responsabilidade do perito oficial, cabendo ao policial rodoviário preservar o local e as provas do acidente.

Certo ( )   Errado ( )

O art. 279 do CTB preceitua que é de competência do perito oficial retirar o disco do tacógrafo (registrador instantâneo de velocidade e tempo) quando a situação envolver acidente com vítima, até porque o caso pode envolver ocorrência de natureza criminal.

*Art. 279 Em caso de acidente com vítima, envolvendo veículo equipado com registrador instantâneo de velocidade e tempo, **somente o perito oficial encarregado do levantamento pericial** poderá retirar o disco ou unidade armazenadora do registro.*

Vale destacar que a **Lei nº14.440/2022** incluiu um novo dispositivo ao CTB, o art. 279-A.

*Art. 279-A O veículo em estado de abandono ou acidentado poderá ser removido para o depósito fixado pelo órgão ou entidade competente do Sistema Nacional de Trânsito independentemente da existência de infração à legislação de trânsito, nos termos da regulamentação do Contran. **(Incluído pela Lei nº 14.440/2022)***

§ 1º A remoção do veículo acidentado será realizada quando não houver responsável pelo bem no local do acidente. (Incluído pela Lei nº 14.440/2022)

MEDIDAS ADMINISTRATIVAS

§ 2º Aplicam-se à remoção de veículo em estado de abandono ou acidentado as disposições constantes do art. 328, sem prejuízo das demais disposições deste Código. (Incluído pela Lei nº 14.440/2022)

GABARITO: CERTO.

---

411. [CESPE/CEBRASPE - 2014 - PRF - POLICIAL RODOVIÁRIO FEDERAL - CURSO DE FORMAÇÃO] Com referência às medidas administrativas, providências de caráter complementar exigidas para a regularização de situações infracionais, julgue o item subsequente.

No caso de infrações de estacionamento irregular ou por falta de combustível ou, ainda, devido a reparo do veículo na via pública, a remoção do veículo visa a restabelecer as condições de segurança e fluidez da via.

Certo ( )   Errado ( )

As medidas administrativas têm como fundamento prioritário a proteção da vida e da incolumidade física das pessoas. No caso da medida administrativa de remoção, a finalidade prioritária é atingida porque o veículo é retirado de circulação, restabelecendo, por exemplo, a segurança e fluidez da via.

GABARITO: CERTO.

---

412. [CESPE/CEBRASPE - 2016 - PRF - POLICIAL RODOVIÁRIO FEDERAL - CURSO DE FORMAÇÃO] A respeito de penalidades, medidas administrativas e processo administrativo relacionados a infrações de trânsito, julgue o item que se segue.

Nas situações em que a infração de trânsito resultar na penalidade de suspensão do direito de dirigir, a carteira nacional de habilitação (CNH) do condutor deverá ser recolhida e ele deverá frequentar curso de reciclagem.

Certo ( )   Errado ( )

A suspensão do direito de dirigir, como infração administrativa, dar-se-á por acúmulo de pontuação ou quando expressamente prevista na infração de trânsito. Nesse sentido, o condutor terá sua CNH recolhida, sendo devolvida quando cumprida a penalidade de suspensão e realizado o curso obrigatório de reciclagem, penalidade aplicada de forma acessória.

Art. 261 [...]

*§ 2º Quando ocorrer a suspensão do direito de dirigir, a carteira nacional de habilitação **será devolvida** a seu titular imediatamente **após cumprida a penalidade e o curso de reciclagem.***

Reitera-se que constitui infração de trânsito a conduta de dirigir veículo automotor com a CNH suspensa (gravíssima com multa ×3).

No caso de crime (art. 307 do CTB), entende o STJ que a violação da SDD somente será crime se tiver sido aplicada pela autoridade judicial, isto é, SDD judicial.

GABARITO: CERTO.

---

413. [CESPE/CEBRASPE - 2015 - PRF - POLICIAL RODOVIÁRIO FEDERAL - CURSO DE FORMAÇÃO] Com referência às medidas administrativas, providências de caráter complementar exigidas para a regularização de situações infracionais, julgue o item subsequente.

O transbordo da carga excedente do veículo, que ocorre à custa do proprietário do veículo, sem prejuízo da autuação cabível, é obrigatório para o prosseguimento da viagem.

Certo ( )   Errado ( )

O transbordo da carga com peso excedente é condição para que o veículo possa prosseguir viagem e será efetuado às expensas do proprietário do veículo, sem prejuízo da multa aplicável.

MEDIDAS ADMINISTRATIVAS

A questão está correta, mas vamos ao complemento quando a assertiva solicitar o conteúdo das Resoluções, especificamente a nº 882/2021.

A Resolução nº 882/2021 flexibiliza no caso de peso bruto por eixo, desde que:

Os excessos aferidos em cada eixo ou conjunto de eixos sejam simultaneamente inferiores a 12,5% do menor valor entre os pesos e capacidades máximos estabelecidos pelo Contran e os pesos e capacidades indicados pelo fabricante ou importador, nos termos do art. 100 do CTB.

GABARITO: CERTO.

---

414. (CESPE/CEBRASPE - 2014 - PRF - POLICIAL RODOVIÁRIO FEDERAL - CURSO DE FORMAÇÃO) Julgue o item seguinte, a respeito das penalidades e medidas administrativas, documentos de porte obrigatório e equipamentos obrigatórios.

Em geral o procedimento considerado legalmente correto, nos casos de acidente com vítima, envolvendo veículo equipado com registrador instantâneo de velocidade e tempo, consiste na retirada, de imediato, pelo PRF, do disco ou da unidade armazenadora do registro, devendo ser entregue à primeira autoridade de polícia judiciária que apresentar-se no local do acidente.

Certo ( )   Errado ( )

O art. 279 do CTB preceitua que somente o perito oficial encarregado pelo levantamento pericial pode retirar o disco-diagrama em caso de acidente de trânsito com vítima.

Art. 279 Em caso de acidente com vítima, envolvendo veículo equipado com registrador instantâneo de velocidade e tempo, somente o perito oficial encarregado do levantamento pericial poderá retirar o disco ou unidade armazenadora do registro.

Vale destacar que a **Lei nº 14.440/2022** incluiu um novo dispositivo ao CTB, o art. 279-A.

Art. 279-A O veículo em estado de abandono ou acidentado poderá ser removido para o depósito fixado pelo órgão ou entidade competente do Sistema Nacional de Trânsito independentemente da existência de infração à legislação de trânsito, nos termos da regulamentação do Contran. (Incluído pela Lei nº 14.440/2022)

§ 1º A remoção do veículo acidentado será realizada quando não houver responsável pelo bem no local do acidente. (Incluído pela Lei nº 14.440/2022)

§ 2º Aplicam-se à remoção de veículo em estado de abandono ou acidentado as disposições constantes do art. 328, sem prejuízo das demais disposições deste Código. (Incluído pela Lei nº 14.440/2022)

GABARITO: ERRADO.

MEDIDAS ADMINISTRATIVAS

PROCESSO ADMINISTRATIVO

17

415. (CESPE/CEBRASPE - 2020 - PRF - POLICIAL RODOVIÁRIO FEDERAL - CURSO DE FORMAÇÃO - ADAPTADA)
Com relação ao processo administrativo da infração de trânsito, julgue o item subsequente.

Nos recursos de segunda instância, as penalidades por infrações gravíssimas deverão ser julgadas por colegiado especial, definido na forma da lei.

Certo ( )   Errado ( )

Questão atualizada, conforme dispõe a Lei nº 14.071/2020, que retirou o Contran como órgão julgador de segunda instância e dividiu as competências para julgamento do segundo recurso.

Objetivamente, há três possibilidades de defesa em relação ao infrator, sendo uma defesa prévia (não é recurso) e dois recursos. Nesse sentido, o órgão julgador de primeira instância (primeiro recurso) é a Jari.

Por outro lado, o segundo recurso (segunda instância) pode ser julgado por órgão colegiado ou pelos órgãos consultivos e normativos do estado ou Distrito Federal, a depender de qual instituição aplicou a penalidade.

Nesse sentido, o art. 289, totalmente reformado pela Lei nº 14.071/2020 e pela Lei nº 14.229/2021, preceitua que será competente o colegiado especial integrado pelo coordenador-geral da Jari, pelo presidente da junta que apreciou o recurso e por mais um presidente de junta quando a penalidade imposta for por órgão da União.

Reitera-se ainda o complemento dado pela Lei nº 14.229/2021, entendendo que o órgão colegiado será composto pelos membros da Jari quando houver apenas uma.

De maneira diferente, poderão ser formados novos colegiados especiais quando necessário (presidente da junta que apreciou o recurso e por mais dois presidentes de junta).

A Lei nº 14.071/2020 se limitou a definir o órgão colegiado especial, quanto à sua composição, pelo coordenador-geral da Jari, pelo presidente da junta que apreciou o recurso e por mais um presidente de junta.

Portanto, atente-se ao comando da questão.

Fora dos casos tratados anteriormente, isto é, quando a penalidade for imposta pelos demais entes da federação, serão competentes o Cetran e o Contrandife.

A questão está errada justamente por ter trazido o "deverão", sendo que depende de quem aplicou a penalidade.

GABARITO: ERRADO.

416. (CESPE/CEBRASPE - 2020 - PRF - POLICIAL RODOVIÁRIO FEDERAL - CURSO DE FORMAÇÃO) Com relação ao processo administrativo da infração de trânsito, julgue o item subsequente.

O auto de infração de trânsito será arquivado e seu registro será julgado insubsistente caso não seja expedida a notificação da autuação no prazo máximo de quarenta e cinco dias.

Certo ( )   Errado ( )

O processo administrativo foi substancialmente reformulado pela Lei nº 14.071/2020 e Lei nº 14.229/2021. Todavia, não alterou o prazo para expedição da notificação de autuação (NA), que será de no máximo 30 dias.

O art. 281 do CTB preceitua que o arquivamento do auto de infração se dará por (1) inconsistência, (2) irregularidade ou (3) não expedição no prazo máximo determinado, isto é, 30 dias.

GABARITO: ERRADO.

---

417. (CESPE/CEBRASPE - 2020 - PRF - POLICIAL RODOVIÁRIO FEDERAL - CURSO DE FORMAÇÃO) Acerca das penalidades de trânsito, julgue o item a seguir.

As penalidades aplicadas pela autoridade de trânsito prescindem do julgamento da consistência do auto de infração de trânsito.

Certo ( )   Errado ( )

Prescindir é a mesma coisa que "não é necessário", por isso que a questão se torna errada, uma vez que o auto de infração de trânsito, lavrado pelo agente da autoridade de trânsito, deverá ser analisado pela autoridade de trânsito quanto à sua consistência. Fala-se em consistência, por exemplo, existência de fato da infração e de seus elementos.

Esse dispositivo está regulado pelo art. 281 do CTB.

GABARITO: ERRADO.

---

418. (CESPE/CEBRASPE - 2019 - PRF - POLICIAL RODOVIÁRIO FEDERAL - CURSO DE FORMAÇÃO) Com relação a fiscalização de trânsito, julgue o item a seguir.

O auto de infração de trânsito será arquivado e o registro julgado insubsistente se, no prazo máximo de 45 dias, não for expedida a notificação da autuação.

Certo ( )   Errado ( )

O prazo para expedição da notificação da autuação (NA) é de 30 dias.

Das atualizações, é importante assinalar que, em regra, o recurso terá efeito suspensivo e que o julgamento se dará no prazo de 24 meses.

A defesa prévia não é recurso (apesar de ser a primeira oportunidade de defesa do infrator).

1) Defesa prévia não poderá ser inferior a 30 dias.

2) Primeiro recurso não poderá ter um prazo inferior a 30 dias.

3) Segundo recurso terá um prazo de 30 dias.

Prazo para julgamento de recursos (primeiro e segundo): 24 meses.

Frise-se que a notificação de penalidade (NP), analisadas as circunstâncias tratadas no art. 282, será expedida no prazo de:

- **180 dias: se não houver interposição de defesa prévia;**
- **360 dias: se houver interposição de defesa prévia.**

GABARITO: ERRADO.

---

419. (CESPE/CEBRASPE - 2016 - PRF - POLICIAL RODOVIÁRIO FEDERAL - CURSO DE FORMAÇÃO) A respeito de penalidades, medidas administrativas e processo administrativo relacionados a infrações de trânsito, julgue o item que se segue.

Após a expedição de notificação de penalidade, o proprietário do veículo objeto de infração poderá apresentar a defesa da autuação perante a autoridade de trânsito que impôs a penalidade.

Certo ( )   Errado ( )

PROCESSO ADMINISTRATIVO

Reitera-se que o assunto processo administrativo merece uma atenção maior devido às atualizações promovidas em 2020 e 2021. Houve mudanças em relação a alguns prazos, a exemplo do prazo para notificação de penalidade e julgamento de recursos.

A defesa prévia, por sua vez, não poderá ser inferior a 30 dias.

O primeiro recurso não poderá ter um prazo inferior a 30 dias.

O segundo recurso terá um prazo de 30 dias.

Julgamento de recursos: 24 meses.

Analisadas as circunstâncias tratadas no art. 282, a notificação de penalidade (NP) será expedida no prazo de:

- 180 dias: se não houver interposição de defesa prévia;

- 360 dias: se houver interposição de defesa prévia.

Perceba que, num evento cronológico, não se encontra lógica na afirmativa da questão.

Regra:

1º Auto de infração.

2º Notificação da autuação.

3º Defesa prévia (defesa da autuação).

4º Notificação da penalidade.

5º Primeiro recurso.

6º Segundo recurso.

Portanto, haverá oportunidade para apresentação do primeiro recurso após a expedição da notificação da penalidade, sendo esse interposto perante a autoridade de trânsito que imputou a penalidade e terá efeito suspensivo (Lei nº 14.229/2021).

Essa apresentação do primeiro recurso será encaminhada, em regra, à autoridade julgadora (Jari) no prazo de 10 dias, tendo 24 meses para julgar, contados do recebimento.

GABARITO: ERRADO.

---

420. (CESPE/CEBRASPE - 2016 - PRF - POLICIAL RODOVIÁRIO FEDERAL - CURSO DE FORMAÇÃO) A respeito de penalidades, medidas administrativas e processo administrativo relacionados a infrações de trânsito, julgue o item que se segue.

A decisão da junta administrativa de recursos de infrações encerra a instância administrativa do processo.

Certo ( )   Errado ( )

O art. 290 do CTB determina que o encerramento da instância administrativa se dará com o julgamento do recurso de que trata os arts. 288 e 289. Nesse caso, pensar-se-ia que a questão estaria correta, uma vez que haverá decisão da Jari no primeiro recurso.

No entanto, caberá recurso contra decisão da Jari. Desse modo, não haverá encerramento da instância administrativa, já que há a possibilidade do segundo recurso.

Considerando a imposição dada pela questão, ela deve ser assinalada como errada.

Art. 288 Das decisões da Jari cabe recurso a ser interposto, na forma do artigo seguinte, no prazo de trinta dias contado da publicação ou da notificação da decisão.

§ 1º O recurso será interposto, da decisão do não provimento, pelo responsável pela infração, e da decisão de provimento, pela autoridade que impôs a penalidade.

PROCESSO ADMINISTRATIVO

O segundo recurso poderá ser manejado pela autoridade que impôs a penalidade (no caso de recurso deferido na primeira instância) ou pelo infrator responsável (no caso de indeferimento do primeiro recurso).
GABARITO: ERRADO.

---

421. (CESPE/CEBRASPE - 2015 - PRF - POLICIAL RODOVIÁRIO FEDERAL - CURSO DE FORMAÇÃO) Em relação ao processo administrativo da infração de trânsito, julgue o item a seguir.

A defesa de autuação deverá ser interposta à Junta Administrativa de Recursos de Infrações (Jari).

Certo ( )   Errado ( )

Sobre defesa da autuação, primeiro recurso e segundo recurso, é importante destacar que o Contran revogou a Resolução nº 299/2008, passando o assunto a ser normatizado pela Resolução nº 900/2022.

Vale lembrar que o CTB determina que o primeiro recurso será interposto perante a autoridade que imputou a penalidade, que vai encaminhar à Jari para julgar no prazo de 24 meses.

A defesa prévia e o recurso são apresentados no órgão aplicador de penalidade.
GABARITO: ERRADO.

---

422. (CESPE/CEBRASPE - 2015 - PRF - POLICIAL RODOVIÁRIO FEDERAL - CURSO DE FORMAÇÃO - ADAPTADA) Em relação ao processo administrativo da infração de trânsito, julgue o item a seguir.

O ato de interposição de recurso em primeira instância gera, imediatamente, efeito suspensivo sobre a penalidade imposta.

Certo ( )   Errado ( )

Questão atualizada conforme a Lei nº 14.229/2021.

Antes de 2021, a redação dada ao § 1º do art. 285 do CTB era a seguinte: *o recurso não terá efeito suspensivo.*

Entretanto, esse dispositivo foi atualizado pela Lei nº 14.229/2021, especificando qual recurso não terá efeito suspensivo (intempestivo ou interposto por parte ilegítima).

*Art. 285 O recurso contra a penalidade imposta nos termos do art. 282 deste Código será interposto perante a autoridade que imputou a **penalidade e terá efeito suspensivo.***

§ 1º O recurso intempestivo ou interposto por parte ilegítima não terá efeito suspensivo.

Atualmente, preceitua o art. 285 do CTB que o recurso terá efeito suspensivo.
GABARITO: CERTO.

---

423. (CESPE/CEBRASPE - 2015 - PRF - POLICIAL RODOVIÁRIO FEDERAL - CURSO DE FORMAÇÃO) Em relação ao processo administrativo da infração de trânsito, julgue o item a seguir.

O recurso em segunda instância tem caráter personalíssimo, razão pela qual deve ser apresentado somente pelo interessado seja ele o infrator, seja ele o proprietário do veículo.

Certo ( )   Errado ( )

O segundo recurso poderá ser manejado pela autoridade que impôs a penalidade (no caso de recurso deferido na primeira instância) ou pelo infrator responsável (no caso de indeferimento do primeiro recurso).

Nesse caso, não terá efeito personalíssimo, porque pode a autoridade de trânsito que aplicou a penalidade também interpor recurso contra decisão da Jari (primeira instância).

*Art. 288 Das decisões da Jari cabe recurso a ser interposto, na forma do artigo seguinte, **no prazo de trinta dias** contado da publicação ou da notificação da decisão.*

PROCESSO ADMINISTRATIVO

§ 1º O recurso será interposto, da decisão do não provimento, pelo responsável pela infração, e da decisão de provimento, pela autoridade que impôs a penalidade.

GABARITO: ERRADO.

---

424. [CESPE/CEBRASPE - 2019 - PRF - POLICIAL RODOVIÁRIO FEDERAL - CURSO DE FORMAÇÃO] No que diz respeito a fiscalização de trânsito, julgue o item subsequente.

Em caso de expedição da notificação de autuação fora do prazo regulamentar, isso ensejará na continuidade do trâmite do auto de infração de trânsito após nova remessa postal.

Certo ( )   Errado ( )

Resultará em encerramento na instância administrativa o recurso intempestivo, juridicamente sendo aquele interposto fora do prazo legal.

Art. 290 Implicam encerramento da instância administrativa de julgamento de infrações e penalidades:

I – o julgamento do recurso de que tratam os arts. 288 e 289;

II – a não interposição do recurso no prazo legal; e

III – o pagamento da multa, com reconhecimento da infração e requerimento de encerramento do processo na fase em que se encontra, sem apresentação de defesa ou recurso.

Nesse sentido, não haverá continuidade do trâmite processual administrativo.

GABARITO: ERRADO.

---

425. [CESPE/CEBRASPE - 2014 - PRF - POLICIAL RODOVIÁRIO FEDERAL - CURSO DE FORMAÇÃO] Quanto a competência, rotinas operacionais, registros e relatórios inerentes às atribuições de policiamento e fiscalização, julgue o item subsequente.

O auto de infração à legislação de trânsito deverá ser lavrado, necessariamente, em formulário padrão, mediante a prévia abordagem do veículo e a notificação do respectivo condutor.

Certo ( )   Errado ( )

Analisando a legislação de trânsito, não há necessidade de abordagem (flagrante) do veículo e notificação do respectivo condutor.

Ora, existem situações em que não é possível a realização da abordagem, o que não ficará impune. Nesse caso, lavrar-se-á o auto de infração de trânsito com as informações tipificadas no art. 280, I, II e III, e dados a respeito do veículo.

Art. 280 Ocorrendo infração prevista na legislação de trânsito, lavrar-se-á auto de infração, do qual constará:

I – tipificação da infração;

II – local, data e hora do cometimento da infração;

III – caracteres da placa de identificação do veículo, sua marca e espécie, e outros elementos julgados necessários à sua identificação;

IV – o prontuário do condutor, sempre que possível;

V – identificação do órgão ou entidade e da autoridade ou agente autuador ou equipamento que comprovar a infração;

VI – assinatura do infrator, sempre que possível, valendo esta como notificação do cometimento da infração. [...]

PROCESSO ADMINISTRATIVO

§ 3º Não sendo possível a autuação em flagrante, *o agente de trânsito relatará o fato à autoridade no próprio auto de infração, informando os dados a respeito do veículo, além dos constantes nos incisos I, II e III, para o procedimento previsto no artigo seguinte.*

GABARITO: ERRADO.

---

426. (CESPE/CEBRASPE - 2019 - PRF - POLICIAL RODOVIÁRIO FEDERAL - CURSO DE FORMAÇÃO) No que diz respeito a fiscalização de trânsito, julgue o item subsequente.

O recurso de 2ª instância pode ser apresentado tanto pelo infrator quanto pela autoridade de trânsito.

Certo ( )   Errado ( )

Agora a questão está perfeita, porque a apresentação do recurso em segunda instância vai depender da decisão na primeira instância.

Vejamos: poderá ser manejado pela autoridade que impôs a penalidade (no caso de recurso deferido na primeira instância) ou pelo infrator responsável (no caso de indeferimento do primeiro recurso).

GABARITO: CERTO.

---

427. (CESPE/CEBRASPE - 2019 - PRF - POLICIAL RODOVIÁRIO FEDERAL - CURSO DE FORMAÇÃO) Acerca dos procedimentos inerentes às atividades de fiscalização da PRF e às autuações de sua competência, julgue o item a seguir.

Em caso de infração de trânsito e, sendo físico o auto de infração, deverá constar a assinatura do agente autuador, bem como a assinatura do condutor do veículo, que deverá ser informado de que a sua assinatura é condição essencial para recorrer da autuação.

Certo ( )   Errado ( )

Objetivamente, não há necessidade de assinatura do condutor infrator como condição essencial para recorrer da autuação.

Registre-se que o infrator não está obrigado a assinar o AIT.

GABARITO: ERRADO.

---

428. (CESPE/CEBRASPE - 2015 - PRF - POLICIAL RODOVIÁRIO FEDERAL - CURSO DE FORMAÇÃO) Em relação ao processo administrativo da infração de trânsito, julgue o item a seguir.

A notificação do auto de infração de trânsito ao proprietário do veículo deve ser realizada no prazo máximo de trinta dias, contados da data de cometimento da infração.

Certo ( )   Errado ( )

Apesar das atualizações promovidas em 2020 e 2021, o prazo para expedição da NA não foi alterado, sendo no máximo de 30 dias, sob pena de arquivamento do auto de infração de trânsito.

GABARITO: CERTO.

PROCESSO ADMINISTRATIVO

429. **(CESPE/CEBRASPE - 2022 - DPE/TO - DEFENSOR PÚBLICO SUBSTITUTO)** Com relação aos crimes de trânsito, assinale a opção correta com base no Código de Trânsito Brasileiro.

a) Homicídio culposo quando praticado por motorista profissional justifica a substituição da pena acessória de suspensão do direito de dirigir por outra reprimenda.

b) A imposição da penalidade de suspensão do direito de dirigir veículo automotor caracteriza ofensa direta à liberdade de locomoção do paciente, sendo cabível *habeas corpus*.

c) O crime de lesão corporal culposa absorve o de direção sem habilitação, por protegerem ambos o mesmo bem jurídico, e o último justificar a imperícia que ocasionou o primeiro.

d) Alteração legislativa proibiu a conversão de pena privativa de liberdade em pena restritiva de direitos quando ocorrer crime de homicídio culposo.

e) O crime de embriaguez ao volante e o de lesão corporal culposa são autônomos, não sendo o primeiro fase de preparação ou de execução para a prática do segundo.

A: pelo contrário, haverá aumento de pena de 1/3 até a metade se no exercício de sua profissão ou atividade estiver conduzindo veículo de transporte de passageiros.

Por outro lado, se a atividade for transporte de carga, não haverá aumento de pena, sendo circunstância agravante da pena, conforme art. 298 do CTB. Perceba, portanto, que a reprimenda é mais severa.

B: o STJ já decidiu que não cabe *habeas corpus* contra penalidade de SDD. Por outro lado, caber-se-ia recurso em sentido estrito, de acordo com o art. 294, parágrafo único, do CTB.

C: deixe-me adiantar uma especificidade: nos crimes de lesão corporal culposa no trânsito, bem como homicídio culposo no trânsito, haverá aumento de pena (1/3 até a metade) quando o autor desses crimes:

1. Não possuir PPD ou CNH.

2. Praticá-lo em faixa de pedestre ou calçada.

3. Omitir socorro.

4. Estiver no exercício da profissão/atividade: veículo de transporte de passageiros.

D: a alteração legislativa foi específica quanto às formas qualificadas, não atingindo a forma simples.

E: este é o nosso gabarito. Vamos lá:

Há um julgado do STJ que entende que não há consunção entre o delito de embriaguez e lesão corporal culposa, uma vez que a embriaguez não é fase de preparação ou execução para a prática da lesão corporal.

Todavia, é importante entender o contexto da decisão, não somente o seu título. A decisão envolveu um caso de lesão corporal culposa do CTB. Há divergência na doutrina quanto à forma qualificada de lesão corporal culposa no trânsito. Todavia, não há que se falar em consunção, em tese, porque entende-se não haver uma relação entre meio e fim.

Renato Brasileiro de Lima, por sua vez, levanta uma corrente doutrinária quanto à relação de subsidiariedade, por exemplo, entre a forma qualificada do homicídio culposo por influência de álcool (norma principal – de dano) × embriaguez (norma subsidiária – de perigo).

LIMA, Renato Brasileiro de. **Legislação criminal especial comentada**. 8. ed. Salvador: JusPodium, 2020.

GABARITO: E.

430. **(CESPE/CEBRASPE - 2021 - MPE/AP - PROMOTOR DE JUSTIÇA SUBSTITUTO)** Durante uma abordagem policial, os agentes verificaram que Carlos, na direção de veículo automotor, exalava um forte odor etílico, apresentava voz embargada e tropeçava ao fazer uma simples caminhada. Após o exame dos documentos do motorista, os agentes constataram que a carteira nacional de habilitação (CNH) dele estava vencida. Não foi feito o teste do etilômetro, pela falta do aparelho no local.

Nessa situação hipotética, a conduta de Carlos caracteriza:

a) embriaguez ao volante.

b) direção sem habilitação.

c) embriaguez ao volante em concurso material com direção sem habilitação.

d) embriaguez ao volante em concurso formal com direção sem habilitação.

e) conduta atípica.

Em um primeiro momento, poder-se-ia pensar em conduta atípica, o que seria um pensamento equivocado. O crime de embriaguez ao volante, delito de perigo abstrato (presumido), pode ser comprovado por meio da constatação da concentração de álcool/ar alveolar (a partir de 0,3 mg/L) ou ao sangue (6 dg/L). Além disso, também pode ser constatado por outros meios admitidos no direito, como filmagens, testemunhas, testes toxicológicos, exames clínicos, perícia ou até mesmo por meio de sinais que indiquem a alteração da capacidade psicomotora, conforme Resolução nº 432/2013 do Contran.

Nesse sentido, percebe-se que o crime em questão foi caracterizado e comprovado por constatação do conjunto de sinais (plural): forte odor etílico, voz embargada, tropeçava ao fazer uma simples caminhada. Houve, portanto, crime do art. 306 do CTB.

GABARITO: A.

431. **(CESPE/CEBRASPE - 2019 - PRF - POLICIAL RODOVIÁRIO FEDERAL - CURSO DE FORMAÇÃO)** Ana dirigia pela BR 101, na altura do distrito de Campos dos Goytacazes, a 60 km/h, quando resolveu ler uma mensagem no celular e, então, atropelou um homem de cinquenta e sete anos de idade. Apesar de Ana ter prestado total socorro, tendo inclusive chamado socorro especializado, a vítima teve diversas fraturas. Policiais rodoviários federais que faziam patrulhamento na região não prenderam Ana em flagrante, porém relataram em boletim de ocorrência circunstanciado de forma bastante minuciosa o ocorrido e as lesões sofridas pela vítima. A partir da situação hipotética apresentada, julgue o item que se segue.

Os policiais rodoviários federais agiram de forma correta ao não prenderem em flagrante Ana, pois se tratava de um crime de trânsito, no qual Ana prestou socorro à vítima.

Certo ( )   Errado ( )

O art. 301 do CTB é um dos artigos mais frequentes em provas de polícia, isso porque veda a prisão em flagrante e a imposição de fiança quando o condutor, em um acidente de trânsito que resulte vítima, prestar pronto e integral socorro à vítima.

Ana, portanto, não poderá ser presa em flagrante e nem haverá fiança para ela.

Entenda que, numa dogmática restritiva e legalista, a embriaguez combinada com um crime de dano (lesão ou morte), de per si, não é elemento impeditivo desse benefício exposto no art. 301, sob pena de analogia *in malam partem* (corrente majoritária).

Em outro contexto, se a análise fática estiver direcionada ao crime do art. 306 do CTB, haverá flagrante sim.

GABARITO: CERTO.

PARTE CRIMINAL

432. [CESPE/CEBRASPE - 2019 - PRF - POLICIAL RODOVIÁRIO FEDERAL - CURSO DE FORMAÇÃO] Ana dirigia pela BR 101, na altura do distrito de Campos dos Goytacazes, a 60 km/h, quando resolveu ler uma mensagem no celular e, então, atropelou um homem de cinquenta e sete anos de idade. Apesar de Ana ter prestado total socorro, tendo inclusive chamado socorro especializado, a vítima teve diversas fraturas. Policiais rodoviários federais que faziam patrulhamento na região não prenderam Ana em flagrante, porém relataram em boletim de ocorrência circunstanciado de forma bastante minuciosa o ocorrido e as lesões sofridas pela vítima. A partir da situação hipotética apresentada, julgue o item que se segue.

Em razão das lesões sofridas pela vítima, Ana responderá por lesão corporal culposa prevista no art. 129 do Código Penal.

Certo ( )   Errado ( )

O elemento normativo *na direção de veículo automotor* torna o tipo penal específico em relação ao crime tipificado no art. 129 do Código Penal.

Desse modo, quando a lesão corporal culposa ocorrer na direção de veículo automotor, o crime será do CTB. Por outro lado, havendo dolo na direção de veículo automotor, não há crime de trânsito, e sim crime do Código Penal, uma vez que o veículo foi utilizado como meio para atingir a lesão.

Frise-se que o CTB dispõe de crimes de homicídio ou lesão necessariamente na modalidade culposa.

Outro destaque importante é que o *caput* do art. 303 do CTB não será alterado pela gravidade da lesão (leve, grave ou gravíssima), ou seja, não haverá relevância em termos de imputação penal apenas pela gravidade da lesão.

Todavia, a gravidade será importante quando estiver associada à alteração da capacidade psicomotora por álcool ou substâncias psicoativas que determinem dependência (qualificando o crime culposo).

GABARITO: ERRADO.

433. [CESPE/CEBRASPE - 2019 - DPE/DF - DEFENSOR PÚBLICO] A respeito dos delitos tipificados na legislação extravagante, julgue o item a seguir, considerando a jurisprudência dos tribunais superiores.

Situação hipotética: Simão praticou lesão corporal culposa enquanto conduzia veículo automotor. Além de ter dirigido com a capacidade psicomotora alterada em razão da ingestão de bebida alcoólica, o condutor apresentou carteira de habilitação vencida.

Assertiva: Nessa situação, segundo entendimento do STJ, Simão responderá pelos delitos de embriaguez ao volante e de lesão corporal na condução de veículo automotor, devendo incidir, ainda, a causa de aumento de pena, por ter conduzido veículo automotor com a carteira de habilitação vencida.

Certo ( )   Errado ( )

Objetivamente, para não haver dúvidas e não cair em pegadinhas de prova: CNH vencida não é circunstância agravadora de pena (não é agravante, majorante ou qualificadora).

Quanto à análise da embriaguez ao volante e lesão corporal culposa na sua forma simples, o STJ já decidiu que não há consunção entre os delitos.

Nesse caso, o autor responderá pelos dois delitos em concurso.

GABARITO: ERRADO.

434. [CESPE/CEBRASPE - 2019 - MPE/PI - PROMOTOR DE JUSTIÇA SUBSTITUTO] Com relação a crimes de trânsito, julgue os itens a seguir.

I. De acordo com o STJ, a conduta de permitir a direção de veículo automotor a pessoa que não seja habilitada constitui crime somente na hipótese em que for constatado perigo de dano concreto na condução do veículo.

PARTE CRIMINAL

II. Aplica-se à lesão corporal culposa a transação penal, exceto se o agente estiver sob a influência de álcool ou outra substância psicoativa que determine dependência.

III. A remoção do veículo por seu condutor imediatamente após a ocorrência de acidente automobilístico configura o crime de fraude processual.

IV. Em caso de acidente de trânsito de que resulte vítima, ao condutor do veículo não se imporá a prisão em flagrante nem se exigirá fiança caso ele preste pronto e integral socorro à vítima.

Estão certos apenas os itens:

a) I e II.

b) I e III.

c) II e IV.

d) I, III e IV.

e) II, III e IV.

I: o crime do art. 310 do CTB é classificado como delito de perigo abstrato (presumido), isto é, não se exige a prova efetiva do perigo para a sua caracterização. A mera prática da conduta descrita no tipo incriminador já configura o delito.

No caso do art. 309 do CTB, por outro lado, exige-se a prova efetiva do perigo porque se trata de crime de perigo concreto.

II: em regra, o crime de lesão corporal culposa se processa mediante representação da vítima.

Ademais, o instrumento utilizado é o termo circunstanciado de ocorrência (TCO), além de o autor ter direito às medidas despenalizadoras, como a composição civil dos danos e transação penal.

Todavia, segundo o art. 291 do CTB, não há que se falar nas benesses ora citadas se o agente pratica o crime de lesão corporal culposa no trânsito e estiver sob influência de álcool ou qualquer substância psicoativa que determina dependência, se praticar racha em via pública e sem autorização ou se o crime é praticado em velocidade superior à máxima da via em 50 km/h. Acrescente-se ainda que o crime será investigado por meio de inquérito policial por causa dessas circunstâncias.

III: exige-se o dolo finalístico para a configuração do crime de fraude processual, *a fim de induzir a erro o agente policial, o perito, ou juiz* (art. 312 do CTB).

IV: literalidade do art. 301 do CTB.

GABARITO: C.

---

435. (CESPE/CEBRASPE - 2019 - PRF - POLICIAL RODOVIÁRIO FEDERAL) No item que se segue, é apresentada uma situação hipotética relativa a infrações previstas no Código de Trânsito Brasileiro, seguida de uma assertiva a ser julgada.

Márcio conduzia seu veículo automotor produzindo fumaça em níveis superiores aos legalmente permitidos. Nessa situação, conforme o nível de fumaça exalada, a conduta de Márcio pode configurar tanto infração administrativa como crime de trânsito.

Certo ( )   Errado ( )

Objetivamente, não há crime ambiental entre os delitos de trânsito. Márcio cometeu infração de trânsito.

Sob o aspecto penal, poder-se-ia falar em crime ambiental, especificamente do art. 54 da Lei de Crimes Ambientais (LCA), sendo necessária a análise fática.

GABARITO: ERRADO.

---

436. (CESPE/CEBRASPE - 2019 - PRF - POLICIAL RODOVIÁRIO FEDERAL) Wellington, maior e capaz, sem habilitação ou Permissão para Dirigir veículo automotor, tomou emprestado de Sandro, também maior e capaz, seu veículo, para visitar a namorada em um bairro próximo àquele onde ambos residiam. Sandro, mesmo ciente da falta de habilitação de Wellington, emprestou o veículo. Considerando a situação hipotética apresentada, julgue o item que se segue, à luz do Código de Trânsito Brasileiro.

Wellington responderá por crime de trânsito, independentemente de gerar perigo de dano ao conduzir o veículo.

Certo ( )   Errado ( )

É importante entender as classificações dos crimes de perigo.

- **Crime de perigo abstrato (presumido):** não exige a prova efetiva do perigo, isso porque o perigo já é presumido, está implícito na figura incriminadora, bastando a prática do núcleo penal.
- **Crime de perigo concreto:** exige-se a prova efetiva do perigo causado pelo agente. Não basta somente a prática da conduta, tem de haver o perigo efetivo.

Os crimes de perigo concreto estão marcados no Código de Trânsito Brasileiro pelos seguintes termos: *gerando perigo de dano, gerando situação de risco.*

Diante disso, importa diferenciar que o art. 309 do CTB se refere a crime de perigo concreto.

Por outro lado, o art. 310 do CTB se refere a crime de perigo abstrato (presumido).

Assim, não ocorre crime do art. 309 do CTB quando um indivíduo conduz veículo automotor, em via pública, sem a devida Permissão para Dirigir ou habilitação ou, ainda, se cassado o direito de dirigir sem gerar, ao menos, perigo de dano.

De modo diferente, comete crime do art. 310 do CTB o autor que meramente permite, confia ou entrega a direção de veículo automotor a pessoa não habilitada, com habilitação cassada ou com o direito de dirigir suspenso, ou, ainda, a quem, por seu estado de saúde, física ou mental, ou por embriaguez, não esteja em condições de conduzi-lo com segurança, independente de gerar o risco.

Portanto, Wellington não cometeu crime algum, uma vez que não gerou perigo.

GABARITO: ERRADO.

437. (CESPE/CEBRASPE - 2019 - PRF - POLICIAL RODOVIÁRIO FEDERAL) Wellington, maior e capaz, sem habilitação ou Permissão para Dirigir veículo automotor, tomou emprestado de Sandro, também maior e capaz, seu veículo, para visitar a namorada em um bairro próximo àquele onde ambos residiam. Sandro, mesmo ciente da falta de habilitação de Wellington, emprestou o veículo. Considerando a situação hipotética apresentada, julgue o item que se segue, à luz do Código de Trânsito Brasileiro.

Sandro responderá por crime de trânsito somente se a condução de Wellington causar perigo de dano.

Certo ( )   Errado ( )

Seguindo a explanação dos crimes de perigo, Sandro cometeu o crime com a conduta de emprestar a Wellington, isso porque ele tinha ciência da falta de habilitação, mas mesmo assim emprestou. Não há necessidade de que Wellington gere risco para que Sandro responda pelo crime.

GABARITO: ERRADO.

438. (CESPE/CEBRASPE - 2019 - PRF - POLICIAL RODOVIÁRIO FEDERAL) No item a seguir, é apresentada uma situação hipotética de crime de trânsito, seguida de uma assertiva a ser julgada, com base no disposto no Código de Trânsito Brasileiro.

Alfredo, conduzindo seu veículo automotor sem placas, atropelou um pedestre. Alessandro, dirigindo um veículo de categoria diversa das que sua carteira de habilitação permitia, causou lesão corporal culposa

PARTE CRIMINAL

em um transeunte, ao atingi-lo. Nessas situações, as penas impostas a Alfredo e a Alessandro serão agravadas, devendo o juiz aplicar as penas-base com especial atenção à culpabilidade e às circunstâncias e consequências do crime.

Certo ( )   Errado ( )

Sobre o aspecto da categoria diversa, há uma briga doutrinária em que não iremos entrar. Apenas faço a citação porque você pode encontrar.

Todavia, numa análise restritiva, a categoria diferente é circunstância agravante dos delitos de trânsito.

Ademais, ressalta-se que o crime de Alfredo e Alessandro foi exatamente o de lesão corporal culposa no trânsito sem majorante, mas com agravante do art. 298 do CTB, isso porque Alfredo estava conduzindo veículo automotor sem placas; e Alessandro, por sua vez, dirigindo com categoria diferente daquela que sua CNH permitia.

Art. 298 *São circunstâncias que sempre agravam as penalidades dos crimes de trânsito ter o condutor do veículo cometido a infração:*

I – com dano potencial para duas ou mais pessoas ou com grande risco de grave dano patrimonial a terceiros;

II – utilizando o veículo sem placas, com placas falsas ou adulteradas;

III – sem possuir Permissão para Dirigir ou carteira de habilitação;

IV – com Permissão para Dirigir ou carteira de habilitação de categoria diferente da do veículo;

V – quando a sua profissão ou atividade exigir cuidados especiais com o transporte de passageiros ou de carga;

VI – utilizando veículo em que tenham sido adulterados equipamentos ou características que afetem a sua segurança ou o seu funcionamento de acordo com os limites de velocidade prescritos nas especificações do fabricante;

VII – sobre faixa de trânsito temporária ou permanentemente destinada a pedestres.

GABARITO: CERTO.

PARTE CRIMINAL

---

439. **(CESPE/CEBRASPE - 2019 - PRF - POLICIAL RODOVIÁRIO FEDERAL)** No item a seguir, é apresentada uma situação hipotética de crime de trânsito, seguida de uma assertiva a ser julgada, com base no disposto no Código de Trânsito Brasileiro.

Lucas, motorista de ônibus, quando dirigia seu coletivo, atropelou e matou, culposamente, uma pedestre. Sávio, ao conduzir seu veículo em um passeio com a família, atropelou culposamente, na faixa de pedestre, uma pessoa, que faleceu no mesmo instante. Severino, ao dirigir seu veículo, atropelou culposamente uma transeunte que estava na calçada; ela morreu em seguida. Nessas situações, Lucas, Sávio e Severino responderão por crime de trânsito, cujas penas poderão, pelas circunstâncias fáticas, ser aumentadas até a metade, e suas habilitações para dirigir deverão ser suspensas.

Certo ( )   Errado ( )

Os crimes praticados pelos indivíduos citados na questão são de homicídio culposo no trânsito (art. 302 do CTB). Ademais, importa analisar as circunstâncias para identificar se são circunstâncias majorantes × agravantes.

Essa análise é fundamental quando o crime de trânsito for de lesão corporal culposa ou homicídio culposo, uma vez que existem circunstâncias que estão tipificadas como agravantes (art. 298 do CTB) e ao mesmo tempo como majorantes desses dois crimes. Havendo essa situação específica, aplica-se a majorante pelo princípio da especialidade.

PEDRO CANEZIN E LEONE MALTZ

Não se pode aplicar as duas ao mesmo tempo, pois caracterizaria o *bis in idem*, que é vedado no Direito Penal.

Houve, portanto, homicídio culposo no trânsito majorado por causa das seguintes situações: transporte coletivo de passageiro, faixa de pedestre e calçada.

Apesar de o aumento tipificado fixar 1/3 até a metade, não torna errada a questão por não ter citado o patamar mínimo de 1/3, pois de fato o máximo majorado será até a metade.

GABARITO: CERTO.

---

440. (CESPE/CEBRASPE - 2019 - PRF - POLICIAL RODOVIÁRIO FEDERAL) No item a seguir, é apresentada uma situação hipotética de crime de trânsito, seguida de uma assertiva a ser julgada, com base no disposto no Código de Trânsito Brasileiro.

Felipe, ao violar a suspensão para dirigir, foi flagrado e autuado pela autoridade competente, em operação de fiscalização, conduzindo seu veículo automotor em via pública. Nessa situação, Felipe responderá por crime de trânsito e poderá receber como pena nova imposição adicional de suspensão pelo dobro do primeiro prazo, sendo vedada a substituição de pena privativa de liberdade por restritiva de direito, em razão da natureza da infração.

Certo ( )   Errado ( )

Analisando o crime de violação de suspensão do direito de dirigir, haverá a suspensão quando for aplicada por autoridade judicial, tratando-se, portanto, de SDD judicial. Esse entendimento é firmado pelo Superior Tribunal de Justiça.

Sobre a questão, não haverá vedação da substituição da pena nem nova imposição pelo dobrado. Neste último caso, haverá nova imposição adicional de idêntico prazo de suspensão ou de proibição.

Pune-se também o condenado que deixa de entregar a habilitação no prazo de 48 horas à autoridade judiciária.

GABARITO: ERRADO.

---

441. (CESPE/CEBRASPE - 2019 - PRF - POLICIAL RODOVIÁRIO FEDERAL) No item a seguir, é apresentada uma situação hipotética de crime de trânsito, seguida de uma assertiva a ser julgada, com base no disposto no Código de Trânsito Brasileiro.

Dirigindo seu veículo automotor, Luciano atropelou um transeunte, causando-lhe ferimentos leves. Luciano não prestou socorro à vítima nem solicitou auxílio da autoridade pública. Nessa situação, a conduta de Luciano será considerada atípica caso um terceiro tenha prestado apoio à vítima em seu lugar.

Certo ( )   Errado ( )

O delito tipificado no art. 304 do CTB é subsidiário, ou seja, aplica-se quando o fato não constitui um crime mais grave.

A circunstância de omissão de socorro no trânsito importa em consequências jurídicas diversas, sendo fundamental sua análise caso a caso, sobretudo em questões de prova.

Pode funcionar como:

1. Crime do Código Penal (art. 136);

2. Crime do CTB (art. 304);

3. Majorantes dos crimes de trânsito homicídio culposo e lesão corporal culposa (arts. 302 e 303 do CTB).

Portanto, esquematizando:

Omissão de socorro em acidente de trânsito com lesão ou morte:

1. Pessoa não envolvida: crime do art. 135 do CP.

Pessoas envolvidas:

2. Condutor não causador: crime do art. 304 do CTB.

3. Condutor causador: crime do art. 302 ou 303 com aumento de pena de 1/3 a 1/2 pela omissão.

Essa omissão fica caracterizada ainda que:

- Suprida por terceiros; ou
- Vítima com morte instantânea; ou
- Vítima com ferimentos leves.

Dessa maneira, a última parte torna a questão errada.

GABARITO: ERRADO.

442. **(CESPE/CEBRASPE - 2019 - PRF - POLICIAL RODOVIÁRIO FEDERAL)** Ao final de uma festa, Godofredo e Antônio realizaram uma disputa automobilística com seus veículos, fazendo manobras arriscadas, em via pública, sem que tivessem autorização para tanto. Nessa contenda, houve colisão dos veículos, o que causcu lesão corporal culposa de natureza grave em um transeunte. Considerando a situação hipotética apresentada e o disposto no Código de Trânsito Brasileiro, julgue o item a seguir.

Por se tratar de lesão corporal de natureza culposa, é vedada a instauração de inquérito policial para apurar as condutas de Godofredo e Antônio, bastando a realização dos exames médicos da vítima e o compromisso dos autores em comparecer a todos os atos necessários junto às autoridades policial e judiciária.

Certo ( )   Errado ( )

Quando o assunto é lesão corporal culposa no trânsito, é importante analisar condição da ação penal, aplicação da composição civil dos danos, transação penal e instrumento administrativo apto a investigar o delito.

Como regra:

1. Ação penal pública condicionada à representação.

2. Pode-se aplicar a composição civil dos danos e transação penal (medidas despenalizadoras).

3. Apuração por meio de termo circunstanciado de ocorrência (TCO).

Exceção:

1. Ação penal pública incondicionada.

2. Impedimento: composição civil dos danos e transação penal.

3. Apuração por meio de inquérito policial.

A exceção ocorrerá se o agente praticar o delito de lesão corporal culposa no trânsito:

– Sob a influência de álcool ou qualquer outra substância psicoativa que necessariamente determine dependência;

- Participando, em via pública, de corrida, disputa ou competição automobilística, de exibição ou demonstração de perícia em manobra de veículo automotor, não autorizada pela autoridade competente;
- Transitando em velocidade superior à máxima permitida para a via em 50 km/h.

A questão trouxe, portanto, que o crime envolveu racha, alterando os procedimentos referente ao delito, conforme art. 291 do CTB. Não havendo necessidade de representação e sendo o instrumento utilizado o inquérito policial.

GABARITO: ERRADO.

PARTE CRIMINAL

443. (CESPE/CEBRASPE - 2019 - PRF - POLICIAL RODOVIÁRIO FEDERAL) Ao final de uma festa, Godofredo e Antônio realizaram uma disputa automobilística com seus veículos, fazendo manobras arriscadas, em via pública, sem que tivessem autorização para tanto. Nessa contenda, houve colisão dos veículos, o que causou lesão corporal culposa de natureza grave em um transeunte. Considerando a situação hipotética apresentada e o disposto no Código de Trânsito Brasileiro, julgue o item a seguir.

Godofredo e Antônio estão sujeitos à pena de reclusão, em razão do resultado danoso da conduta delitiva narrada.

Certo ( ) Errado ( )

Objetivamente, entenda que apenas as formas qualificadas dos delitos de trânsito são punidas a título de reclusão:

1. Homicídio culposo na forma qualificada (art. 302, § 3º, do CTB).

2. Lesão corporal culposa na forma qualificada (art. 303, § 2º, do CTB).

3. Racha nas formas qualificadas (art. 308, §§ 1º e 2º, do CTB).

Os demais delitos de trânsito são punidos a título de detenção.

Como Godofredo e Antônio praticaram o crime de racha qualificado (lesão grave), a questão está correta.

GABARITO: CERTO.

---

444. (CESPE/CEBRASPE - 2019 - PRF - POLICIAL RODOVIÁRIO FEDERAL) Ao final de uma festa, Godofredo e Antônio realizaram uma disputa automobilística com seus veículos, fazendo manobras arriscadas, em via pública, sem que tivessem autorização para tanto. Nessa contenda, houve colisão dos veículos, o que causou lesão corporal culposa de natureza grave em um transeunte. Considerando a situação hipotética apresentada e o disposto no Código de Trânsito Brasileiro, julgue o item a seguir.

Godofredo e Antônio responderiam por crime de trânsito independentemente da lesão corporal causada, pois a conduta de ambos gerou situação de risco à incolumidade pública.

Certo ( ) Errado ( )

Já falamos sobre os crimes de perigo. Todavia, vamos analisar restritivamente o tipo penal de racha (simples e formas qualificadas).

Art. 308, *caput* – forma simples: crime de perigo concreto, exigindo-se a prova efetiva do perigo.

Art. 308, §§1º e 2º – formas qualificadas: são crimes de dano, caracterizando-se com a lesão grave (pelo menos) ou a morte.

Nesse sentido, se não houvesse lesão ou morte, o crime ainda estaria caracterizado, pois ambos os indivíduos geraram risco ao realizar manobras arriscadas em via pública.

GABARITO: CERTO.

---

445. (CESPE/CEBRASPE - 2019 - TJ/BA - JUIZ DE DIREITO SUBSTITUTO) Pedro, mesmo sabendo que seu amigo Jaime se encontrava embriagado e com a CNH vencida, entregou-lhe a condução de seu veículo automotor. Jaime, tão logo assumiu a direção do veículo, provocou um acidente de trânsito que causou lesões corporais em Maria. Nessa situação hipotética, conforme a jurisprudência pertinente e a Lei nº 9.503/1997:

a) Jaime responderá pelo delito de lesão corporal culposa na direção de veículo automotor, desde que Maria ofereça representação, exceto se do crime lhe tiver resultado lesão corporal grave ou gravíssima.

b) Por Jaime ter conduzido o veículo automotor com a CNH vencida, incidirá causa de aumento de pena no delito de lesão corporal culposa na direção de veículo automotor.

PARTE CRIMINAL

c) Jaime não responderá pelo crime de embriaguez ao volante, o qual será absorvido pelo delito de lesão corporal culposa na direção de veículo automotor, que será, no entanto, aplicado em sua forma majorada por força do princípio da consunção.

d) Para que Jaime responda pelo delito de embriaguez ao volante, é imprescindível a aferição de concentração de álcool por litro de sangue superior ao limite permitido pela lei, por se tratar de circunstância objetiva elementar do tipo penal em questão.

e) Pedro responderá pelo crime de entrega da direção de veículo automotor a pessoa sem condições de conduzi-lo com segurança, o qual se teria configurado ainda que não tivesse sido demonstrado o perigo concreto de dano a terceiros.

Por ser o crime do art. 310 do CTB classificado como delito abstrato (presumido), Pedro responderá pelo respectivo crime simplesmente por entregar a condução de veículo automotor a pessoa em estado de embriaguez.

Art. 310 Permitir, confiar ou entregar a direção de veículo automotor a pessoa não habilitada, com habilitação cassada ou com o direito de dirigir suspenso, ou, ainda, a quem, por seu estado de saúde, física ou mental, ou por embriaguez, não esteja em condições de conduzi-lo com segurança.

A: lesão corporal em regra é de ação penal pública condicionada, mas Jaime estava sob influência de álcool, entrando nas exceções listadas no art. 291 do CTB.

B: CNH vencida não configura agravante nem majorante.

C: o STJ já decidiu que não há absorção/consunção entre o crime de lesão corporal e embriaguez ao volante.

D: o crime do art. 306 pode ser comprovado por outro meio que não seja determinação da concentração de álcool.

GABARITO: E.

---

446. (CESPE/CEBRASPE - 2018 - PC/SE - DELEGADO DE POLÍCIA) Julgue o item seguinte, referente a crimes de trânsito e a posse e porte de armas de fogo, de acordo com a jurisprudência e legislação pertinentes.

Situação hipotética: Após grave colisão de veículos, pessoas que transitavam pelo local – condutores de outros veículos e pedestres alheios ao evento – deixaram, sem justificativa, de prestar imediato socorro às vítimas.

Assertiva: Nessa situação, os terceiros não envolvidos no acidente não responderão pelo crime de omissão de socorro previsto no Código de Trânsito Brasileiro.

Certo ( )   Errado ( )

De fato, não responderá por crime do CTB. Será crime do art. 135 do CP, uma vez que o autor do delito é um terceiro não envolvido no acidente.

Omissão de socorro em acidente de trânsito com lesão ou morte:

Pessoa não envolvida: crime do art. 135 do CP (questão).

Pessoas envolvidas:

- **Condutor não causador: crime do art. 304 do CTB.**

- **Condutor causador: crime do art. 302 ou 303 do CTB com aumento de pena de 1/3 a 1/2 pela omissão.**

GABARITO: CERTO.

447. [CESPE/CEBRASPE - 2018 - PF - PERITO CRIMINAL FEDERAL/ÁREA 12] Dois motoristas, Pedro e José, foram levados à central de flagrantes da polícia civil após terem sido parados em uma blitz no trânsito. Segundo a polícia civil, Pedro, de trinta e dois anos de idade, foi submetido ao teste do bafômetro, durante a blitz, e o resultado mostrou 0,68 miligramas de álcool por litro de ar expelido. Ele pagou fiança e deverá responder em liberdade por crime de trânsito. Conforme os policiais, José, de vinte e dois anos de idade, se recusou a submeter-se ao teste do bafômetro, mas o médico-legista do Instituto Médico Legal (IML) que o examinou comprovou alteração da capacidade psicomotora em razão do consumo de substância psicoativa que determina dependência. José também pagou fiança para ser liberado. Com relação a essa situação hipotética, julgue o item a seguir.

A conduta de conduzir veículo automotor com capacidade psicomotora alterada em razão da influência de substância psicoativa que não seja bebida alcóolica não está prevista como crime no Código de Trânsito Brasileiro.

Certo ( )   Errado ( )

O art. 306 do CTB, além da parte administrativa, não lista somente o álcool como substância proibida no contexto do trânsito e condução de veículo automotor.

Para além do álcool, há que se falar também em qualquer substância psicoativa que determina dependência. Destaca-se que é necessária a característica de dependência para que de fato haja repercussão no dispositivo legal, sobretudo na seara penal, baseada nos pilares da reserva legal e taxatividade de lei penal.

GABARITO: ERRADO.

448. [CESPE/CEBRASPE - 2018 - PC/MA - DELEGADO DE POLÍCIA CIVIL] Assinale a opção correta a respeito dos crimes de trânsito.

a) A condução de veículo automotor em via pública por motorista com a habilitação suspensa configurará crime apenas se a situação gerar perigo de dano.

b) Para a constatação do crime de embriaguez ao volante, é imprescindível a realização de prova por teste de bafômetro ou etilômetro.

c) A lesão corporal culposa cometida na direção de veículo automotor por condutor sob a influência de álcool dispensa a representação do ofendido.

d) A suspensão da habilitação, aplicada cumulativamente na sentença condenatória por homicídio culposo na direção de veículo automotor, deve ter o mesmo prazo da pena de prisão.

e) É causa de aumento de pena a utilização de veículo em que tenham sido adulterados equipamentos ou características que afetem a sua segurança ou o seu funcionamento.

A: o crime do art. 307 do CTB, isto é, violação da SDD, não é de perigo concreto. Nesse contexto, não exige risco efetivo, bastando a comprovação da condução de veículo automotor em período de suspensão. Frise-se ainda que o STJ firmou entendimento de que o crime ocorrerá apenas quando a modalidade de suspensão for judicial.

B: pode ser por outros meios admitidos em direito.

C: recai em uma das hipóteses da exceção tipificada no art. 291, § 1º, do CTB. Portanto, será de ação penal pública incondicionada.

D: não há vinculação quanto ao prazo da pena privativa de liberdade. Todavia, importa destacar que é justificável o prazo máximo de suspensão quando a condenação à privação de liberdade também for fixada no *quantum* máximo.

E: não se trata de causa de aumento de pena, mas de agravante do art. 298 do CTB.

GABARITO: C.

449. **(CESPE/CEBRASPE - 2017 - DPE/AC - DEFENSOR PÚBLICO)** Com base no entendimento dos tribunais superiores acerca dos crimes de trânsito, assinale a opção correta.

a) Constitui crime de perigo abstrato trafegar em velocidade incompatível com a segurança próximo a escolas, hospitais e estações de embarque e desembarque de passageiros.

b) O crime de embriaguez ao volante possui elemento objetivo do tipo de natureza exata, o que não permite a aplicação de critérios subjetivos de interpretação para sua configuração.

c) Confiar a direção de veículo automotor a pessoa não habilitada ou em estado de embriaguez constitui delito que tem natureza de infração penal de perigo abstrato.

d) Configura crime de perigo abstrato o ato de dirigir veículo automotor, em via pública, sem a devida permissão ou habilitação para dirigir ou após cassação do direito de dirigir.

e) O crime de embriaguez ao volante, por ser delito mais grave, absorve a infração penal de dirigir veículo automotor em via pública sem permissão ou habilitação.

A: o art. 311 do CTB, trafegar com velocidade incompatível, é crime de perigo concreto, porque se exige a prova do risco efetivo (gerar risco de dano).

B: há de se avaliar também os aspectos subjetivos do tipo penal: elemento subjetivo.

C: *Súmula nº 575 – STJ: Constitui crime a conduta de permitir, confiar ou entregar a direção de veículo automotor a pessoa que não seja habilitada, ou que se encontre em qualquer das situações previstas no art. 310 do CTB, independentemente da ocorrência de lesão ou de perigo de dano concreto na condução do veículo.*

D: o art. 309 do CTB é crime de perigo concreto.

E: não há que se falar em absorção entre os tipos penais elencados na alternativa. Há uma inclinação dos tribunais, sobretudo do STJ, para o entendimento de que não existe absorção entre os crimes de embriaguez × lesão corporal e, delicadamente, homicídio culposo na forma qualificada.

Atenção! Questões de 2019 e 2021, por exemplo, apontam a imputação da forma qualificada do homicídio culposo, isto é, sem concurso de crimes.

Entretanto, é importante analisar o conteúdo do julgamento e como as questões serão cobradas a partir de 2022, uma vez que o STJ vem se inclinando, em determinados casos, pela não aplicação da consunção (STJ, 6ª T., AgRg no AREsp nº 1.320.706/MS, Rel. Min. Nefi Cordeiro, j. 13/12/2018; 5ª T., AgRg no AREsp nº 1.962.016/SC, Rel. Min. João Otávio de Noronha, j. 5/4/2022).

GABARITO: C.

450. **(VUNESP - 2019 - TJ/RJ - JUIZ SUBSTITUTO)** Aquele que conduz veículo automotor sob a influência de álcool ou de qualquer outra substância psicoativa que determine dependência e, nessas condições, causa morte de terceiro por imprudência responde por:

a) homicídio culposo na direção de veículo automotor e embriaguez ao volante, em concurso formal.

b) homicídio culposo na direção de veículo automotor, qualificado.

c) homicídio culposo na direção de veículo automotor e embriaguez ao volante, em concurso material.

d) homicídio doloso, na modalidade dolo eventual e embriaguez ao volante, em concurso formal.

e) homicídio doloso, na modalidade dolo eventual e embriaguez ao volante, em concurso material.

Recentemente, o STJ decidiu que não haverá consunção entre o crime de embriaguez e de lesão corporal (título da tese). Em 2022, em um caso específico, entendeu que não há consunção entre a embriaguez, lesão e homicídio culposos no trânsito.

Há uma inclinação do STJ nesse sentido, isto é, não aplicação da consunção. Todavia, é importante destacar que as questões de 2019 e 2021 reafirmam que álcool + homicídio culposo ou álcool + lesão grave ou gravíssima configuram a forma qualificada desses crimes.

No entanto, é importante analisar a assertiva das próximas questões, uma vez que será correta se trouxer o entendimento dos julgados recentes:

- STJ, 6ª T., AgRg no AREsp nº 1.320.706/MS, Rel. Min. Nefi Cordeiro, j. 13/12/2018.
- STJ, 5ª T., AgRg no AREsp nº 1.962.016/SC, Rel. Min. João Otávio de Noronha, j. 5/4/2022.

De maneira geral, considera-se qualificado o crime de homicídio culposo no trânsito quando houver influência de álcool ou qualquer substância psicoativa que determine dependência.

GABARITO: B.

---

451. **(VUNESP - 2019 - TJ/RO - JUIZ DE DIREITO SUBSTITUTO)** Mévio, de 70 anos, em função de prescrição de remédio que não causa dependência, mas que pode comprometer a capacidade psicomotora, foi proibido de dirigir. Tendo lido na bula que o comprometimento da capacidade psicomotora acomete menos de 1% dos usuários, Mévio decide descumprir a proibição médica e continua a dirigir. Em uma tarde, Mévio foi buscar os netos na escola. Ao retornar, com os netos no carro, em um trecho de curva, manteve o carro em reta, vindo a colidir de frente com o muro de uma casa. No acidente, faleceu o neto mais novo. O mais velho teve a perna amputada. Feita a perícia, constatou-se que Mévio dirigia na velocidade permitida, não se apontando falha ou defeito mecânico. Ao prestar depoimento, Mévio informou que estava sob efeito de medicação e disse acreditar estar com a capacidade psicomotora alterada, já que o trajeto onde o acidente aconteceu lhe era bastante conhecido. Diante da situação hipotética, tendo em vista os crimes de trânsito e o Código Penal, é correto afirmar que Mévio:

a) praticou homicídio culposo de trânsito e lesão corporal culposa de trânsito.

b) praticou homicídio culposo de trânsito e lesão corporal culposa de trânsito, ambos com incidência de causa de aumento, em decorrência de estar sob influência de substância que altera a capacidade psicomotora.

c) praticou homicídio culposo qualificado de trânsito e lesão corporal culposa qualificada de trânsito, em decorrência de estar sob influência de substância que altera a capacidade psicomotora.

d) não praticou qualquer crime de trânsito, pois não infringiu nenhuma norma objetiva de cuidado, sendo que os resultados morte e lesão corporal são decorrentes de fatalidade.

e) praticou homicídio culposo de trânsito e lesão corporal culposa qualificada de trânsito.

A questão quer tentar levar você para as formas qualificadas da lesão corporal culposa no trânsito e do homicídio culposo no trânsito.

Todavia, essa imputação seria um caso de analogia _in malam partem_, que é vedada no Direito Penal, isso porque a lei foi expressa no termo determine dependência, que não foi o caso de Mévio. Apesar da substância psicoativa, a questão deixou claro que essa substância ingerida por Mévio não determina dependência.

Nessa situação, imputam-se os crimes respectivos na sua forma simples.

GABARITO: A.

---

452. **(CESPE/CEBRASPE - 2017 - TJ/PR - JUIZ SUBSTITUTO - ADAPTADA)** Considerando a jurisprudência do STF e do STJ em relação aos crimes de trânsito, assinale a opção correta.

a) Dirigir automóvel na via pública sem possuir Permissão para Dirigir ou habilitação é crime de perigo concreto, cuja tipificação exige a prova de geração do perigo de dano.

b) O crime de omissão de socorro à vítima atropelada por imprudência do motorista não se verifica quando se constata que a morte ocorreu instantaneamente.

c) A embriaguez ao volante é crime de perigo concreto, em que a ingestão de bebida alcoólica e a perigosa do automóvel geram perigo de dano.

d) O fato de dirigir perigosamente automóvel sem ser habilitado, vindo a causar lesões corporais em transeunte, implica dois crimes praticados em concurso formal.

Questão atualizada pelo professor.

A: reafirmamos ao longo da obra que o art. 309 do CTB é crime de perigo concreto, o que exige a prova efetiva do risco. Nesse sentido, além de praticar a conduta, tem de gerar perigo de dano. Esse posicionamento, inclusive, já está consolidado pelo STF e STJ.

B: a conduta tipificada como omissão de socorro se caracteriza ainda que suprida por terceiros, lesões leves ou morte instantânea.

C: o art. 306 é crime de perigo abstrato/presumido.

D: haverá o crime de lesão corporal culposa no trânsito (art. 303 do CTB) com aumento de pena de 1/3 até 1/2 por expressa previsão legal. Nesse caso, não há que se falar em concurso de crimes quando as circunstâncias são evidenciadas em um mesmo contexto fático, sob pena de *bis in idem*.

GABARITO: A.

---

453. [CESPE/CEBRASPE - 2015 - PRF - POLICIAL RODOVIÁRIO FEDERAL - CURSO DE FORMAÇÃO] A respeito das infrações e dos crimes de trânsito, julgue o item subsecutivo.

A caracterização do delito de homicídio culposo na direção de veículo automotor requer a comprovação da imprudência do condutor na ação que provoque a morte de terceira pessoa.

Certo ( )   Errado ( )

Por ser uma questão de curso de formação, que se limita ao PDF disponibilizado no curso, vamos focar nos aspectos jurídicos: a culpa pode ser caracterizada por imprudência, negligência ou imperícia. Desse modo, pode-se verificar a imprudência como um fazer que não deveria ser feito; a negligência como um não fazer que deveria ser feito; e a imperícia como falta de aptidão técnica.

GABARITO: ERRADO.

---

454. [CESPE/CEBRASPE - 2015 - PRF - POLICIAL RODOVIÁRIO FEDERAL - CURSO DE FORMAÇÃO] A respeito das infrações e dos crimes de trânsito, julgue o item subsecutivo.

Disputar corrida por espírito de competição em via pública configura tanto infração de trânsito quanto crime.

Certo ( )   Errado ( )

Trata-se da figura do racha, que caracteriza infração de trânsito (art. 173 do CTB, por exemplo), cuja penalidade administrativa é de multa ×10 + SDD, bem como crime do art. 308 do CTB, punido, em princípio, a título de detenção.

GABARITO: CERTO.

---

455. [CESPE/CEBRASPE - 2015 - PRF - POLICIAL RODOVIÁRIO FEDERAL - CURSO DE FORMAÇÃO] Com referência às medidas administrativas, providências de caráter complementar exigidas para a regularização de situações infracionais, julgue o item subsequente.

Relatos de testemunhas, imagens e vídeos poderão ser utilizados subsidiariamente como meios de prova para caracterizar a infração de dirigir sob influência de álcool e de substância entorpecente psicoativa.

Certo ( )   Errado ( )

Afirmativa correta, sobretudo em seu aspecto criminal. Não se exige necessariamente que seja provado por meio do teste de etilômetro, que é prioritário, mas não exclusivo. Inclusive, recomenda-se a leitura da Resolução nº 432/2013 do Contran.

GABARITO: CERTO.

---

456. [CESPE/CEBRASPE - TRF/5ª REGIÃO - TÉCNICO ADMIMINSTRATIVO] No que concerne aos crimes de trânsito, assinale a opção correta.

a) Em caso de crime de trânsito com pena privativa de liberdade em regime fechado, a penalidade de suspensão da habilitação para conduzir veículo automotor inicia-se na data do trânsito em julgado da condenação criminal.

b) Pratica crime previsto no Código de Trânsito Brasileiro aquele que conduz veículo automotor, na via pública, com concentração de álcool por litro de sangue igual ou superior a seis decigramas ou sob influência de qualquer outra substância psicoativa que determine dependência, cabendo ao Poder Executivo, por força de seu poder regulamentar, estipular a equivalência entre distintos testes de alcoolemia.

c) De acordo com o entendimento jurisprudencial, aquele que, sem possuir habilitação ou Permissão para Dirigir, ao dirigir colida com veículo conduzido por terceiro, sem causar lesão corporal à vítima, não responde por crime, mas apenas por infração administrativa.

d) É circunstância agravante do crime de homicídio culposo cometido na direção de veículo automotor, incidente na segunda fase de aplicação da pena, o fato de ter o agente praticado o delito em faixa de pedestres ou na calçada.

e) Da decisão judicial que indefere pedido do MP para decretar a medida cautelar de suspensão do direito de dirigir cabe recurso em sentido estrito, e da decisão que defere o pedido cabe *habeas corpus* ou reclamação perante a instância judicial competente.

A: em se tratando da SDD judicial como penalidade, esta não será iniciada enquanto o indivíduo estiver recolhido ao cárcere.

B: a Resolução nº 432/2013 do Contran regulamenta a fiscalização do álcool e de substâncias psicoativas que determinam dependência. O Contran é órgão consultivo e normativo máximo da União, estruturado no Poder Executivo.

C: o art. 309 do CTB é crime de perigo concreto. Nesse caso, se o dano ocorreu ou até mesmo uma possibilidade de dano, o crime estará configurado. Dessa forma, entende-se que o causador ao colidir com outro veículo gerou o perigo.

D: trata-se de aumento de pena (um terço até a metade).

E: não há que se falar em *habeas corpus* como instrumento adequado para resolver conflito sobre a suspensão do direito de dirigir (SDD). Nesse caso, por expressa previsão do art. 294, parágrafo único, cabe recurso em sentido estrito (RESE).

GABARITO: B.

---

457. [CESPE/CEBRASPE - 2015 - TJ/DFT - ANALISTA JUDICIÁRIO] No que se refere aos crimes previstos na legislação de trânsito e na legislação antidrogas, julgue o próximo item.

Para a caracterização do delito de embriaguez ao volante, é necessária a demonstração do efetivo perigo de dano ao bem jurídico protegido pela norma, no caso, a incolumidade do trânsito, não bastando, para tanto, a mera constatação de concentração de álcool por litro de sangue do condutor do veículo acima do limite legal permitido.

Certo ( )   Errado ( )

Já falamos que se trata de delito de perigo abstrato/presumido, inexistindo exigência de perigo efetivo. Dessa maneira, se o condutor for flagrado conduzindo veículo automotor e estiver sob influência de álcool (concentrações estabelecidas no art. 306 do CTB) ou que seja comprovada por outros meios admitidos em direito essa influência de álcool ou qualquer substância psicoativa que determina dependência, o crime já estará configurado.

GABARITO: ERRADO.

---

458. [CESPE/CEBRASPE - 2015 - STJ - ANALISTA JUDICIÁRIO] Tendo em vista que constitui infração de trânsito a inobservância de qualquer preceito do CTB, estando o infrator sujeito às penalidades e às medidas administrativas pertinentes, julgue os itens que se seguem, acerca das infrações e dos crimes previstos no CTB.

Constituirá circunstância agravante da penalidade a prática dos crimes de trânsito por ocupante do cargo de analista judiciário, na especialidade de segurança, quando em situação de serviço e na condução de veículo transportando passageiros.

Certo ( )   Errado ( )

Frise-que existem as circunstâncias agravantes dos delitos de trânsito × circunstâncias majorantes, especificamente, dos delitos de homicídio culposo e lesão corporal culposa (arts. 302 e 303 do CTB).

Aplicar-se-á a majorante por ser específica quando o crime for de lesão corporal culposa ou de homicídio culposo (ambos do CTB) e determinada circunstância estiver positivada como agravante e majorante ao mesmo tempo. Não se deve aplicar ao mesmo tempo a agravante e a majorante.

Como a questão não especificou o delito, o gabarito se mantém como correto.

Atenção: se a questão especificasse homicídio ou lesão do CTB, seria majorante!

GABARITO: CERTO.

---

459. [CESPE/CEBRASPE - 2015 - DPE/PE - DEFENSOR PÚBLICO] Acerca de aspectos diversos do processo penal brasileiro, o próximo item apresenta uma situação hipotética, seguida de uma assertiva a ser julgada.

Ana, conduzindo veículo automotor em via pública, colidiu com o veículo de Elza, que conduzia regularmente seu automóvel. Elza sofreu lesões leves em seus braços e pernas, comprovadas por exame pericial. Ana trafegava à velocidade de 85 km/h, quando o máximo permitido para a via era de 40 km/h. Na delegacia de polícia, Elza fez constar na ocorrência policial que não desejava representar criminalmente contra Ana. Ficou demonstrado ainda, durante o inquérito policial, que Ana não conduzia o veículo sob efeito de álcool e também não participava de corrida não autorizada pela autoridade competente. Ana foi denunciada pelo MP pelo delito de lesão corporal culposa (art. 303 do CTB). Argumentou o representante do *parquet* que o delito era de ação penal pública incondicionada, haja vista que Ana trafegava a uma velocidade superior ao dobro da permitida para a via. Nessa situação, agiu acertadamente o MP ao oferecer denúncia contra Ana com respaldo no CTB.

Certo ( )   Errado ( )

O crime de lesão corporal culposa no trânsito, tipificado no art. 303 do CTB, é processado, em princípio, por ação penal pública condicionada.

Todavia, algumas circunstâncias têm o condão de alterar a ação penal, tornando-se pública incondicionada, quais sejam: álcool + drogas que geram dependência (geral); racha em via pública e sem autorização; e, por fim, transitando em velocidade superior a máxima em 50 km/h.

Ana estava trafegando a 45 km/h da máxima permitida para a via. Portanto, o crime continua sendo de ação penal pública condicionada.

GABARITO: ERRADO.

PARTE CRIMINAL

460. **(FGV - 2022 - PREFEITURA DE MANAUS/AM - MOTORISTA DE AUTOS)** A condução de veículo automotor com capacidade psicomotora alterada em razão da influência de álcool é considerada crime de trânsito.

Essa conduta pode ser constatada observando-se uma concentração mínima da substância igual a:

a) 0 decigramas de álcool/litro de sangue.

b) 2 decigramas de álcool/litro de sangue.

c) 4 decigramas de álcool/litro de sangue.

d) 6 decigramas de álcool/litro de sangue.

e) 8 decigramas de álcool/litro de sangue.

Considerando o art. 306 do CTB, é importante destacar que a concentração estabelecida se refere à substância álcool. No caso de substâncias psicoativas que determinem dependência, não houve fixação de concentração, bastando a constatação.

Em se tratando de álcool, é importante se atentar também ao meio de concentração. Vejamos:

- **Sangue: a partir de 6 dg/L.**

- **Ar alveolar: a partir de 0,3 mg/L.**

GABARITO: D.

---

461. **(FGV - 2022 - DPE/MS - DEFENSOR PÚBLICO SUBSTITUTO)** Ernesto, motorista profissional, em fatídico evento, praticou homicídio culposo na direção do caminhão que conduzia. Ao fim do processo penal, veio a ser condenado, com base na legislação vigente, à pena alternativa de pagamento de prestação pecuniária e à proibição de dirigir veículo automotor por dois anos.

Considerando que Ernesto possui família a sustentar, é correto afirmar, à luz da sistemática constitucional, que:

a) o direito ao exercício da profissão de motorista profissional se enquadra na perspectiva da dignidade humana, logo, não poderia ser restringido.

b) a proibição de dirigir veículo automotor é legítima, considerando o objetivo de proteger bens jurídicos relevantes de terceiros, como vida e integridade física.

c) a aplicação da penalidade de proibição de dirigir veículo automotor afronta o princípio da individualização da pena, por não ter considerado a condição pessoal de Ernesto.

d) a ponderação de interesses não pode gerar a ineficácia de um dos princípios envolvidos, sendo ilícita a proibição imposta a Ernesto ao eliminar o conteúdo essencial do direito.

A: este não é o posicionamento do ordenamento jurídico brasileiro. Aos profissionais desse ramo, deve-se ter, inclusive, mais cuidado, tanto que a reprimenda é maior, circunstância agravante e majorante (neste último caso em transporte de passageiros).

B: trata-se de um mecanismo estatal com a finalidade de cessar e manter a ordem pública. Ressalta-se, inclusive, que não se pode manejar *habeas corpus* em relação ao impedimento de se obter a permissão ou suspensão do direito de dirigir.

C e D: os comentários anteriores refutam esta alternativa.

GABARITO: B.

---

462. **(AOCP - 2021 - MPE/RS - ANALISTA DO MINISTÉRIO PÚBLICO)** Assinale a alternativa correta.

a) Para o Supremo Tribunal Federal, é possível aplicar a bagatela na hipótese de apreensão de apenas uma munição de uso permitido desacompanhada de arma de fogo, pois, nesse caso, há total inexistência de perigo à incolumidade pública. Então, pode-se afirmar que, nessa hipótese, não há tipicidade formal.

b) O art. 307, da Lei nº 9.503/1997, dispõe que: "Violar a suspensão ou a proibição de se obter a permissão ou a habilitação para dirigir veículo automotor imposta com fundamento neste Código". Sua incidência não se aplica, segundo entendimento do Superior Tribunal de Justiça, quando a suspensão ou a proibição advir de restrição administrativa.

c) A prisão temporária, nos crimes hediondos, pode ser decretada pelo prazo máximo de quinze dias, podendo ser prorrogado, uma única vez, por igual prazo.

d) As contravenções penais, dispostas no Decreto-lei nº 3.688/1941, cominam, em abstrato, penas de: detenção, prisão simples e multa.

e) A Lei nº 13.146/2015, que disciplina o Estatuto da Pessoa com Deficiência, dispõe em seu art. 89 que: "Apropriar-se de ou desviar bens, proventos, pensão, benefícios, remuneração ou qualquer outro rendimento de pessoa com deficiência". A prática de tal crime, por tutor ou curador, implica em aumento de pena de 1/3 (um terço) a 2/3 (dois terços).

Por se tratar de uma obra voltada à Legislação de Trânsito, vamos ao comentário do gabarito correto, que é a alternativa B.

O art. 307 do CTB se configura apenas quando a violação for em relação à suspensão de natureza judicial, conforme entendimento do STJ.

GABARITO: B.

---

463. **(FGV - 2021 - PC/RN - DELEGADO DE POLÍCIA CIVIL SUBSTITUTO)** Durante almoço comemorativo, José emprestou seu carro a Matheus, para que ele fosse buscar sua namorada, ciente de que este não possuía carteira de habilitação. Quando trafegava normalmente pela via pública, Matheus foi parado em blitz rotineira, sendo constatado que não possuía a devida autorização legal para dirigir. Diante desse quadro fático, de acordo com as previsões legais e jurisprudência do Superior Tribunal de Justiça:

a) José responderá pelo crime de entregar veículo automotor a pessoa não habilitada, enquanto Matheus deverá ser absolvido em razão da atipicidade comportamental.

b) José e Matheus não responderão por qualquer infração penal, pois suas condutas não geraram qualquer perigo de dano ao bem jurídico protegido.

c) A conduta de José é atípica, devendo Matheus responder pelo crime de dirigir veículo em via pública sem a devida permissão ou habilitação.

d) Caso viesse a causar lesão culposa em terceiro, Matheus responderia pelos crimes de lesão culposa na direção de veículo automotor e de dirigir em via pública sem a devida permissão ou habilitação, em concurso material.

e) José responderá pelo crime de entregar veículo automotor a pessoa não habilitada, enquanto Matheus responderá pelo crime de dirigir veículo em via pública sem a devida permissão ou habilitação.

As questões referentes aos arts. 309 e 310 do CTB são frequentes em concursos que cobram crimes de trânsito. Já vimos que o art. 309 exige perigo de dano (crime de perigo concreto). Para o art. 310, por sua vez, o perigo já é presumido com a simples prática do núcleo penal.

José, ao emprestar o veículo a Matheus, comete o crime do art. 310 do CTB.

Matheus, por sua vez, como não possui habilitação, somente incorrerá no crime do art. 309 do CTB se gerar perigo efetivo de dano, o que não ocorreu na questão.

Portanto, José responderá por crime, mas Matheus não será responsabilizado por crime.

GABARITO: A.

464. **(FGV - 2021 - PC/RN - AGENTE E ESCRIVÃO)** Andressa dirigia seu carro, em velocidade compatível com o local, quando, por desatenção, perdeu a direção do veículo e atropelou Zilda, que sofreu lesões gravíssimas. Cientificada do fato, a autoridade policial se dirigiu ao hospital da localidade, lá encontrando Andressa, que prontamente havia socorrido a vítima e aguardava a chegada de familiares desta. O exame de alcoolemia constatou que Andressa não havia feito uso de álcool ou entorpecentes. Em seu relatório de vida pregressa, constava a existência de uma única anotação relacionada também a crime de trânsito. Tratando-se de delito de trânsito, ocorre que:

a) o crime praticado é de ação penal pública incondicionada.

b) a gravidade da lesão culposa praticada no contexto altera a tipificação da conduta de Andressa.

c) a autora não poderá ser presa em flagrante, por ter prestado pronto e integral socorro à vítima.

d) a autoridade policial poderá determinar, direta e cautelarmente, a suspensão da habilitação para dirigir de Andressa.

e) a autoridade policial poderá representar pela decretação da prisão preventiva em caso de reincidência específica de Andressa.

Perceba que houve uma violação do dever objetivo de cuidado, um dos elementos do crime culposo. Apesar de causar o acidente de trânsito tendo como vítima Zilda, Andressa buscou diminuir as consequências dos seus atos, buscando prontamente o socorro à vítima. Diante disso, não será imposta prisão em flagrante e nem se exigirá fiança de Andressa, conforme art. 301 do CTB.

Em princípio, frise-se que ela responderá pelo crime, mas em liberdade.

GABARITO: C.

---

465. **(FCC - 2019 - DETRAN/SP - AGENTE ESTADUAL DE TRÂNSITO)** Três motoristas cometeram infração de trânsito por dirigirem sob a influência de álcool, por meio das seguintes medições realizadas por etilômetro.

Motorista	Medições realizadas por etilômetro
1	0,29 mg/L (miligrama de álcool por litro de ar alveolar expirado)
2	0,31 mg/L (miligrama de álcool por litro de ar alveolar expirado)
3	0,35 mg/L (miligrama de álcool por litro de ar alveolar expirado)

Além da penalidade e medidas administrativas, teve a incidência do crime em espécie previsto no Código de Trânsito Brasileiro:

a) Os motoristas 2 e 3, apenas.

b) Os motoristas 1 e 2, apenas.

c) Os motoristas 1 e 3, apenas.

d) Os motoristas 1, 2 e 3.

e) O motorista 3, apenas.

A referida questão merece um pouco mais de atenção, sobretudo em relação ao conteúdo estabelecido na Resolução nº 432/2013 do Contran, que regula as atividades quanto à fiscalização do álcool ou de qualquer substância psicoativa que determina dependência (voltado à condução de veículo automotor).

Primeiro, poder-se-ia pensar que os motoristas 1 e 2 cometeram crime de trânsito, porque o CTB determina a partir de 0,3 mg/L.

Todavia, a Resolução nº 432/2013 traz dois termos quanto à concentração de álcool: valor considerado × medição realizada (ou valor medido). Como se trabalha com máquina, há de se considerar um erro inerente à medição. Nesse sentido, o valor considerado é igual à medição realizada subtraída do erro da máquina.

VC = MR – EM

Perceba que a tabela traz os valores como medições realizadas, isto é, sem subtrair o erro da máquina. Desse modo, subtrai-se, em princípio, 0,032 da medição realizada para se chegar ao valor considerado (CTB).

Motorista 1: 0,29 MR (já abaixo do VC 0,3 mg/L). Apenas infração de trânsito.

Motorista 2: 0,31 como MR. Assim:

VC = MR − EM

VC = 0,31 − 0,032

VC = 0,27 mg/L (não crime).

Motorista 3: 0,35 como MR · VC = 0,31 mg/L (crime).

Portanto, apenas o motorista 3 cometeu crime.

GABARITO: E.

---

466. (FCC - 2019 - DETRAN/SP - AGENTE ESTADUAL DE TRÂNSITO) Praticar lesão corporal culposa na direção de veículo automotor incorre em penas de:

a) detenção de 6 meses a 3 anos, multa e suspensão ou proibição de se obter a permissão ou a habilitação para dirigir veículo automotor.

b) detenção de 6 meses a 2 anos e suspensão ou proibição de se obter a permissão ou a habilitação para dirigir veículo automotor.

c) reclusão de 1 a 2 anos, multa e suspensão ou proibição de se obter a permissão ou a habilitação para dirigir veículo automotor.

d) detenção de 6 meses a 1 ano, e multa.

e) detenção de 6 meses a 1 ano, ou multa, se o fato não constituir elemento de crime mais grave.

Apenas as formas qualificadas dos delitos do CTB são punidas a título de reclusão.

Outro destaque importante é que o crime de lesão corporal culposa do CTB, em sua forma simples, é delito de menor potencial ofensivo (a pena máxima não ultrapassa dois anos). Já foi possível eliminar duas alternativas (A e C).

O máximo da pena em abstrato do *caput* do art. 303 do CTB fixa-se em dois anos. Nesse caso, o gabarito correto é a alternativa B.

GABARITO: B.

---

467. (FCC - 2019 - DETRAN/SP - AGENTE ESTADUAL DE TRÂNSITO) Trata-se de uma circunstância, entre outras, que sempre agrava a penalidade do crime de trânsito, ter o condutor do veículo cometido a infração:

a) com Permissão para Dirigir ou carteira de habilitação com data de validade vencida.

b) com dano potencial para uma ou mais pessoas ou com grande risco de dano patrimonial a terceiros.

c) quando a sua profissão ou atividade exigir cuidados especiais com o transporte de passageiros ou de carga.

d) se o agente conduz veículo automotor sob influência de substância psicoativa que determine dependência.

e) de transitar em velocidade superior à máxima permitida em mais de 20%.

A: não é qualificadora. Não é agravante. Não é aumento.

B: dano potencial para duas ou mais pessoas.

C: lembrando que, no caso dos arts. 302 e 303 do CTB, em se tratando especificamente da profissão com o transporte de passageiros, será aumento de pena de 1/3 a 1/2.

D: não se trata de circunstância agravante. Pode funcionar como qualificadora do homicídio culposo e lesão culposa no trânsito.

Todavia, é circunstância que altera a natureza da ação penal e impede às benesses quanto à transação penal, bem como quanto à composição civil dos danos (lesão corporal culposa no trânsito).

E: infração administrativa.

GABARITO: C.

---

468. (FGV - 2019 - PREFEITURA DE SALVADOR/BA - AGENTE DE TRÂNSITO E TRANSPORTE) A condução de veículos automotores sob a influência de álcool é considerado crime de trânsito se o condutor apresentar concentração igual ou superior a:

a)   0,0 miligramas de álcool por litro de ar alveolar.

b)   0,1 miligramas de álcool por litro de ar alveolar.

c)   0,2 miligramas de álcool por litro de ar alveolar.

d)   0,3 miligramas de álcool por litro de ar alveolar.

e)   0,4 miligramas de álcool por litro de ar alveolar.

Literalidade do art. 306, portanto, alternativa D.

Art. 306 Conduzir veículo automotor com capacidade psicomotora alterada em razão da influência de álcool ou de outra substância psicoativa que determine dependência:

Penas – detenção, de seis meses a três anos, multa e suspensão ou proibição de se obter a permissão ou a habilitação para dirigir veículo automotor.

§ 1º As condutas previstas no caput serão constatadas por:

I – concentração igual ou superior a 6 decigramas de álcool por litro de sangue ou igual ou superior a 0,3 miligrama de álcool por litro de ar alveolar; ou

II – sinais que indiquem, na forma disciplinada pelo Contran, alteração da capacidade psicomotora.

§ 2º A verificação do disposto neste artigo poderá ser obtida mediante teste de alcoolemia ou toxicológico, exame clínico, perícia, vídeo, prova testemunhal ou outros meios de prova em direito admitidos, observado o direito à contraprova.

§ 3º O Contran disporá sobre a equivalência entre os distintos testes de alcoolemia ou toxicológicos para efeito de caracterização do crime tipificado neste artigo.

§ 4º Poderá ser empregado qualquer aparelho homologado pelo Instituto Nacional de Metrologia, Qualidade e Tecnologia – Inmetro para se determinar o previsto no caput.

GABARITO: D.

PARTE CRIMINAL

---

469. (FGV - 2019 - PREFEITURA DE SALVADOR/BA - GUARDA CIVIL MUNICIPAL) As opções a seguir apresentam alguns crimes de trânsito dispostos no Código de Trânsito Brasileiro, à exceção de uma. Assinale-a.

a)   Entregar a direção de veículo automotor a pessoa não habilitada.

b)   Deixar o condutor do veículo, na ocasião do acidente, de prestar imediato socorro à vítima.

c)   Trafegar em velocidade incompatível com a segurança nas proximidades de hospitais, gerando perigo de dano.

d)   Dirigir sob a influência de álcool em qualquer quantidade no sangue, mesmo sem sinais que indiquem alteração da capacidade psicomotora.

e)   Participar, na direção de veículo automotor, de disputa automobilística não autorizada pela autoridade competente.

A: crime do art. 310 do CTB.

B: objetivamente, crime do art. 304 e circunstância majorante dos arts. 302 e 303.

C: crime do art. 311 do CTB.

D: qualquer quantidade configura infração de trânsito. Entretanto, em princípio, consideram-se as quantidades a partir das seguintes concentrações: 6 dg/L de sangue; 0,3 mg/L de ar alveolar, para caracterizar o crime do art. 306 do CTB.

E: crime do art. 308 do CTB.

GABARITO: D.

---

470. (FGV - 2019 - PREFEITURA DE SALVADOR/BA - GUARDA CIVIL MUNICIPAL) Antônio, para desviar de um caminhão que bloqueava a rua, decidiu passar com seu carro sobre a calçada, vindo, porém, a atropelar Joaquim, que saía da portaria de seu prédio para caminhar. Após ajudar a vítima a se levantar e constatar a natureza leve dos ferimentos por ela sofridos, Antônio comunicou por telefone o ocorrido a uma autoridade policial e acionou uma ambulância para prestar o socorro, seguindo seu caminho antes que as autoridades chegassem ao local, pois teria que buscar sua filha na escola. Considerando as informações narradas, é correto afirmar que Antônio:

a) responderá pelo crime de omissão de socorro previsto no Código de Trânsito Brasileiro, pois não prestou diretamente socorro à vítima, em concurso com o crime de lesão corporal culposa praticada na direção de veículo automotor de natureza simples.

b) não responderá por crime previsto no Código Brasileiro de Trânsito, pois, apesar da violação do dever objetivo de cuidado, o fato foi praticado sobre a calçada, e não na via de tráfego, como exige esse diploma legal.

c) responderá por crime de lesão corporal culposa praticada na direção de veículo automotor, podendo ter sua pena aumentada em razão de o fato ter sido praticado sobre a calçada.

d) responderá pelo crime de tentativa de homicídio culposo praticado na direção de veículo automotor, com a causa de aumento por não ter prestado socorro à vítima.

e) poderá ter sua habilitação suspensa por um período de até 10 anos, caso seja condenado por crime previsto no Código de Trânsito Brasileiro.

Antônio cometeu crime de lesão corporal culposa no trânsito. Além disso, o delito se deu na calçada, que é fator contribuinte para majorar a pena de 1/3 até a metade, apesar de ter comunicado as autoridades competentes a fim de reduzir as consequências dos seus atos.

Pelo último motivo exposto (socorro), aplica-se o disposto no art. 301 do CTB: *não haverá prisão em flagrante e nem imposição de fiança.*

A aplicação de majorante ou agravante não significa dizer que o art. 301 será afastado.

GABARITO: C.

---

471. (QUADRIX - 2018 - SESC/DF - MOTORISTA) Segundo o CTB, a suspensão do direito de dirigir poderá ocorrer quando o motorista:

a) praticar homicídio culposo na direção de veículo automotor.

b) transportar passageiros em compartimento de carga.

c) fizer transporte remunerado de pessoas ou bens sem ser licenciado para esse fim.

d) conduzir veículo sem os documentos de porte obrigatório.

e) falsificar ou adulterar documento de habilitação e de identificação do veículo.

A: crime que tem penalidade de suspensão também (art. 302 do CTB).

B: infração administrativa com penalidade de multa (art. 230, II, do CTB) **GG**.

C: infração administrativa com penalidade de multa (art. 231, VIII, do CTB) **GG**.

D: infração administrativa com penalidade de multa (art. 232 do CTB) **L**.

E: infração administrativa com penalidade de multa (art. 234 do CTB) **GG**.

GABARITO: A.

---

472. (FCC - 2018 - DPE/AM - DEFENSOR PÚBLICO/REAPLICAÇÃO) O homicídio culposo na direção de veículo automotor:

a) depende da ausência de ingestão de bebida alcoólica, caso em que se verifica o dolo eventual.

b) a pena é aumentada de um terço até a metade se praticado na calçada.

c) tem como consequência facultativa da condenação a suspensão da habilitação para dirigir veículo automotor.

d) tem a mesma pena do homicídio culposo do Código Penal, mas tem causas de aumento de pena específicas.

e) na modalidade tentada permite a aplicação de pena restritiva de direitos.

A: a análise do dolo eventual em se tratando de delito de trânsito envolvendo o álcool ou drogas (dependência) não é feita simplesmente por envolver essas substâncias. Os tribunais superiores entendem que se faz necessária a apresentação de outros elementos que apontem para a indiferença do autor quanto ao resultado lesivo, por exemplo: velocidade muito superior à máxima; ziguezaguear; tirar fino de pessoas; ultrapassar o sinal vermelho em alta velocidade. Esses elementos devem ser analisados em conjunto.

B: literalidade dos arts. 302 e 303 do CTB.

C: o homicídio é punido com detenção de dois a quatro anos e com a SDD ou impedimento de se obter a permissão.

D: o homicídio culposo do CP tem pena máxima em abstrato de três anos, conforme art. 121, § 3º.

E: não há que se falar em tentativa de crime culposo.

GABARITO: B.

---

473. (FCC - 2018 - DPE/AP - DEFENSOR PÚBLICO) Nos crimes de trânsito previstos na Lei nº 9.503/1997:

a) Se o réu for reincidente na prática de crime previsto neste Código, o juiz não poderá aplicar a penalidade de suspensão da permissão ou habilitação para dirigir veículo automotor.

b) Em qualquer fase da investigação ou da ação penal, havendo necessidade para a garantia da ordem pública, poderá o juiz, como medida cautelar, ainda que de ofício, decretar, em decisão motivada, a suspensão da permissão ou da habilitação para dirigir veículo automotor, ou a proibição de sua obtenção.

c) A penalidade de multa reparatória consiste no pagamento, mediante depósito judicial em favor da vítima, ou seus sucessores, sempre que houver qualquer tipo de prejuízo resultante do crime.

d) A prática do delito em faixa de pedestres é causa de aumento dos delitos de homicídio culposo e lesão corporal culposa, e não pode ser aplicada como agravante dos demais delitos.

e) A penalidade de suspensão ou de proibição de se obter a permissão ou a habilitação para dirigir veículo automotor tem a mesma duração da pena de prisão prevista para o delito.

Frise-se que a alternativa B é a literalidade do art. 294 do CTB. Todavia, considerando o sistema acusatório no processo penal, bem como as recentes decisões dos tribunais superiores, é importante destacar que o juiz não decreta de ofício. No entanto, a questão focou no texto de lei, tal como dispõe o art. 294 do CTB.

GABARITO: B.

PARTE CRIMINAL

474. **(FCC - 2017 - TRF/5ª REGIÃO - TÉCNICO JUDICIÁRIO - SEGURANÇA E TRANSPORTE)** Manoel, dirigindo seu veículo, por distração, atropela a estudante universitária Cristine de 18 anos. Percebendo que não havia testemunhas, evade-se do local, sem prestar socorro, para fugir da prisão em flagrante delito. Cristine morre. Manoel estará sujeito às penas do crime de homicídio:

a) doloso, com o aumento da pena em 1/3.

b) culposo, com o aumento da pena em 2/3.

c) culposo, com o aumento da pena em 1/3.

d) doloso, com o aumento da pena em 2/3.

e) culposo, com o aumento da pena em dobro em face da fuga do local.

A modalidade culposa é caracterizada por uma **conduta voluntária** sem uma finalidade ilícita. No entanto, a forma ou meios utilizados tem como consequência um resultado ilícito que não é querido pelo agente. Essa situação se dá por uma violação do dever de cuidado (imprudência, negligência ou imperícia).

Manoel atropelou culposamente a estudante Cristine. Além disso, evadiu-se do local porque percebeu que não havia ninguém, além de ter a finalidade de fugir de uma prisão em flagrante, inclusive se omitindo quanto ao socorro da vítima.

Nesse caso, o gabarito correto é a alternativa C, pois responderá sob a forma culposa, mas com aumento de pena pela omissão de socorro.

Para além do gabarito, destaca-se que o condutor cometeu ainda o crime do art. 305 do CTB, evadir-se de local de acidente para fugir de responsabilidade penal ou civil.

1º crime: homicídio culposo no trânsito.

2º majorante de 1/3 – 1/2: omissão de socorro.

3º crime: evasão de local de acidente (art. 305 do CTB).

GABARITO: C.

475. **(FCC - 2017 - POLITEC/AP - PERITO MÉDICO-LEGISTA)** Notícias a respeito de acidentes de trânsito envolvendo ingestão de bebida alcoólica são comuns na mídia nacional. A respeito da Lei Federal nº 9.503/1997, é correto afirmar:

a) Dirigir sob a influência de álcool ou de qualquer outra substância psicoativa que determine dependência é considerada infração gravíssima.

b) Recusar-se a ser submetido à perícia médico-legal é considerado crime, estando o acusado sujeito à detenção.

c) A verificação de alteração da capacidade psicomotora em razão da influência de álcool etílico é de competência exclusiva do perito médico-legista.

d) Alcoolemia acima de 0,3 decigramas de álcool por litro de sangue é considerada crime sujeito à reclusão.

e) Concentrações inferiores a 0,6 gramas de álcool por litro de ar alveolar estão dentro das margens de tolerância disciplinadas pelo Conselho Nacional de Trânsito – Contran.

A embriaguez ao volante de maneira geral (substâncias psicoativas que determinam dependência) não caracteriza, por si só, dolo eventual. No entanto, é elemento fundamental para a caracterização das formas qualificadas culposas de homicídio e lesão corporal.

Além disso, essa circunstância pode refletir em impedimentos de benefícios penais, bem como alteração da ação penal. Por exemplo, no caso de lesão corporal culposa no trânsito e havendo influência de álcool, o crime de lesão corporal passa a ser processado mediante ação penal pública incondicionada, não se aplicará transação penal, composição civil dos danos, além de ser investigado por Inquérito Policial.

PARTE CRIMINAL

Na seara administrativa, essa circunstância caracteriza infração de trânsito de natureza gravíssima, com suspensão do direito de dirigir por 12 meses e multa ×10 (art. 165 do CTB).

GABARITO: A.

476. (AOCP - 2016 - PREFEITURA DE JUIZ DE FORA/MG - MOTORISTA DE VEÍCULO PESADO) Quando o condutor envolvido em um acidente de trânsito, tendo condições, deixa de prestar socorro à vítima, ele comete:

a) falta grave.

b) crime de lesão corporal.

c) atendimento de primeiros socorros ineficiente.

d) desrespeito à cidadania.

e) crime de omissão de socorro.

A circunstância de omissão de socorro tem reflexo na seara administrativa e penal no Código de Trânsito Brasileiro.

No aspecto administrativo, o condutor envolvido em acidente com vítima e que deixa de prestar socorro a ela comete infração de trânsito de natureza gravíssima ×5 + SDD (art. 176 do CTB). Será de natureza grave se o auxílio for solicitado pela autoridade competente (art. 177).

Na seara penal, a conduta pode caracterizar crime autônomo do CTB (art. 304), bem como circunstância majorante do crime de homicídio culposo no trânsito e lesão corporal culposa no trânsito.

GABARITO: E.

477. (FGV - 2015 - TJ/PI - ANALISTA JUDICIÁRIO/ESCRIVÃO JUDICIAL) Aristharco conduzia seu VW Karmann-Guia 1969, em via pública, nas proximidades da Praça Desembargador Edgard Nogueira, Centro Cívico, Teresina/PI, sem documento, vindo a colidir, por imprudência, com o Audi TT, de Rico, provocando-lhe escoriações diversas. Por ter reservado um camarote numa boate, Rico disse que não queria fazer qualquer tipo de registro policial, declarando expressamente sua vontade de não representar criminalmente contra Aristharco. Ainda assim, policiais militares conduzem todos à delegacia de polícia, onde Rico reitera sua vontade, terminando a autoridade policial por registrar todo o fato, encaminhando o procedimento ao Ministério Público. A conduta de Aristharco deve configurar:

a) lesão corporal culposa na direção de veículo automotor e crime de dirigir sem habilitação.

b) lesão corporal culposa na direção de veículo automotor.

c) crime de dirigir sem habilitação.

d) lesão corporal culposa na direção de veículo automotor, agravada pela ausência de habilitação.

e) crime algum, diante da extinção da punibilidade, pela renúncia à representação, absorvida a direção sem habilitação.

O crime de lesão corporal culposa no trânsito, via de regra, é de ação penal pública condicionada à representação, conforme preceitua o art. 291 do CTB.

Nesse sentido, o MP somente poderá oferecer a denúncia, por exemplo, com a devida representação do ofendido. A questão não trouxe nenhuma das hipóteses do § 1º do art. 291, o que mantém a sua essência.

Dessa maneira, houve fato típico, ilícito e culpável, mas não haverá punibilidade por causa da renúncia à representação.

Complementação e reajuste de entendimento técnico:

PARTE CRIMINAL

A banca foi infeliz ao assinalar o gabarito como alternativa E, sendo atécnica em sua decisão. Frise-se que o fato narrado deve configurar lesão corporal culposa no trânsito, mas não haverá punibilidade por causa da circunstância extintiva de punir.

Assinalar que não houve crime algum é um erro. Não haverá punibilidade, mas fato típico, antijuridicidade e culpabilidade houve.

Gabarito da banca: E.

Gabarito técnico (professor): B.

GABARITO: E.

---

478. (FCC - 2015 - TRT/9ª REGIÃO - TÉCNICO JUDICIÁRIO) São crimes previstos no Código Brasileiro de Trânsito (Lei nº 9.503/1997), dentre outros:

a) Praticar lesão corporal culposa na direção de veículo automotor; afastar-se o condutor do veículo do local do acidente, para fugir à responsabilidade penal ou civil que lhe possa ser atribuída; deixar o condutor do veículo, na ocasião do acidente, de prestar imediato socorro à vítima, ou, não podendo fazê-lo diretamente, por justa causa, deixar de solicitar auxílio da autoridade pública.

b) Avançar o sinal vermelho do semáforo ou o de parada obrigatória; deixar de sinalizar qualquer obstáculo à livre circulação, à segurança de veículo e pedestres, tanto no leito da via terrestre como na calçada, ou obstaculizar a via indevidamente; trafegar em velocidade incompatível com a segurança nas proximidades de escolas, hospitais, estações de embarque e desembarque de passageiros, logradouros estreitos, ou onde haja grande movimentação ou concentração de pessoas, gerando perigo de dano.

c) Praticar homicídio doloso na direção de veículo automotor; afastar-se o condutor do veículo do local do acidente, para fugir à responsabilidade penal ou civil que lhe possa ser atribuída; conduzir o veículo com dispositivo antirradar.

d) Participar, na direção de veículo automotor, em via pública, de corrida, disputa ou competição automobilística não autorizada pela autoridade competente, gerando situação de risco à incolumidade pública ou privada; avançar o sinal vermelho do semáforo ou o de parada obrigatória; praticar homicídio culposo na direção de veículo automotor.

e) Praticar homicídio culposo na direção de veículo automotor; usar no veículo equipamento com som em volume ou frequência que não sejam autorizados pelo Contran; participar, na direção de veículo automotor, em via pública, de corrida, disputa ou competição automobilística não autorizada pela autoridade competente, gerando situação de risco à incolumidade pública ou privada.

A: lesão corporal culposa no trânsito – art. 303 do CTB; evasão de local de acidente – art. 305 do CTB; omissão de socorro – art. 304 o CTB.

B: infração administrativa; crime do art. 311 do CTB.

C: crime do CP; crime do art. 305 do CTB; infração administrativa.

D: crime de racha – art. 308 do CTB; infração administrativa; crime de homicídio culposo na condução de veículo automotor – art. 302 do CTB.

E: crime do art. 302 do CTB; infração administrativa; crime de racha.

GABARITO: A.

RESOLUÇÕES DO CONTRAN

479. (CESPE/CEBRASPE - 2021 - PRF - POLICIAL RODOVIÁRIO FEDERAL - CURSO DE FORMAÇÃO - ADAPTADA) O item a seguir apresenta uma situação hipotética seguida de uma assertiva a ser julgada a respeito de cronotacógrafo e sua utilização.

Um micro-ônibus se envolveu em grave acidente em rodovia federal, ocasionando diversas vítimas, entre as quais três passageiros do veículo. Ao verificar a documentação do veículo, o policial rodoviário constatou tratar-se de bem registrado na categoria particular em nome do próprio motorista, que conduzia a família em viagem de férias. Nessa situação, para melhor determinar as circunstâncias do acidente, deverá ser periciado o cronotacógrafo do veículo, de uso obrigatório devido a seu modelo e sua espécie.

Certo ( )   Errado ( )

Resolução nº 912/2022 – equipamentos obrigatórios.

A questão foi cobrada em 2021, mas iremos comentar com base na nova resolução. À época, era vigente a Resolução nº 14/1998, que tratava sobre equipamentos obrigatórios. Todavia, atualmente vigora a Resolução nº 912/2022, que revogou a anterior.

Assim, o art. 2º da nova resolução determina que os veículos deverão estar dotados dos equipamentos obrigatórios relacionados no dispositivo, a serem constatados pela fiscalização em condições de funcionamento. O item 21 trata do registrador instantâneo e inalterável de tempo e velocidade.

Art. 2º [...]

I – [...]

21) registrador instantâneo e inalterável de velocidade e tempo (cronotacógrafo):

a) nos veículos de transporte e condução de escolares;

b) nos de transporte de passageiros com mais de dez lugares;

c) nos veículos de transporte de passageiros ou de uso misto, registrados na categoria particular e que realizem transporte remunerado de pessoas;

d) nos de carga com capacidade máxima de tração (CMT) igual ou superior a 19 t; e

e) nos veículos de carga com peso bruto total (PBT) superior a 4.536 kg, fabricados a partir de 1º de janeiro de 1999.

Desse modo, não será obrigatório no veículo da questão, uma vez que se encontra em uma circunstância que não se encaixa em transporte remunerado de pessoas apesar do registro em categoria particular.

GABARITO: ERRADO.

---

480. (CESPE/CEBRASPE - 2021 - PRF - POLICIAL RODOVIÁRIO FEDERAL - CURSO DE FORMAÇÃO) Ainda no que diz respeito à fiscalização de peso e dimensões, julgue o item subsequente.

O limite legal de peso se refere à capacidade do veículo, isto é, o limite máximo de peso para o veículo, que deve ser informado por seu fabricante.

Certo ( )   Errado ( )

Resolução nº 882/2021 – pesos e dimensões.

A Resolução nº 882/2021 consolidou diversas outras resoluções do Contran, entre elas se encontra a mais famosa: 210. Nesse sentido, é importante destacar que a Resolução nº 882/2021 integrou mais conceitos para fins de entendimento e aplicação quanto à fiscalização de trânsito (art. 3º da Resolução nº 882/2021).

- Limite legal: lei.
- Limite técnico: fabricante.
- Limite autorizado: AET (autorização especial de trânsito) ou AE (autorização específica).
- Limite regulamentar sem AET/AE (fiscalização): o menor entre o legal × técnico.
- Limite regulamentar com AET/AE (fiscalização): o menor entre o autorizado × técnico.

A questão conceituou o limite técnico.

GABARITO: ERRADO.

---

481. **(CESPE/CEBRASPE - 2021 - PRF - POLICIAL RODOVIÁRIO FEDERAL - CURSO DE FORMAÇÃO)** No que diz respeito à fiscalização de peso e dimensões, julgue o item a seguir.

Caminhões e caminhões-tratores são considerados não articulados e possuem o mesmo limite máximo que os semirreboques no que se refere ao peso bruto transmitido ao pavimento das vias públicas.

Certo (   )   Errado (   )

A Resolução nº 882/2021 (nova resolução sobre pesos e dimensões) conceituou o caminhão como veículo automotor destinado ao transporte de carga com PBT acima de 3.500 kg, podendo tracionar ou arrastar outro veículo, respeitada a capacidade máxima de tração; e o caminhão-trator como veículo automotor destinado a tracionar ou arrastar outro.

Além disso, não que se falar em mesmo limite máximo em relação ao PBT, isso porque vai depender das características dos veículos, sobretudo ao que foi determinado quanto ao limite legal (lei) × limite técnico (fabricante) – leitura do art. 6º da Resolução.

Outro destaque importante é que esses veículos podem tracionar outros, transformando-se em combinação de veículo de carga (CVC), que será articulado.

GABARITO: ERRADO.

---

482. **(CESPE/CEBRASPE - 2021 - PRF - POLICIAL RODOVIÁRIO FEDERAL - CURSO DE FORMAÇÃO)** No que diz respeito à fiscalização de peso e dimensões, julgue o item a seguir.

O comprimento total máximo regulamentar para veículos, com ou sem carga, que transitem por vias terrestres será medido do ponto mais avançado de sua extremidade dianteira ao ponto mais avançado de sua extremidade traseira, com exceção dos batentes, degraus e estribos de acesso, entre outros dispositivos.

Certo (   )   Errado (   )

Mais uma vez, vigora atualmente a Resolução nº 882/2021 (não mais a 210).

O art. 4º fixa os limites quanto às dimensões (tamanho) sem utilização de AET ou AE. Além disso, o § 1º do mesmo artigo reforça que comprimento total é aquele medido do ponto mais avançado de sua extremidade dianteira ao ponto mais avançado de sua extremidade traseira, incluídos todos os acessórios para os quais não esteja prevista exceção (Anexo I).

GABARITO: CERTO.

483. (CESPE/CEBRASPE - 2021 - PRF - POLICIAL RODOVIÁRIO FEDERAL - CURSO DE FORMAÇÃO) No que diz respeito à fiscalização de peso e dimensões, julgue o item a seguir.

A parte inferior do assento de um veículo automotor de tração e carga é um dos locais em que é possível estar inscrita ou afixada, voltada para porta, a indicação dos dados sobre seu peso e sua capacidade.

Certo ( )   Errado ( )

O Anexo VI da Resolução nº 882/2021 estabelece requisitos para inscrição indicativa e obrigatória dos pesos e capacidades registrados. O item 3, especificamente 3.2.1, confirma o que é afirmado na questão.

Anexo VI

3.2.1 A indicação nos veículos automotores de tração, de carga e especiais será inscrita ou afixada em um dos seguintes locais, assegurada a facilidade de visualização:

3.2.1.1 Na coluna de qualquer porta, junto às dobradiças, ou no lado da fechadura.

3.2.1.2 Na borda de qualquer porta.

3.2.1.3 Na parte inferior do assento, voltada para porta.

3.2.1.4 Na superfície interna de qualquer porta.

3.2.1.5 No painel de instrumentos.

GABARITO: CERTO.

484. (CESPE/CEBRASPE - 2015 - PRF - POLICIAL RODOVIÁRIO FEDERAL - CURSO DE FORMAÇÃO) Com referência às medidas administrativas, providências de caráter complementar exigidas para a regularização de situações infracionais, julgue o item subsequente.

Em acidentes de trânsito com mortes, é obrigatória a realização de exame de alcoolemia nas vítimas fatais.

Certo ( )   Errado ( )

Literalidade do art. 11 da Resolução nº 432/2013 do Contran:

Art. 11 É obrigatória a realização do exame de alcoolemia para as vítimas fatais de acidentes de trânsito.

GABARITO: CERTO.

485. (CESPE/CEBRASPE - 2015 - PRF - POLICIAL RODOVIÁRIO FEDERAL - CURSO DE FORMAÇÃO) A respeito das infrações e dos crimes de trânsito, julgue o item subsecutivo.

O adesivamento em área superior a 50% do veículo, por consistir em modificação transitória e facilmente removível, não configura alteração de cor do veículo.

Certo ( )   Errado ( )

Sobre modificações de veículos, é importante ressaltar que a Resolução nº 292/2008 foi revogada pela Resolução nº 916/2022, que dispõe sobre a concessão de código de marca/modelo/versão, bem como sobre a permissão de modificações em veículos previstas nos arts. 98 e 106 do CTB.

Desse modo, preceitua o art. 14 da Resolução nº 916/2022 que são consideradas alterações de cor aquelas realizadas mediante pintura ou adesivamento em área superior a 50% do veículo, excluídas as áreas envidraçadas.

Portanto, a questão está errada, uma vez que será considerada alteração de cor, constituindo-se em infração de trânsito de natureza grave com medida de retenção (art. 230, VII, do CTB).

GABARITO: ERRADO.

RESOLUÇÕES DO CONTRAN

486. **(CESPE/CEBRASPE - 2021 - PRF - POLICIAL RODOVIÁRIO FEDERAL - CURSO DE FORMAÇÃO)** Julgue o próximo item, relativo a alcoolemia, substâncias psicoativas e exame toxicológico.

Caso o etilômetro não esteja disponível no momento da fiscalização, esta deverá ser efetuada considerando-se a presença de um conjunto de sinais de alteração da capacidade psicomotora.

Certo ( )   Errado ( )

A Resolução nº 432/2013 (fiscalização de álcool/substâncias psicoativas que determinam dependência) preceitua que a fiscalização por meio de etilômetro é prioridade no caso de álcool.

Todavia, pode-se realizar a fiscalização por outros meios admitidos em direito, a exemplo da constatação de conjunto de sinais (a partir de dois, conforme MBFT 2022) na impossibilidade do "bafômetro", até mesmo por uma recusa.

GABARITO: CERTO.

487. **(CESPE/CEBRASPE - 2015 - PRF - POLICIAL RODOVIÁRIO FEDERAL - CURSO DE FORMAÇÃO)** No que diz respeito à fiscalização de peso e dimensões, julgue o item a seguir.

O peso bruto total combinado de um veículo refere-se ao peso máximo que ele pode transmitir ao pavimento, sendo constituído do somatório da tara mais a lotação.

Certo ( )   Errado ( )

A questão definiu o conceito de peso bruto total – PBT (Resolução nº 882/2021). Por outro lado, constitui-se peso bruto total combinado (PBTC) peso máximo transmitido ao pavimento pela combinação de um caminhão-trator mais o seu semirreboque, ou do caminhão mais o seu reboque ou reboques.

GABARITO: ERRADO.

488. **(CESPE/CEBRASPE - 2021 - PRF - POLICIAL RODOVIÁRIO FEDERAL - CURSO DE FORMAÇÃO)** Julgue o próximo item, relativo a definições aplicadas a acidentes de trânsito.

Pistas separadas por rios e por canteiros centrais extremamente largos são consideradas duplas quando a transposição de um leito carroçável para outro é impossível.

Certo ( )   Errado ( )

Apesar de pedir quanto às normas aplicáveis a acidentes de trânsito, é possível aproveitar o conteúdo por meio da Resolução nº 798/2020, que dispõe sobre requisitos técnicos mínimos para a fiscalização da velocidade de veículos automotores, elétricos, reboques e semirreboques.

Classifica-se como pista dupla quando na via existir um canteiro central separando dois leitos carroçáveis, independentemente dos sentidos para o trânsito.

Por outro lado, não será compreendida como dupla quando separada por rios e por canteiros centrais extremamente largos, os quais impossibilitam a transposição de um leito carroçável para o outro.

Por esse motivo, a questão está errada.

GABARITO: ERRADO.

489. **(CESPE/CEBRASPE - 2021 - PRF - POLICIAL RODOVIÁRIO FEDERAL - CURSO DE FORMAÇÃO)** No que se refere à fiscalização do tempo de direção e de descanso do motorista profissional, julgue o item seguinte.

A fiscalização do tempo de direção e do intervalo de descanso pode ocorrer por meio da verificação do diário de bordo, da papeleta ou da ficha de trabalho externo, fornecidos pelo empregador.

Certo ( )   Errado ( )

A Resolução nº 525/2015, que dispõe sobre a fiscalização do tempo de direção do motorista profissional, fixa, no art. 2º, que a fiscalização do tempo de direção e do intervalo de descanso do motorista profissional dar-se-á por meio de:

Art. 2º [...]

I – análise do disco ou fita diagrama do registrador instantâneo e inalterável de velocidade e tempo ou de outros meios eletrônicos idôneos instalados no veículo, na forma regulamentada pelo Contran; ou

II – verificação do diário de bordo, papeleta ou ficha de trabalho externo, fornecida pelo empregador; ou

III – verificação da ficha de trabalho do autônomo, conforme Anexo I desta Resolução.

É importante destacar que os últimos dois substratos para fiscalização quanto ao tempo de direção serão utilizados de forma **subsidiária**, isto é, quando da impossibilidade da comprovação por meio do disco ou fita diagrama do registrador instantâneo e inalterável de velocidade e tempo do próprio veículo fiscalizado.

GABARITO: CERTO.

---

490. (CESPE/CEBRASPE - 2021 - PRF - POLICIAL RODOVIÁRIO FEDERAL) Acerca do registrador instantâneo e inalterável de velocidade e tempo, julgue o item a seguir.

Em caso de operação de fiscalização do registrador instantâneo e inalterável de velocidade e tempo, o policial rodoviário federal deve identificar-se e assinar o verso do disco ou da fita diagrama, além de mencionar o local, a data e horário em que ocorreu a fiscalização.

Certo ( )   Errado ( )

A Resolução nº 92/1999 foi revogada. Hoje, vigora a Resolução nº 938/2022.

As diversas atualizações por meio de resoluções não trouxeram alterações significativas/substanciais/ assustadoras, tanto que a questão continua correta.

Nesse sentido, o art. 6º, § 2º, determina que o agente fiscalizador deverá identificar-se e assinar o verso do disco ou fita diagrama, bem como mencionar o local, a data e o horário em que ocorreu a fiscalização, nas operações de fiscalização do cronotacógrafo.

Além disso, deve-se verificar as informações mínimas que contém no disco/fita.

Art. 3º Deverá apresentar e disponibilizar a qualquer momento, pelo menos, as seguintes informações das últimas 24 (vinte e quatro) horas de operação do veículo:

I – velocidades desenvolvidas pelo veículo;

II – distância percorrida pelo veículo;

III – tempo de movimentação do veículo e suas interrupções;

IV – data e hora de início da operação;

V – identificação do veículo;

VI – identificação do(s) condutor(es); e

VII – identificação de abertura do compartimento que contém o disco-diagrama ou de emissão da fita diagrama.

Parágrafo único. Para a apuração dos períodos de trabalho e de repouso diário dos condutores, a autoridade competente utilizará as informações previstas nos incisos III, IV, V e VI.

GABARITO: CERTO.

491. (CESPE/CEBRASPE - 2021 - PRF - POLICIAL RODOVIÁRIO FEDERAL) Ainda com relação às resoluções do Contran e suas alterações, julgue o item subsequente.

É permitido que veículos de passageiros, ônibus, micro-ônibus e caminhões transitem em rodovia com trincas em seus para-brisas, desde que elas estejam dentro do limite previsto em norma específica e não haja fratura de configuração circular.

Certo ( )   Errado ( )

À época, a questão solicitou a análise com base na Resolução nº 216/2006 do Contran, que foi revogada pela Resolução nº 960/2022 (consolidou três Resoluções – 216, 253 e 254 – trincas e fiscalização de películas).

Uma das pequenas alterações realizada pela Resolução nº 960/2022 foi a padronização quanto à transmitância luminosa para o para-brisa e demais áreas indispensáveis à dirigibilidade, independente se incolor ou não (hoje, não inferior a 70%, apenas – antes, poderia 75% também).

Quanto às informações de danos nas áreas envidraçadas, a questão se mantém incorreta, porque não devem existir trincas e fraturas de configuração circular na área crítica de visão do condutor e em uma faixa periférica de 2,5 cm de largura das bordas externas do para-brisa (ônibus, micro-ônibus e caminhões). Ademais, não podem ser recuperadas caso ocorra.

Podem existir danos? Até podem, mas desde que não sejam em área envidraçada indispensável à dirigibilidade:

- Ônibus, micro-ônibus e caminhões (máximo três danos): trincas não superiores a 20 cm/fratura circular não superior a 4 cm;

- Veículos automotores (máximo dois danos): trincas não superiores a 10 cm/fratura circular não superior a 4 cm.

GABARITO: ERRADO.

492. (CESPE/CEBRASPE - 2020 - PC/SE - DELEGADO DE POLÍCIA) Considerando os critérios de identificação veicular e seus aspectos técnicos e legais, julgue o item a seguir.

No caso de automóvel fabricado no ano de 2018, a décima posição da etiqueta de identificação do veículo representa o ano de fabricação do automóvel, indicado pela letra J.

Certo ( )   Errado ( )

A Resolução nº 24/1998 estava prevista no edital PRF 2018/2019. Todavia, entrou em vigor a Resolução nº 968/2022 do Contran para regulamentar o art. 114 do CTB, que revogou a anterior (NIV).

A décima posição, conforme Anexo II, configura a característica ano modelo do veículo (fabricados a partir de 1999) ou ano de fabricação (fabricados antes de 1999), em nada se fala da indicação necessária nesta posição pela letra J.

Vale destacar que a Resolução nº 780/2019 também foi revogada, atualmente vigora a Resolução nº 969/2022 (sistema de placas).

GABARITO: ERRADO.

493. (CESPE/CEBRASPE - 2020 - PRF - POLICIAL RODOVIÁRIO FEDERAL - CURSO DE FORMAÇÃO) Com relação aos documentos de porte obrigatório, julgue o item subsequente.

A autorização para conduzir ciclomotor é necessária para o veículo com velocidade máxima superior a 20 km/h.

Certo ( )   Errado ( )

RESOLUÇÕES DO CONTRAN

PEDRO CANEZIN E LEONE MALTZ

A Resolução nº 789/2020 permanece em vigor, consolidando as normas sobre o processo de formação de condutores de veículos automotores e elétricos. Objetivamente, o Anexo I documenta a tabela de abrangência dos documentos de habilitação, entre eles a autorização para conduzir ciclomotor (ACC).

Nesse tipo de habilitação, pode o indivíduo devidamente habilitado conduzir ciclomotores e bicicletas elétricas/dispositivo motriz agregado. Neste último caso, deve-se observar características específicas.

Quanto à velocidade para a bicicleta, observar-se-á uma velocidade máxima superior a 25 km/h. Frise-se que ciclomotor é o veículo de duas ou três rodas, provido de motor de combustão interna, cuja cilindrada não exceda a 50 cm³ equivalente a 3,05 pol³, ou de motor de propulsão elétrica com potência máxima de 4 kW, e cuja velocidade máxima de fabricação não exceda a 50 km/h.

GABARITO: ERRADO.

---

494. (CESPE/CEBRASPE - 2019 - PRF - POLICIAL RODOVIÁRIO FEDERAL) No que se refere aos procedimentos para aplicação de penalidades previstos no CTB e nas resoluções do Contran, julgue o item subsecutivo.

Situação hipotética: Ao abordar um veículo em rodovia federal, o policial rodoviário federal constatou que o condutor, que era o proprietário do veículo, dirigia sem utilizar o cinto de segurança. O policial lavrou o auto de infração, que continha a assinatura do condutor e especificava o prazo para apresentação da defesa da autuação.

Assertiva: Nessa situação, fica a PRF dispensada de expedir a notificação da autuação ao proprietário do veículo.

Certo ( )   Errado ( )

A Resolução nº 619/2016 foi revogada pela Resolução nº 918/2022, mas o gabarito se mantém.

Já no art. 2º da Resolução nº 918/2022, são listados conceitos importantes no processo administrativo (AIT, NA e NP, por exemplo). O auto de infração de trânsito (AIT) é documento que dá início ao processo administrativo para imposição de punição, em decorrência de alguma infração à legislação de trânsito. A notificação da autuação (NA) é o procedimento que dá ciência ao proprietário do veículo de que foi cometida uma infração de trânsito com seu veículo.

Todavia, para a Resolução nº 918/2022, o AIT valerá como NA quando for assinado pelo condutor e este for o proprietário do veículo ou o principal condutor previamente identificado, desde que conste a data do término do prazo para a apresentação da defesa da autuação (art. 3º, § 5º).

GABARITO: CERTO.

---

495. (CESPE/CEBRASPE - 2020 - PRF - POLICIAL RODOVIÁRIO FEDERAL - CURSO DE FORMAÇÃO) Com relação à fiscalização de peso e dimensões, julgue o item seguinte.

No caso de veículo de eixo isolado com dois pneumáticos, o limite máximo de peso bruto a ser transmitido ao pavimento por cada eixo é de oito toneladas.

Certo ( )   Errado ( )

A Resolução nº 882/2021 revogou mais de 20 resoluções, entre elas, as mais importantes que foram cobradas nas provas da PRF 2019/2021 (Resoluções nº 210, 211 e 803).

Na verdade, houve uma consolidação em relação a todas as alterações. Frise-se que não promoveu superalterações.

Quanto ao limite de PBT, considerando a configuração de pneumáticos (pneus) × eixo:

- Eixo isolado de dois pneumáticos: 6 t – caso da questão;
- Eixo isolado de quatro pneumáticos: 10 t;

- Eixos direcionais (distância entre eixos – mín. 1,20 m) de dois pneumáticos: 12 t;

Conjunto de dois eixos (um com 4 pneumáticos e o outro com 2 pneumáticos c/ suspensão especial) com distância entre planos verticais:

- Até 1,20 m: 9 t;
- Superior a 1,20 m até 2,40 m: 13,5 t.

Por eixo simples:

- 2 pneumáticos: 7 t;
- 4 pneumáticos: 11 t;
- 6 pneumáticos: 14,5 t;
- 8 pneumáticos: 18 t.

Dois eixos direcionais (distância entre eixos 1,20 m mín.): 13 t.
GABARITO: ERRADO.

---

496. (CESPE/CEBRASPE - 2020 - PRF - POLICIAL RODOVIÁRIO FEDERAL - CURSO DE FORMAÇÃO) Com relação à fiscalização de peso e dimensões, julgue o item seguinte.

No caso de veículo de eixo isolado com quatro pneumáticos, o limite máximo de peso bruto a ser transmitido ao pavimento por cada eixo é de doze toneladas.

Certo ( )   Errado ( )

Quanto ao limite de PBT, considerando a configuração de pneumáticos (pneus) × eixo:

- Eixo isolado de dois pneumáticos: 6 t;
- Eixo isolado de quatro pneumáticos: 10 t – caso da questão;
- Eixos direcionais (distância entre eixos – mín. 1,20 m) de dois pneumáticos: 12 t;

Conjunto de dois eixos (um com 4 pneumáticos e o outro com 2 pneumáticos c/ suspensão especial) com distância entre planos verticais:

- Até 1,20 m: 9 t;
- Superior a 1,20 m até 2,40 m: 13,5 t.

Por eixo simples:

- 2 pneumáticos: 7 t;
- 4 pneumáticos: 11 t;
- 6 pneumáticos: 14,5 t;
- 8 pneumáticos: 18 t.

Dois eixos direcionais (distância entre eixos 1,20 m mín.): 13 t.
GABARITO: ERRADO.

---

497. (CESPE/CEBRASPE - 2020 - PRF - POLICIAL RODOVIÁRIO FEDERAL - CURSO DE FORMAÇÃO - ADAPTADA) Com relação à fiscalização de peso e dimensões, julgue o item seguinte.

Na fiscalização por meio de pesagem por eixos em balança rodoviária, a tolerância será de 7,5% sobre cada eixo ou conjunto de eixos.

Certo ( )   Errado ( )

Questão atualizada conforme a Resolução nº 882/2021.

O gabarito, atualmente, deve ser errado, isso porque a questão trouxe como tolerância por meio de balança rodoviária um percentual de 7,5%.

Com as alterações promovidas em 2020 e 2021, as tolerâncias em balança serão as seguintes:

- 5% sobre os limites do PBT e PBTC;
- 12,5% sobre os limites do PBE.

Lembrando que a tolerância não será dada em nota fiscal ou documento equivalente (regra).

De forma excepcionalíssima, admite-se uma tolerância de 7,5% em carga de biodiesel (B-100) quando o veículo não for adaptado para essa finalidade.

Para esse caso específico, a tolerância pode ser na balança ou em documento fiscal.

Antes, havia tolerância quanto à carga de cimento asfáltico. Entretanto, não há mais essa previsão na nova resolução do Contran.

GABARITO: ERRADO.

498. (CESPE/CEBRASPE - 2020 - PRF - POLICIAL RODOVIÁRIO FEDERAL - CURSO DE FORMAÇÃO - ADAPTADA) No que se refere à identificação veicular, à autenticidade dos elementos identificadores do veículo e à originalidade dos elementos de segurança dos documentos e seus respectivos registros nos sistemas de consultas, julgue o seguinte item.

A placa modelo Mercosul deve ter, entre outros identificadores, um chip embarcado, o anverso revestido de película reflexiva com inscrição específica e códigos de barras bidimensionais dinâmicos.

Certo ( )   Errado ( )

Questão atualizada pelo professor.

A Resolução nº 780/2020 foi revogada, mas já tornava a questão errada. A fim de atualizar nossos alunos, o sistema de identificação por placas é regulamentado por meio da Resolução nº 969/2022 do Contran (julho de 2022).

A previsão é de que não há chip embarcado.

É importante destacar que o art. 115 do CTB não foi ajustado quanto à redação, trazendo ainda um termo antigo – lacrado (lacre). Nesse contexto, observe o comando da questão, porque a redação do art. 115 continuará correta para fins de prova.

Art. 115 O veículo será identificado externamente por meio de placas dianteira e traseira, sendo esta lacrada em sua estrutura, obedecidas as especificações e modelos estabelecidos pelo Contran.

O novo sistema adota QR Code, tecnologia que permite a identificação do veículo ao qual está atrelado.

GABARITO: ERRADO.

499. (CESPE/CEBRASPE - 2019 - PRF - POLICIAL RODOVIÁRIO FEDERAL - CURSO DE FORMAÇÃO) Acerca dos principais equipamentos obrigatórios veiculares, julgue o item subsecutivo.

O velocímetro não é exigido nos veículos dotados de registrador instantâneo e inalterável de velocidade e tempo integrado.

Certo ( )   Errado ( )

Não vigora mais a Resolução nº 14/1998, que tratava sobre equipamentos obrigatórios. Atualmente, esse tema é tratado pela Resolução nº 912/2022 do Contran.

Todavia, a questão permanece correta, uma vez que o art. 3º, III, dessa resolução descreve que não se exigirá velocímetro nos veículos dotados de registrador instantâneo e inalterável de velocidade e tempo, integrado.

GABARITO: CERTO.

RESOLUÇÕES DO CONTRAN

500. (CESPE/CEBRASPE - 2019 - PRF - POLICIAL RODOVIÁRIO FEDERAL - CURSO DE FORMAÇÃO) Acerca dos principais equipamentos obrigatórios veiculares, julgue o item subsecutivo.

O dispositivo destinado ao controle de ruído do motor é obrigatório em triciclos e quadriciclos.

Certo ( )   Errado ( )

Não vigora mais a Resolução nº 14/1998, que tratava sobre equipamentos obrigatórios. Atualmente, esse tema é tratado pela Resolução nº 912/2022 do Contran. Todavia, a questão permanece correta.

Esse equipamento é obrigatório para os veículos de maneira geral.

GABARITO: CERTO.

---

501. (CESPE/CEBRASPE - 2019 - PRF - POLICIAL RODOVIÁRIO FEDERAL) À luz das disposições do CTB e das resoluções do Contran acerca das regras de circulação de motocicletas, motonetas, ciclomotores, triciclos e quadriciclos motorizados, julgue o item seguinte.

Situação hipotética: Em operação de fiscalização em uma rodovia federal, a equipe da PRF verificou que o condutor de um quadriciclo não fazia uso do capacete. O policial que abordou o condutor o liberou, considerando que o uso de capacete pelo condutor desse tipo de veículo se restringe à condução em vias urbanas pavimentadas. Assertiva: Nessa situação, foram adequadas as condutas do policial e do condutor.

Certo ( )   Errado ( )

À época, vigorava a Resolução nº 453/2013 do Contran. Todavia, essa resolução foi revogada pela Resolução nº 940/2022. O art. 2º já torna a questão correta, porque o uso é obrigatório nas vias públicas.

Art. 2º É obrigatório, para circular nas vias públicas, o uso de capacete motociclístico pelo condutor e passageiro de motocicleta, motoneta, ciclomotor, triciclo motorizado e quadriciclo motorizado, devidamente afixado à cabeça pelo conjunto formado pela cinta jugular e engate, por debaixo do maxilar inferior.

GABARITO: ERRADO.

---

502. (CESPE/CEBRASPE - 2019 - PRF - POLICIAL RODOVIÁRIO FEDERAL) À luz das disposições do CTB e das resoluções do Contran acerca das regras de circulação de motocicletas, motonetas, ciclomotores, triciclos e quadriciclos motorizados, julgue o item seguinte.

É permitido que motociclista levante a viseira do capacete enquanto o veículo conduzido estiver parado, aguardando a travessia de pedestres diante de semáforo.

Certo ( )   Errado ( )

A nova Resolução que trata sobre o uso do capacete (nº 940/2022) continua a positivar as regras anteriores, o que houve foi uma consolidação quanto às alterações.

Por exemplo, o art. 4º, § 3º, descreve o seguinte:

Art. 4º [...]

§ 3º Quando o veículo estiver em circulação, a viseira ou óculos de proteção devem estar posicionados de forma a dar proteção total aos olhos, observados os seguintes critérios: [...].

Logo no inciso I positiva o que está se afirmando na questão:

I – quando o veículo estiver imobilizado na via, independentemente do motivo, a viseira pode ser totalmente levantada, devendo ser imediatamente restabelecida à posição frontal aos olhos quando o veículo for colocado em movimento; [...].

Complementando o conteúdo, é obrigatório o uso de viseira no padrão cristal no período noturno.

É proibida a aposição de película na viseira do capacete e nos óculos de proteção.

GABARITO: CERTO.

RESOLUÇÕES DO CONTRAN

503. (CESPE/CEBRASPE - 2019 - PRF - POLICIAL RODOVIÁRIO FEDERAL) À luz das disposições do CTB e das resoluções do Contran acerca das regras de circulação de motocicletas, motonetas, ciclomotores, triciclos e quadriciclos motorizados, julgue o item seguinte.

Entre as três situações ilustradas a seguir, apenas o dispositivo utilizado na figura 1A9-V é permitido para o transporte de galões de água mineral com capacidade de até 20 litros.

Figura 1A9-III   Figura 1A9-IV

Figura 1A9-V

Certo ( )   Errado ( )

Atualmente, vigora a Resolução nº 943/2022, tratando dos requisitos mínimos de segurança para o transporte remunerado de passageiros (mototáxi) e de cargas (moto-frete) em motocicleta e motoneta, entre outras providências.

A questão permanece correta, mas hoje é o art. 13 da nova Resolução que trata o tema:

Art. 13 É proibido o transporte de combustíveis inflamáveis ou tóxicos, e de galões nos veículos de que trata a Lei nº 12.009, de 29 de julho de 2009, com exceção de botijões de gás com capacidade máxima de 13 kg (treze quilogramas) e de galões contendo água mineral, com capacidade máxima de 20 (vinte) litros, desde que com auxílio de sidecar.

Há uma proibição (regra): combustíveis inflamáveis ou tóxicos, galões.

Mas é possível flexibilizar (exceção): botijões de gás (máximo de 13 kg) e galões de água mineral (20 litros). Todavia, deve ser transportado em *sidecar* – carro lateral, conforme ilustra a última imagem.

Ademais, destaca-se que o transporte de cargas em semirreboques acoplados à motocicleta ou à motoneta não configura violação da proibição.

GABARITO: CERTO.

---

504. (CESPE/CEBRASPE - 2019 - PRF - POLICIAL RODOVIÁRIO FEDERAL) Com relação aos requisitos mínimos previstos nas resoluções do Contran acerca de segurança para amarração de cargas transportadas em veículos de carga, julgue o item subsequente.

RESOLUÇÕES DO CONTRAN

Tanto em veículos do tipo baú frigorífico (como o da figura 1A9-I a seguir) como em veículos do tipo baú lonado (como o da figura 1A9-II a seguir), é opcional a existência de pontos de amarração internos para a carga transportada.

Figura 1A9-I

Figura 1A9-II

Certo ( )   Errado ( )

A Resolução nº 552/2015 foi revogada pela Resolução nº 945/2022 (que fixa os requisitos mínimos de segurança para amarração das cargas transportadas em veículos de carga), mas a questão permanece errada. Vejamos:

Considerando as estruturas do primeiro veículo, representado na primeira figura, e que se trata de um baú frigorífico, pode ser considerada como estrutura de contenção, sendo opcional a existência de pontos de amarração internos.

Art. 10 Nos veículos com carroceria inteiramente fechada, tais como furgão carga geral, baú isotérmico e baú frigorífico, as paredes podem ser consideradas como estrutura de contenção, sendo opcional a existência de pontos de amarração internos.

Por outro lado, as lonas laterais de baú lonado não podem ser consideradas estruturas de contenção de carga. Nesse caso, exigem-se pontos de amarração em número suficiente.

Art. 9º Nos veículos do tipo baú lonado (tipo sider), as lonas laterais não podem ser consideradas como estrutura de contenção da carga, devendo existir pontos de amarração em número suficiente.

GABARITO: ERRADO.

---

505.   **(CESPE/CEBRASPE - 2019 - PRF - POLICIAL RODOVIÁRIO FEDERAL)** Com relação aos requisitos mínimos previstos nas resoluções do Contran acerca de segurança para amarração de cargas transportadas em veículos de carga, julgue o item subsequente.

Nos veículos com carroceria aberta, os dispositivos de amarração devem ser tensionados pelo lado externo das guardas laterais, independentemente do espaço interno ocupado pela carga na carroceria, como mostram as figuras a seguir.

PEDRO CANEZIN E LEONE MALTZ

RESOLUÇÕES DO CONTRAN

dispositivos de amarração

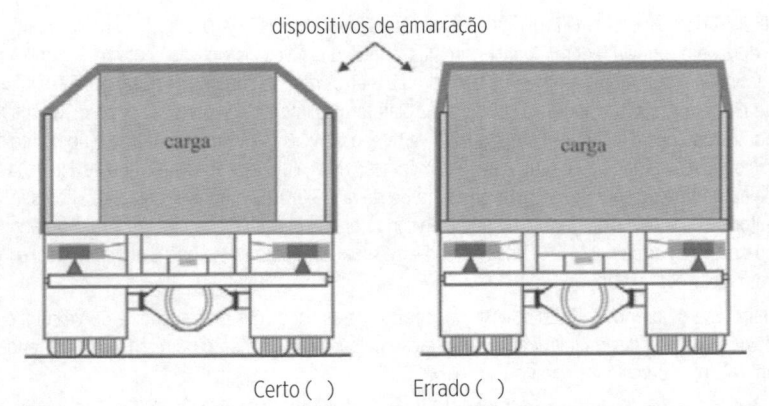

Certo (   )   Errado (   )

Apesar de vigorar uma nova resolução sobre os requisitos mínimos de segurança para amarração das cargas transportadas em veículos de carga (Resolução nº 945/2022), a questão permanece errada.

Basta, inclusive, olhar a imagem contida na resolução.

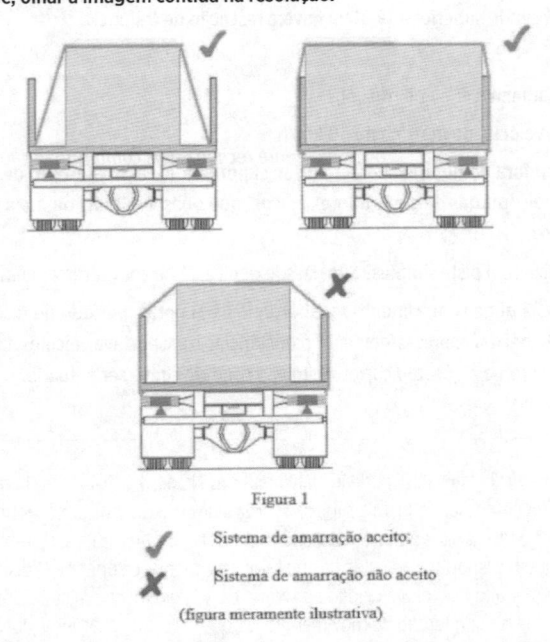

Figura 1

✓ Sistema de amarração aceito;

✗ Sistema de amarração não aceito

(figura meramente ilustrativa)

***Art. 6º** Nos veículos do tipo carroceria aberta, com guardas laterais rebatíveis, **no caso de haver espaço entre a carga e as guardas laterais**, os dispositivos de amarração **devem ser tensionados pelo lado interno** das guardas laterais.*

No primeiro caso há espaço suficiente para amarração, o que torna a questão errada.

Frise-se que, grosso modo, foi feita uma consolidação da antiga Resolução nº 552/2015 e suas alterações.

GABARITO: ERRADO.

506. **(CESPE/CEBRASPE - 2019 - PRF - POLICIAL RODOVIÁRIO FEDERAL)** No dia 3/1/2019, às 21 horas, um policial rodoviário federal, em rodovia federal de pista simples, abordou um veículo do tipo cegonha – combinação de um caminhão-trator e um semirreboque –, com 22 metros de comprimento e distância entre eixos extremos de 18 metros, que transportava veículos nas plataformas inferior e superior. O disco-diagrama do registrador instantâneo e inalterável de velocidade e tempo do veículo mostrava superposição de registros, o que impossibilitava a leitura do tempo de movimentação do veículo e de suas interrupções. Na ficha de trabalho de autônomo do condutor constavam: data de saída = 3/1/2019 e hora de saída = 17 horas. Além disso, a autorização especial de trânsito de posse do condutor não permitia o tráfego em local e horário distintos do que prevê a norma aplicável. Considerando essa situação hipotética, julgue o próximo item, à luz do CTB e das resoluções do Contran.

Haja vista o horário e o local da vistoria, bem como as condições de transporte do veículo, o policial rodoviário federal deverá lavrar auto de infração pelo descumprimento da restrição de tráfego, cabendo a aplicação de penalidades previstas no CTB.

Certo ( )　　　　Errado ( )

De acordo com a Resolução nº 735/2018, que continua em vigor, não há restrição de tráfego quanto ao veículo CTV e CTVP cujo comprimento seja de no máximo 19,80 m.

Por outro lado, sendo superior a 19,80 m haverá restrição de tráfego.

Restrições:

- **Horário: do amanhecer ao pôr do sol;**
- **Velocidade: velocidade máxima de 80 km/h.**

Poderá trafegar fora do horário supracitado se superior a 19,80 m até 23 m desde que em pista dupla e duplo sentido (dotadas de separadores físicos, que possuam duas ou mais faixas de circulação no mesmo sentido).

Poderá flexibilizar em pista simples? Sim! Desde que vazio ou com carga apenas na plataforma inferior.

O veículo com 22 m de comprimento foi abordado às 21 horas, período de restrição de tráfego. Além disso, a questão deixou expressamente a circunstância "transportava veículos nas plataformas inferior e superior", o que torna a questão correta, isto é, o condutor deve ser autuado.

GABARITO: CERTO.

---

507. **(CESPE/CEBRASPE - 2019 - PRF - POLICIAL RODOVIÁRIO FEDERAL)** No dia 3/1/2019, às 21 horas, um policial rodoviário federal, em rodovia federal de pista simples, abordou um veículo do tipo cegonha – combinação de um caminhão-trator e um semirreboque –, com 22 metros de comprimento e distância entre eixos extremos de 18 metros, que transportava veículos nas plataformas inferior e superior. O disco-diagrama do registrador instantâneo e inalterável de velocidade e tempo do veículo mostrava superposição de registros, o que impossibilitava a leitura do tempo de movimentação do veículo e de suas interrupções. Na ficha de trabalho de autônomo do condutor constavam: data de saída = 3/1/2019 e hora de saída = 17 horas. Além disso, a autorização especial de trânsito de posse do condutor não permitia o tráfego em local e horário distintos do que prevê a norma aplicável. Considerando essa situação hipotética, julgue o próximo item, à luz do CTB e das resoluções do Contran.

O condutor em questão não ultrapassou o tempo máximo ininterrupto de direção previsto na legislação de trânsito para o tipo de veículo referido.

Certo ( )　　　　Errado ( )

A Resolução nº 525/2015 complementa os arts. 67-A, 67-C e 67-E do CTB, tratando sobre o tema de descanso de motoristas profissionais.

RESOLUÇÕES DO CONTRAN

CTB:

- Transporte rodoviário coletivo de passageiros;
- Transporte rodoviário de cargas.

Resolução nº 525/2015 do Contran:

- Transporte e de condução de escolares;
- De passageiros com mais de 10 lugares;
- Carga com PBT superior a 4.536 kg.

Apesar das irregularidades quanto à restrição de tráfego e quanto ao equipamento obrigatório, o condutor conseguiu comprovar o tempo de direção × descanso por meio de ficha de trabalho, o que é permitido pela resolução.

Das 17 horas às 21 horas, saída e abordagem, respectivamente, totalizaram-se quatro horas de condução, estando dentro do permitido pela legislação de trânsito.

Rodoviário de carga: dentro de seis horas na condução, deve observar 30 minutos de descanso, facultando-se o fracionamento do descanso e do tempo de direção, desde que não ultrapassadas cinco horas e meia contínuas no exercício da condução.

Rodoviário de passageiros: a cada quatro horas na condução, observar-se-ão 30 minutos de descanso, facultando-se o fracionamento do tempo de direção e do descanso.

GABARITO: CERTO.

---

508. (CESPE/CEBRASPE - 2019 - PRF - POLICIAL RODOVIÁRIO FEDERAL) De acordo com o que dispõem as resoluções do Contran acerca do transporte de bicicletas em veículos automotores, julgue o item que se segue.

O transporte de bicicletas em dispositivos fixados no teto de veículos estará em conformidade com a legislação de trânsito caso a altura do sistema veículo-dispositivo-bicicletas não ultrapasse 4,4 metros.

Certo ( )   Errado ( )

Atualmente, não é mais a Resolução nº 349/2010 que trata do tema (transporte de cargas ou bicicletas nas partes externas dos veículos dos tipos automóvel, caminhonete, camioneta e utilitário), mas, sim, a Resolução nº 955/2022. Todavia, a questão permanece correta.

A bicicleta, para fins de fiscalização de carga quanto à resolução, é considerada carga indivisível. A regra é de que a carga indivisível pode ser transportada na parte superior dos veículos dos tipos automóvel, caminhonete, camioneta e utilitário. No entanto, não pode ultrapassar altura máxima de 50 cm (já considerada a altura do suporte/bagageiro) e suas dimensões não devem ultrapassar o comprimento da carroçaria e a largura da parte superior da carroçaria.

Todavia, essa regra anterior não se aplica a bicicletas (art. 8º, § 2º). Nesse caso, deve-se obedecer às dimensões estabelecidas na Resolução nº 882/2021, quais sejam: largura 2,60 m/altura 4,40 m.

GABARITO: CERTO.

---

509. (CESPE/CEBRASPE - 2019 - PRF - POLICIAL RODOVIÁRIO FEDERAL) De acordo com o que dispõem as resoluções do Contran acerca do transporte de bicicletas em veículos automotores, julgue o item que se segue.

Independentemente de instruções do fabricante, nos dispositivos instalados na parte traseira externa do veículo, a quantidade de bicicletas que podem ser transportadas depende do comprimento do balanço traseiro ocupado pelas bicicletas, que, de acordo com a legislação pertinente, não pode ultrapassar 60% da distância entre os eixos do veículo transportador.

Certo ( )   Errado ( )A

RESOLUÇÕES DO CONTRAN

A Resolução nº 955/2022 revogou a anterior (nº 349/2010).

O início da questão já a torna errada, uma vez que não se pode, em tese, desconsiderar as instruções técnicas (fabricantes). Vejamos: se as instruções do fabricante apontam que a quantidade máxima ou peso máximo, por exemplo, seja de três veículos, ainda que a lei trouxesse um valor superior, não seria permitida a inobservância às regras do fabricante.

GABARITO: ERRADO.

510. [CESPE/CEBRASPE - 2019 - PRF - POLICIAL RODOVIÁRIO FEDERAL] De acordo com o que dispõem as resoluções do Contran acerca do transporte de bicicletas em veículos automotores, julgue o item que se segue.

Não se permite o transporte de bicicleta em veículo com o compartimento de carga aberto, mesmo que o comprimento da bicicleta ultrapasse o comprimento da caçamba ou do referido compartimento.

Certo ( )   Errado ( )

A nova resolução continuou a positivar que a bicicleta se trata de carga indivisível para fins de aplicação dessa respectiva normativa.

Por causa dessa natureza, será admitida, nos veículos dos tipos caminhonete e utilitário, a circulação do veículo com compartimento de carga aberto apenas durante o transporte de carga indivisível que ultrapasse o comprimento da caçamba ou do compartimento de carga.

GABARITO: ERRADO.

511. [CESPE/CEBRASPE - 2019 - PRF - POLICIAL RODOVIÁRIO FEDERAL] O item a seguir apresenta uma situação hipotética relativa a operações de fiscalização em rodovias federais seguida de uma assertiva a ser julgada à luz do Código de Trânsito Brasileiro (CTB) e das resoluções do Conselho Nacional de Trânsito (Contran).

Em uma rodovia federal, em um trecho em curva localizado fora do perímetro urbano, é alto o índice de acidentes de trânsito, apesar de haver medidor de velocidade do tipo fixo instalado no local. Nesse caso, no sentido de aumentar a fiscalização do excesso de velocidade nesse trecho, será correta a utilização de equipamento do tipo portátil à distância de um quilômetro do medidor de velocidade do tipo fixo já instalado.

Certo ( )   Errado ( )

Os requisitos técnicos mínimos para a fiscalização da velocidade de veículos automotores, elétricos, reboques e semirreboques são tratados na Resolução nº 798/2020, que, inclusive, não teve alterações quanto à distância mínima tratada na questão.

Art. 7º O uso de medidores do tipo portátil para a fiscalização do excesso de velocidade é restrito às seguintes situações: [...]

§ 3º Nos locais em que houver instalado medidor de velocidade do tipo fixo, os medidores de velocidade portáteis somente podem ser utilizados a uma distância mínima de:

I – 500 m (quinhentos metros), em vias urbanas e em trechos de vias rurais com características de via urbana; e

II – 2.000 m (dois mil metros), para os demais trechos de vias rurais.

A questão deixou claro que o trecho ficava fora do perímetro urbano, sendo a distância mínima de 2.000 m.

GABARITO: ERRADO.

RESOLUÇÕES DO CONTRAN